新・正社員論

共稼ぎ正社員モデルの提言

久本憲夫 著

中央経済社

はじめに

　本書は個別企業の先進的な取り組みや努力には触れない。むしろ，現代の課題に対応する社会的に公正な労働市場を実現させるために労働市場ルールの改革を求める。そのルールの下で企業は激しい市場競争を戦うことになる。
　現代の実態としての労働市場ルールのもとでは，人を新たに雇うよりも少ない人員を残業させれば人件費を削減できるという残業促進法制が存在している。これを放置したままで，残業抑制政策，あるいは長時間労働問題対策を打つといっても，それは空しい虚言であるといってよい。また，現在の労働法制での企業による指揮命令権の包括的な容認は，家族形成や子育てを困難にしている。男女雇用平等のもと，夫婦とも正社員で長時間労働すれば，子育ては誰がするのであろうか。24時間保育体制の整備で問題が解決されると思っているのであろうか。さらに，正社員として働く男女が家族形成しても，片方，あるいは両方に転勤可能性があるとしたら，別居せよと言っているに等しい。夫婦は一緒に住むなということになる。あるいはどちらかが正社員としての職を断念せよということになる。つまり，法的には結婚しても実態としては家庭を営むことができない。さらに，夫婦が別居してどのように子育てができるのであろうか。現代の日本社会は，夫婦が正社員として働き続けたいと思えば，同居したり，子育てしたりすることを断念せよと強いているといってよい。
　こうした事態が非婚化や少子化を促進していることは間違いない。この意味では，現在進められている「働き方改革」は，本質的な問題にまったく対応していないといってよい。その理由を本書で明らかにしたつもりである。
　本書の目的は，男女の雇用平等を前提とし，少子化を防ぐために，雇用の場において社会的に何が必要かということ，その解決策は現状を踏まえて実現可能なのかどうかということを明らかにしようとすることにある。そのために，一方では現実の正社員は多くのマスコミが論じるようにみんなが残業したり転勤したりするのではないことを示す。むしろ多くの正社員は残業もしないし転勤もしない。しかし，他方，マスコミが論じる画一的な正社員像，正社員なら

ば残業はもちろん転勤も厭わない，あるいは個人の立場からすれば，残業も転勤も拒否できないという正社員像が世間に跋扈している。これは，現実の正社員そのものが息苦しい働き方であるかのような印象をますます強くし，その印象が現実の正社員の働き方そのものを息苦しいものにさせている。社会問題として提示すること自体が，社会の事態を悪化させるという機能，あるいは逆機能である。

　本書の構成は以下のとおりである。まず，第1章で現在の男女雇用平等政策が家族形成を配慮していないために，思うような成果を上げていない点，「ワーク・ライフ・バランス」が稼得労働と非稼得労働（子育てや介護など）とのバランス，つまり実際は，ワーク・ワーク・バランスの問題として論じられていることと，非婚化や少子化の実情について検討する。第2章では，正社員の定義を主として処遇と働き方，正社員性の強弱という観点からみる。第3章は労働時間を扱う。正社員の労働時間管理の多様性とその現状，問題点について議論する。第4章は転勤と配置転換である。配置転換しなくとも可能なキャリア・アップはあるが，配置転換はOJTによる職業能力開発やキャリア形成にとって，一定の有益な機能を果たしている。その状況について検討する。つぎに転勤である。若い正社員にとって，転勤するのかどうかは，家族形成の場合には本人だけでなく配偶者のそれも一大関心事となる。一方が転勤すれば，別居せざるを得ないからである。こうした中で子育ての可能性は低くなる。転勤とキャリア形成はどう関係しているのかという点も検討する。

　第5章は管理職という存在について論じる。日本では，多くの管理職クラスが存在しており，とくに大卒にとっては管理職昇進が1つの目標とされてきた。そこで，この管理職あるいは管理職クラスの実情に迫る。第6章は，第5章までを踏まえて，今後の労働市場ルール改革について論じる。

　本書は，3つの補論をつけている。いずれも，共稼ぎ正社員の主流化という本書の基本的な議論とはややずれるが，それと密接に関係するものである。補論1は非正社員から正社員の転換を扱う。もちろん，初職が正社員で次職が非正社員というパターンもあるが，初職が非正社員で正社員となる場合を主として取り上げる。とくに同一企業内でのいわゆる正社員登用について近年の調査研究を紹介する。補論2は，従業員代表をめぐる論点である。36協定に代表さ

れるように従業員の過半数代表者の権利は制度的には拡大しているにもかかわらず，その選出やその実効性確保のための政策はまったくないといってよい。中小企業での労働組合組織率が壊滅的に低いという現実を踏まえて，労働者の集団的な意思をまとめるシステムの必要性を説く。補論3は正社員の歴史を扱う。雇用身分ともいわれる「正社員」といわれるものが，日本社会でどのように形成されてきたかを跡づける。

　平成30年1月

久本　憲夫

目　次

はじめに／i

第1章　男女雇用平等の齟齬とワーク・ライフ・バランス……1
　　　　──共稼ぎ正社員モデルの主流化を求めて

1　正社員像の画一化／4
　1-1　正社員像の画一化と正社員多様化の意味／4
　1-2　片稼ぎ正社員モデルにおける男女平等／6
　1-3　労働時間への関心は実は低い／7
　1-4　出産・子育てとキャリア展開／8
2　ワーク・ライフ・バランスとは何か／10
　2-1　用語の多義性／10
　2-2　本書での限定／11
　2-3　ワーク(仕事)の定義／11
　2-4　ライフ(生活)の定義／12
　2-5　WLB論の種類／13
3　共稼ぎ正社員モデルの必要性／14
　3-1　個人からみた要請／14
　3-2　社会からみた要請／19
　　　　──少子化対策と家族政策
4　共稼ぎ正社員モデルの主流化と多様な正社員像の獲得／23

第2章　正社員をどう捉えるか……27
　　　　──処遇と働き方

1　分析視角／28
　　──「正社員性」から考える

2　正社員性を測る／32
　　2-1　呼称による正社員（企業側の認識と本人の認識・自称）／32
　　2-2　雇用の安定性／34
　　2-3　賃金の安定性と水準／41
　　2-4　能力開発……働き方と働かせ方／50
　　2-5　昇進機会の展望／53

小　括／55

コラム1　「同一(価値)労働同一賃金」と「正規・非正規格差」／57
コラム2　ドイツの定期昇給制度／60

第3章　労働時間管理 …………………………………… 67

　1　残業しない正社員は少なくない／68
　2　労働法上の区分／71
　　2-1　適用制度構成／71
　　2-2　適用制度による労働時間の違い／74
　3　残業代支払いから／77
　　3-1　管理監督者（残業手当がない）／78
　　3-2　固定残業制労働者（残業手当が定額）／79
　　3-3　通常の残業手当受給労働者／84
　4　残業時間に与える諸要因／85
　　　――労働時間規制を外せば，労働時間は長くなるか？
　5　割引残業法制の問題点／88
　　　――人件費と残業割増
　6　残業と人事考課／90
　　6-1　残業をする理由／90
　　6-2　残業時間の年収への効果／93
　　6-3　残業時間の人事考課・昇進への効果／95
　7　労働時間の長さに影響する要因／96

小　括／98

第4章　転勤と配置転換，そして昇進……………………103
1　転勤しない正社員が多数派／104
- 1-1　8割以上の正社員は転勤しない／104
- 1-2　一方でも転勤すると一緒に住めない／112
- 1-3　転勤の予想／113
- 1-4　転勤に否定的な人が多い／114
- 1-5　単身赴任という名の出稼ぎ労働／115

2　昇進と転勤・配置転換／120
- 2-1　転勤は昇進の必要要件ではない／120
- 2-2　配置転換は一般的だが，大企業でも経験のない人は少なくない／122

3　制度としての「勤務地限定正社員」／123
小　括／131

第5章　管理職という存在……………………………135
1　管理職の捉え方／135
- 1-1　「管理的職業従事者」としての管理職……2010年国勢調査／135
- 1-2　「企業内職位」としての管理職（部長級や課長級など）／137
- 1-3　「管理監督者」としての管理職／139

2　管理職の仕事と処遇／144
- 2-1　管理職の職種／144
- 2-2　職制としての「管理職」／145
- 2-3　マネジャー度（管理職としての仕事をどの程度おこなっているか）／148
- 2-4　勤務時間管理／149
- 2-5　労働時間／150
- 2-6　賃金水準／152

 3 管理職と家族／154
  3-1 女性管理職の比率／154
  3-2 家族形成／157
  3-3 末子年齢と労働時間／159
  3-4 女性管理職の転勤／160
   ——男性化傾向
 小 括／161

第6章 ワーク・ライフ・バランス実現に向けた改革案……165
  ——長時間労働促進法制の改革と実効性のある公正な
   労働市場ルールの確立を

 1 なぜ，職場の知恵や工夫が生かされないのか／165
 2 各種の長時間労働インセンティブ／167
 3 片稼ぎモデル重視の労働組合と企業，そして裁判所／170
  （昔の正義，現代の不公正）
 4 共稼ぎ正社員主流化に向けた方策／171
 5 公正な労働市場ルールの実効性を高める／179
  5-1 集団的実効化／179
  5-2 個人的実効化／181
  5-3 行政による実効化／181
 小 括／182

補論1 初職非正社員の増加と正社員への転換………185
補論2 従業員代表をめぐる論点…………………207
  —過半数代表制の実質化を求めて—
補論3 正社員の歴史…………………………217

目　次

おわりにかえて―企業のすべきこと／249

引用文献／255

索　引／263

第1章

男女雇用平等の齟齬と
ワーク・ライフ・バランス
―共稼ぎ正社員モデルの主流化を求めて

　本書では，「正社員像」の多様化とそのなかでの「共稼ぎ正社員モデル」の主流化を主張する。主たる観点は，個人ではなく「子育てする家族」とする。それは，少子化を持ち出すまでもなく，世代の再生産を考えた場合，再生産可能＝持続可能な働き方を考える必要があるからである。

　男女雇用平等については条文を取り上げるまでもなく，当然のこととされている。近年では，さらに雇用労働について「家族」を考慮する観点が法律のなかにも明示的に規定されるようになっている。たとえば，「次世代育成対策推進法」は，次のように規定する。

（基本理念）
第三条　次世代育成支援対策は，父母その他の保護者が子育てについての第一義的責任を有するという基本的認識の下に，家庭その他の場において，子育ての意義についての理解が深められ，かつ，子育てに伴う喜びが実感されるように配慮して行われなければならない。

（国及び地方公共団体の責務）
第四条　国及び地方公共団体は，前条の基本理念（次条及び第七条第一項において「基本理念」という。）にのっとり，相互に連携を図りながら，次世代育成支援対策を総合的かつ効果的に推進するよう努めなければならない。

（事業主の責務）

> 第五条　事業主は，基本理念にのっとり，その雇用する労働者に係る多様な労働条件の整備その他の労働者の職業生活と家庭生活との両立（下線引用者）が図られるようにするために必要な雇用環境の整備を行うことにより自ら次世代育成支援対策を実施するよう努めるとともに，国又は地方公共団体が講ずる次世代育成支援対策に協力しなければならない。
>
> （国民の責務）
> 第六条　国民は，次世代育成支援対策の重要性に対する関心と理解を深めるとともに，国又は地方公共団体が講ずる次世代育成支援対策に協力しなければならない。

　同様の内容は「子ども・子育て支援法」（2条から5条）にも記されている。さらにいえば，「労働契約法」3条3項でも「労働契約は，労働者及び使用者が仕事と生活の調和にも配慮しつつ（下線引用者）締結し，又は変更すべきものとする」とある。今や男女雇用平等社会，あるいは男性はもちろんのこと，女性も結婚・出産後もフルタイムで働くということが社会的に望ましいことと理解されるようになってきただけでなく，国も経営者も労働者の職業生活と家庭生活の両立が図られるようにしなければならないのである。今や「共稼ぎモデル」とくに，「共稼ぎ正社員モデル」の「ライフサイクル」に基づく働き方，雇用，賃金のあり方が問われる時代となっているのである。
　ところが，現実には，そうした行動にはしばしば困難が伴う。掛け声とは異なり，実際の「ワーク・ライフ・バランス」には困難が多く，女性の退職，パートタイマーなど非正規での雇用の一般化が広がるとともに，夫たる男性の残業がなくなったり，労働時間が短くなったりする気配はない。夫婦単位で，男女平等の雇用労働が社会的に求められているにも関わらず，それが明示的に論じられることは少ないように思われる。片稼ぎであれば，夫婦2人の稼得労働時間の合計は，1人が週50時間働いたとしても，50週として（有給休暇や祝日などを2週間とみると）年間2,500時間である。しかし，共稼ぎ正社員であれば，週40時間であっても年間4,000時間となる。この差は圧倒的である。こうした当たり前のことを前提として議論する必要がある。共稼ぎ正社員であれば，賃金水準の問題はかなりクリアーできる。問題は労働時間である。

法律は繰り返し「父母その他の保護者が子育てについての第一義的責任を有するという基本認識」を強調するが，子どもをつくる負担感が少子化を加速化させていることは疑いない。子どもは「家族」という共同体のなかでの「宝」ではあるが，「社会」あるいは「国家」という共同体のなかでも「宝」であるといってよい。かつては，世代間扶養は家族内で完結すると考えられてきた（老親のめんどうはすべて子どもがみる）が，公的年金制度や後期高齢者医療制度，さらには介護保険制度などが示すように，現代福祉国家では，現役世代が引退世代を扶養するという構造になっている。子どもが親を扶養することから，子ども世代であった現役世代が親世代であった引退世代を扶養するように社会は変わってきた。高齢者の社会保障を社会全体が負担するとすれば，かつての子ども世代が責任を持つことは当然である。子ども世代を再生産するためには，つまり「社会の宝」の再生産のためには，現役世代が共に負担するのが望ましい。つまり，子どもを産み育てることのコストが大きくなることは避けねばならない。「子どもを産み育てる喜び」と「子どもを産み育てるコスト」を家族に任せて，急激な人口変動が起こらないのであれば，社会が何らかの手立てをする必要性はあまりないかもしれない[1]。しかし，そのままに任せておいては少子化が加速するだけであるとすれば，何らかの手立てを打たねばならない。その際，負担の問題を避けて通ることはできない。次世代を育てる負担も，引退世代も含めて社会の構成員が平等に負担する必要がある。現役世代に限定すると，子どもを産み育てる負担の多くは，子どもを産み育てていない世帯が負う必要がある。彼らの老後は次世代に依存するからである。子どもを産み育てる負担の平等化を図る必要がある。

現役世代の働き方についてみれば，「正社員」が望ましいとされている。「非正社員」をいかに「正社員」雇用につなげていくかということである。しかし，他方で，正社員は日常的な残業や長時間労働が少なくなく，これが健康上問題であるという議論もある。

また，男女雇用平等あるいは男女共同参画社会の実現という観点からは，男性に比べて女性が継続就労しにくく，また女性の管理職の少なさなどが批判されることも多い。つまり正社員雇用について，個別の観点から対処療法的な議論が長々と続けられる一方で，働き方の全体像やその根本的な解決の議論が十

分に展開されているとは思えない。これほど多くの論文や主張が氾濫しているにもかかわらず，である。

本章ではまず，現代における正社員像の問題点について指摘し，それがなぜ男女雇用平等政策と齟齬をきたしてきたのかを論じる。次いで「ワーク・ライフ・バランス」が意味することを明確にした上で，現代における「共稼ぎ正社員モデル」の必要性について論じることにしたい。

その場合，重要な点として労働時間の問題がある。現在の日本の労働法制，あるいは労働市場ルールは，形式的な表現とは異なり，経済学的には残業促進ルールであり，年次有給休暇取得困難化ルールである。こうした不健全な労働市場ルールを放置していることが我が国の労働時間問題の根源にある。この具体策については第6章で取り上げる。今何が重要かという観点に関心が強い読者は第6章を読んでいただきたい。ただ，わたしは社会的な問題はもっと広範に考えるべきであるし，私たちの働き方の現実を確認するという作業が不可欠であると考えている。そこで，本書では，正社員の定義や内容，世間に流布していることと実際との違いなどをじっくりと論じていくことにしたい[2]。

1　正社員像の画一化

1-1　正社員像の画一化と正社員多様化の意味

「正社員」という言葉はそれほど古いものではない。詳しくは第2章で扱うが，1970年代後半から広がり始め，1980年代から公的な統計調査にも使われ始めたものである。それは従来の雇用区分である「常用雇用」と「臨時雇用」では捉えきれない雇用区分が生まれてきたからである。「パートタイマー」とくに「常用パートタイマー」の登場である。しばしば彼女たちは残業こそほとんどしないものの「ふつうの従業員」と同じ時間働く人たちがいたので，労働時間でも区別しにくかった。いわゆる「疑似パート」である。しかし，時間給で定期昇給なども基本的にはないから，処遇は「ふつうの従業員」とは異なっていた。こうした「いわゆるパートタイマー」（呼称パート）という用語が作られることになる。すると，その対概念として常用雇用の「ふつうの従業員」の

ことを「いわゆる正社員」（呼称正社員）というようになる。実際には，単に「社員」とか「職員」「従業員」と呼んでいたにすぎないから「いわゆる」という表現は奇妙だが，やむをえない。つまり「パートタイマー」あるいは「パート社員」の対概念として「正社員」という用語が使われるようになるのである。

1985年の労働者派遣法によって「派遣労働者」あるいは「派遣社員」という雇用区分が生まれたことは周知のとおりである。さらに，かつては「専門的業務」のためにふつうの従業員と異なる処遇体系の「契約社員」[3]が単に「フルタイム有期雇用従業員」という意味の雇用区分に転化する。

こうして「いわゆる正社員」以外の雇用区分が増加するにつれて，これらを一括して「非正社員」と呼ぶようになる。この用語が一般化するのは21世紀に入ってからであり，ほんの10年くらい前のことである。「正社員と非正社員」あるいは「正規雇用と非正規雇用」という用語には身分格差の雰囲気が漂っているとして，かつて「典型雇用と非典型雇用」という用語も使われてきたが，わが国では学界以外で一般化したとは言い難い。

「いわゆる正社員」は本来，単に「ふつうの従業員」という意味に過ぎなかったが，有期雇用の増加に伴い，「期限の定めのない雇用」の労働者という意味づけの重要性が認識され，一般にはこうした労働者を指すこととなった。この「期限の定めのない雇用」は有期雇用との対比で「無期雇用」といわれることも多くなった。もちろん，真の意味で「無期」でないのは当然だが「期限の定めのない雇用」という語句が長すぎるからである。

「ふつうの従業員」全員が残業したり配転や転勤したりする必要はない。幹部候補生や幹部社員には必要かもしれないが，ふつうの従業員は残業を除けば，そうではない。しかし，わが国の裁判所は「片稼ぎ正社員モデル」の働き方をふつうの従業員に課してきた。それは1970年代までの日本社会の状況を反映したものであった。そのため幼い子どもがいて配偶者も正社員の場合，本人が残業を拒否できるかといえば，それは法的にはむつかしいのが実情であろう[4]。また，転勤なども家族が分かれて生活せざるをえないということは転勤を拒否できる正当な理由にはならないというのが裁判所の判断である[5]。転勤しないためには勤務地を限定した（標準ではなく）特別の雇用契約を結ばざるを得ない。いわば，現在の日本の労働法制は原則として共稼ぎ正社員モデルを否定し

ているのである。このため「ふつうの従業員」は「正社員」として，今や残業も転勤も拒否できない雇用区分と考えられるようになってしまった。そのため，実際の「正社員」は以下の章で示すように多様であるにもかかわらず，「正社員像」が画一化されてきた。他方「非正社員の増大」という事態により，「正社員の多様化」という議論がおこなわれるようになったのである。

　この場合，「正社員の多様化」には2つの意味がある。1つは「ワーク・ライフ・バランスのための正社員の多様化」であり，本書の中心テーマである。もう1つが「正規・非正規格差問題の解決のための正社員の多様化」である。一般的には正社員と非正社員の中間として「限定正社員」という範疇をつくるということであろう。そのポイントは「期限の定めのない雇用」にある。これは正社員の減少と非正社員の増加という1990年代後半以降の流れの中でいかに安定雇用を増やしていくのかという観点からの議論である。

　後者の議論には危険性が潜んでいる。とくに「限定正社員」の対概念として「無制約正社員」という言葉さえある。無制約社員や無限定正社員という用語はやめたほうがよい。まったく制約のない社員や会社の要求が無限定な社員などいないからである。

1-2　片稼ぎ正社員モデルにおける男女平等

　歴史的にみると，1980年代に企業内での男性社員と女性社員の処遇格差が問題となっていた。1985年の男女雇用機会均等法制定に示されるように，従来の女性社員の処遇を「一般職」とし，今まで男性社員にしか開かれていなかった「雇用身分」を「総合職」とし，女性にも開くことになったのは，周知のとおりである。それまで，しっかりとした性別雇用管理をおこなってきた企業ほど，雇用管理における差別禁止対応に追われることとなる。雇用環境の悪化している現時点からみれば，「一般職」も「正社員」であり，恵まれているという理解が広がっているが，当時はそうではなかった。企業は，1997年の経済危機以来，正社員雇用の削減を進め，「一般職」の派遣労働への転換を図った。多くは「専ら派遣」というように，人材派遣の子会社をつくり，そこから「一般職」相当の人材を受け入れるという形式をとることになった。

　男女雇用平等の主張は，基本的に「エリート正社員」「幹部社員」への女性

の進出の拡大を求めるものであった。そのため「総合職」のしんどさについての指摘はあったものの，その働き方の見直しという観点はほとんどなかったといってよい。このため男女雇用機会均等法の施行以来，男女雇用平等はもっぱら「総合職女性」の増加と活躍に焦点が絞られてきた。管理職に占める女性比率などがよく問題となる。この点が重要であることは言うまでもないことであるが，その陰に隠れて，正社員の働き方についての根本的な問題 ―家族形成という問題― が放置されたままなのである。もちろん，家族形成するかしないかは個人の自由であり，それを束縛することは現代社会ではありえない。しかし，家族形成させないことを男女雇用平等政策が強いているとしたら，それは大きな問題であろう。実際，第5章でみるように女性管理職の多くは独身であり，男性管理職と対照的である。

　また，よく正社員ではなく非正社員を自発的に選ぶ人が少なくないことが，非正社員の正当化として使われる。しかし，それは彼らがイメージする正社員が長時間残業や転勤を厭わない働き方であることが大きな理由であろう。残業はなく，転勤もない正社員であったとしたらどうであろうか。さらに短時間勤務もでき，有給休暇も100％取得できるとしたらどうだろうか。つまり，正社員の働き方を望まないのは非正社員の働き方が望ましいからではなく，イメージされる正社員の働き方がひどいからにすぎない。

1-3　労働時間への関心は実は低い

　労働時間短縮は，雇用や賃金に比べれば，労働者や労働組合の関心は低い。これは片稼ぎモデルのなせるわざである（あるいは主たる稼得者＋パートタイマー）。1980年代には労働基準法の改正により，確かに総労働時間はかなり減少したが，子育て予備軍および子育て期の共稼ぎ夫婦以外が総労働時間減少についてどの程度重視していたかどうかは怪しい。年次有給休暇は当然すべて取得するというようにもならなかった。

　さらに，企業サイドの必要による労働時間の柔軟化が強まった。企業の裁量性の必要性の増大（顧客中心主義の強化）は，共稼ぎモデルをより困難にした。変形労働時間制が増加した。

　また，フレックスタイムや裁量労働など，労働時間の個人の裁量性が増えた

場合であっても,仕事量の本人による規制は,よほど強い意志を持たないかぎり容易ではない。さらに,36協定によって残業が事実上放任されているが,その背景には,ある程度の残業を従業員が望んでいるという現実がある。これは「片稼ぎモデル」のなせる性(さが)である。「片稼ぎモデル」であれば,稼ぎ手（主に夫）はできるだけ高い収入を獲得すべきである。家庭内の家事・育児は家事専任者（主として妻）が担うからである。残業や休日出勤は,高い収入をもたらすために大歓迎であっただけではない。裁判所は企業の残業命令権を認めている。これも社会が「片稼ぎモデル」を前提としている証(あかし)である。また,日本における年次有給休暇の取得率の低さは有名である。

こうした問題の基本には,日本の労働法制が長時間労働促進インセンティブを企業に与え続けているという現実があるが,残念ながら,それを指摘する論者はほとんどない。企業に残業や年次有給休暇を消化させないことが人件費の削減になるという強い経済的インセンティブを付与しながら,残業の削減や年次有給休暇の消化促進を掲げる現状は研究者の立場からすると詭弁に思えてくる。詳しくはのちに述べるが,残業の削減についていえば,残業手当の算定基準から賞与や社会保険料の企業負担部分などが排除されていることが大きい。形式的な残業割増は,実質的には残業割引になっている。

年次有給休暇についていえば,時効が企業に強い経済的インセンティブとなっている。つまり,従業員に年次有給休暇を使わせなければ,時効によって「余分な」人件費を削減することができるからである。時効をなくせばよいのである。そして労働時間口座制度をつくり,従業員が必要なときに貯蓄を下ろせるようにすればよいのである。そうすれば,年次有給休暇の取得問題は解決する。残業が例外であり,年次有給休暇を完全消化することが普通になるためには,こうした企業に対する労働時間に関する強い経済的インセンティブをなくせばよい。そうした公正で健全な労働市場ルールのもとで,企業は競争すればよい。

1-4　出産・子育てとキャリア展開

出産年齢分布を国際比較してみると40歳代の出産はどこの国でも例外的であることがわかる（図表1-1）。出産は20～30歳代,子育ては30～40歳代が中心

第1章　男女雇用平等の齟齬とワーク・ライフ・バランス

図表1-1　主要国の年齢（5歳階級）別出生率

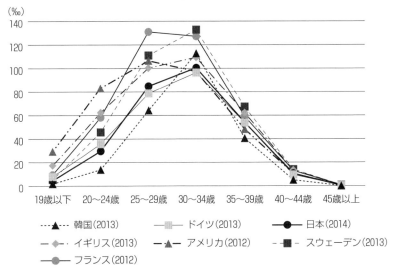

注：グラフの縦軸の単位は、パーミル(千分率 ‰) である。
出所：国立社会保障・人口問題研究所「人口統計資料集（2016）」より筆者作成。

である。最近減少しているとはいえ10歳代の出産が多いアメリカを除けば，合計特殊出生率が2.0に近い先進国はフランスとスウェーデンである。ドイツは日本とほぼ同じであり，イギリスはアメリカとスウェーデンの中間である。現在の日本の出産年齢に大きな変化がないとすれば，スウェーデンが目標としやすい。韓国は日本を極端化したような出産行動となっている。

　いうまでもなく20～30歳代はキャリア形成にとっても決定的な時期であり，さらにこの世代は労働時間の最も長い世代でもある（図表は省略）。「キャリア」を断念することは，30歳代にとって精神的に容易なことではない。仕事自体に一定の喜びを感じている場合はなおさらである。この点とどう折り合いをつけるかが真剣に検討されねばならない。子育て世代夫婦のワーク・ライフ・バランスはどのように取るべきなのであろうか。納得性のある処遇格差と昇進・キャリア展開の維持が必要となる。この問題について本書全体を通じて考えていきたい。

2 ワーク・ライフ・バランスとは何か

2-1 用語の多義性

　世の中には「ワーク・ライフ・バランス」あるいは「仕事と生活の調和」という言葉があふれている。そして，その言葉の意味は実に多義的である。たとえば，政府は2007年に策定した仕事と生活の調和憲章でつぎのようにいう。

> 　「憲章」では，仕事と生活の調和が実現した社会は，
> 　「国民一人ひとりがやりがいや充実感を感じながら働き，仕事上の責任を果たすとともに，家庭や地域生活などにおいても，子育て期，中高年期といった人生の各段階に応じて多様な生き方が選択・実現できる社会」具体的には，
> (1)就労による経済的自立が可能な社会
> 　経済的自立を必要とする者，とりわけ若者がいきいきと働くことができ，かつ，経済的に自立可能な働き方ができ，結婚や子育てに関する希望の実現などに向けて，暮らしの経済的基盤が確保できる。
> (2)健康で豊かな生活のための時間が確保できる社会
> 　働く人々の健康が保持され，家族・友人などとの充実した時間，自己啓発や地域活動への参加のための時間などを持てる豊かな生活ができる。
> (3)多様な働き方・生き方が選択できる社会
> 　性や年齢などにかかわらず，誰もが自らの意欲と能力を持って様々な働き方や生き方に挑戦できる機会が提供されており，子育てや親の介護が必要な時期など個人の置かれた状況に応じて多様で柔軟な働き方が選択でき，しかも公正な処遇が確保されている。

　また，各種の報告書でもいろいろと定義されている。たとえば，「老若男女誰もが，仕事，家庭生活，地域生活，個人の自己啓発など，様々な活動について，自ら希望するバランスで展開できる状態である」(平成19年7月　男女共同参画会議　仕事と生活の調和（ワーク・ライフ・バランス）に関する専門調査会)

　「多様な働き方が確保されることによって，個人のライフスタイルやライフ

サイクルに合わせた働き方の選択が可能となり，性や年齢にかかわらず仕事と生活との調和を図ることができるようになる。男性も育児・介護・家事や地域活動，さらには自己啓発のための時間を確保できるようになり，女性については，仕事と結婚・出産・育児との両立が可能になる」（労働市場改革専門調査会第一次報告，平成19年4月　経済財政諮問会議労働市場改革専門調査会）などである。

2-2　本書での限定

こうした多義性のために，その範囲は限りなく広くなり，焦点がぼけてしまう。そのため，本書では焦点を「30～40歳代家族における子育てと稼得労働の調和」に絞る。つまり，地域活動や自己啓発，さらには老親介護の問題は対象としない。単位も個人ではなく（核）家族である。いうまでもなく，夫と妻と行政の役割分担のあり方を焦点とする。

なお，子育てにとって三世代同居や近居は合理的である[6]。親世代を30歳代とすれば，祖父母世代60歳代という想定は無理がない。祖父母世代が定年退職後であるとすれば，子育ての一部を，とくに子どもの病気など緊急時の対応を祖父母が担うことは親としても安心である。国土交通省の調査によれば，子育て世代は，自分たちの親との同居を望むのが約7％，近居を望むのが約83％に達している[7]。ただ，三世代同居は減少しているし，子育ても祖父母に全面的に依存することはむつかしい。つまり，補助策として近居・同居は有望であるが，残念ながら，これはワーク・ライフ・バランスの主たる解決策とはなりえない。

さて，このように「ワーク・ライフ・バランス」という用語を限定したとしても，「ワーク＝仕事」とは何であり「ライフ＝生活」とは何であるのかを定義しなければ，この用語が真に何を意味しているのかを理解することはできない。

2-3　ワーク（仕事）の定義

人の行為は「責任」という観点から2つに分けることができる。本書では「責任を伴う行為」を「仕事」と定義し，「責任を伴わない行為」を「生活」と

図表 1-2　責任（責務）と稼得の有無からみた「仕事」の区分

	稼得労働	非稼得労働
外的責務	企業から求められる仕事	社会や家族から求められる仕事
内的責務	義務感・キャリアのための仕事	義務感による仕事

出所：筆者作成。

定義する。現実の行為は、両者が混ざっているが、概念的に分離することは可能である。もちろん、人はいつも積極的に行動しているわけではない。睡眠や「のんびり」している状態のときもある。しかし、これも消極的に行為しているとする。

「責任（あるいは「責務」）」には、「他者が課すもの」と「自らが課すもの」とがある。

また、人の行為は「稼得」という観点から、収入を得ることを目的とする仕事（稼得労働）と稼得を目的としない仕事（非稼得労働）に分けることができる。これによって、「仕事」を4つの区分することができる。図表1-2はそれを示したものである。自らに課した責任（責務）のある行為も「仕事」である。あまり自己に責務を課しすぎると、他者（企業、上司など）から課された責務と相まって日常的過労状態となる。この場合には、自己への責務を意図的にコントロールする必要がある。

「仕事」が収入を伴うとは限らない。例えば、ボランティア活動は収入を伴わないが責任を伴う。ボランティアだからといって約束を守らないでよいわけがない。その意味で「仕事」である。同様に、家事や育児、介護も責任を伴う[8]。子育ては喜びでもある、子育てに責任がないわけがない。

2-4　ライフ（生活）の定義

ライフとは「生きること」であり、「生命」、「生涯、一生」、「生きがい」「元気・生き生きとしていること」など多様な意味がある。先にみたように、ここでの定義は「生活」とは「責任を伴わない行為」ということである。「責任」とは関係なく、人間が生きていくためにはいろいろな行為を積極的であれ消極的であれ、しなければならない。「仕事が生きがいだ」という場合があるが、

これは work＝life ということになる。つまり，ある行為は「責任」などと関係なく好き好んでしていることだが，同時に「責任」も伴っているということである。

ここでは「ライフ（生活）」を2つに分ける[9]。
1．「生活」には，生命維持の基本的行為としての，睡眠，食事，息抜きなどがある。これを「生命維持」（Life1）と呼ぶ。
2．それ以外の生活楽しみを「余暇」（Life2＝Leisure）と呼ぶ。

こうした概念的な区分をしたうえで WLB（ワーク・ライフ・バランス）論の種類について次に見ておこう。実は3種類ある。

2-5　WLB論の種類

(1)余暇を含むWLB

「生命維持」は当然のこととして，「仕事」と「余暇」のバランスを取ろうとするものであり，言葉の本来の意味での「ワーク・ライフ・バランス」のことである。これについては，行政がとやかく言う必要はなく，これを個人や家族がそれぞれの判断で達成できるような経済状態に維持することが社会の期待される役割であろう。

(2)長時間労働批判としてのWLB

わが国では，長時間労働による過労死や過労自殺をいかになくしていくかという政策課題がある。これは，実は「仕事」と「生命維持」とのバランスを問うているのであり，本来削減できないはずの睡眠や息抜きなど基本的な生命の維持が脅かされている点に問題がある。一人前の大人であれば，そうした判断ができるはずだとされているが，実社会では「家計責任」や「失業への不安」，さらには「内的責務」を駆り立てる一部経営者や職場管理者の存在などによって，社会問題化しつづけている。

(3)WWB論としてのWLB

「稼得労働」と「非稼得労働」（とくに家事・育児）のバランスを問う議論である。先に述べたように，どちらの行為も責任を伴っている。つまり，どちら

とも「仕事」である。一般に一番よく議論されているのは、この「WLB論」である。「稼得労働と子育ての両立」などといわれることもある。つまり、世の中で一般的にいわれている「ワーク・ライフ・バランス論」とは、実は「ワーク・ワーク・バランス論」に過ぎない。残念ながら、仕事と余暇のバランスを問うものではないのである。こうしたWWB論として捉えるならば、2つの仕事の両立は必然的に「生命維持」（Life1）をも侵食しかねない。実際、幼い子供を育てながら正社員として働く多くの女性はそこに苦しんでいるのである。また、夫は夫で「片稼ぎ正社員モデル」による人事管理をおこなっている企業で働いているために、家事や育児に十分な時間を費やすゆとりがない。

3　共稼ぎ正社員モデルの必要性

3-1　個人からみた要請

(1)片稼ぎ正社員世帯の賃金低下

　子育てや家事に専念したい女性が多いとしても、専業主婦を支える収入を稼ぐ夫は多くない。専業主婦と子ども2人を育てるとして、必要とされる年収は600万円程度であろう。この程度の年収を稼いでいる男性はどの程度いるのであろうか。「平成27年賃金構造基本統計調査」から、所定内給与を15.1倍した数字をみることにしよう（図表は省略。男性の賞与など特別給与の所定内給与に対する割合は3.1倍、つまり3か月分強である）。推定年収604万円以上が男性労働者の各年齢層に占める割合は、25～29歳で2.3％、30～34歳8.1％、35～39歳18.1％、40～44歳30.1％にとどまる。30歳代前半だと1割もいないし、30歳代後半でも2割に満たない。つまり、約8割の男性は「男性片稼ぎモデル」を実践できる収入がないのである。つまり、もはや「男性片稼ぎモデル」は少数派にならざるをえない。

　時代的趨勢としても、「片稼ぎ正社員世帯」の経済状況は若年から中年層にかけて悪化している。図表は省略するが、この20年間にわたって、30～40歳代前半男性の平均年収も低下している。「片稼ぎ正社員モデル」の典型として、大卒・大学院卒男性の年齢階級別賃金プロファイルをみたのが、図表1-3

第1章　男女雇用平等の齟齬とワーク・ライフ・バランス

図表1-3　大卒・大学院卒男性の年齢階級別年収プロファイル（25〜29歳＝100％）

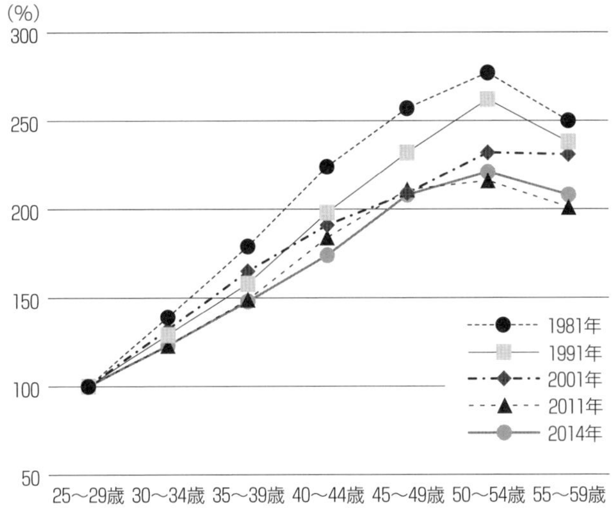

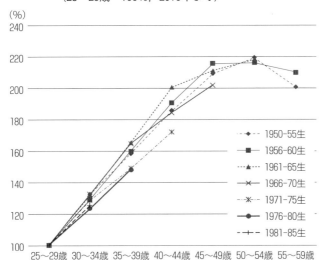

出所：厚生労働省「賃金構造基本統計調査」より筆者作成。

図表1-4　コーホート別大卒・大学院卒男性の年収プロファイル（25〜29歳＝100％，2016年まで）

注1：年収は「所定内給与」×12＋「賞与など特別給与」。所定外給与の影響を避けるため。
注2：2016年のみ「賞与など」は前年実績。
出所：厚生労働省「賃金構造基本統計調査」より筆者作成。

である[10]。大卒・大学院卒男性の賃金プロファイルの傾きが急激にフラット化していることがわかる。とくに，生まれた時期（コーホート）別にみたのが図表1-4であるが，1960年代生まれまでの大卒に比べ，70年代生まれの年収アップ率は低くなっている。言い換えれば，1980年代後半に入社した大卒は賃金カーブが高まりさえしていたのに，それ以後の世代は大幅にフラットになりつつあるのである。つまり「片稼ぎ正社員モデル」を経済的に維持できる世帯はますます少なくなっている[11]。

(2) 「1.2共稼ぎモデル」の状況と問題点

そこで，実際に多くを占めるのが，「1.2共稼ぎモデル」である。妻のパート勤務などでなんとか生計を維持するという家族内の分業体制である。家事の効率化や外部化が進んだ現代では，主たる家計責任者を夫とし，余剰労働力をパートタイマーという形で妻が家計補助的に稼得労働するこのモデルが一般的である。典型的なイメージで，夫の年収500万円に対して妻の収入100万円を合わせて600万円とすると，夫1に対して，妻0.2の収入比なので以下では「1.2共稼ぎモデル」と称する。家事や子育てという仕事と稼得労働に関する主たる責任者を性別に役割分業している。「男性片稼ぎ正社員モデル」の派生形といってよい。夫が十分な賃金をえることができないために，家事労働が軽減されている現在，妻も稼得労働をするのである。

図表1-5は末子の年齢層別に妻の就業状況を調べたものである。平均して2割弱が「正社員共稼ぎ」である[12]。また，図表1-6から明らかなように，3歳未満の妻の正社員比率は平成14年の14％から平成24年には23％と9ポイントも上昇している。これは育児休業給付制度などの政策効果が強く出ているものと考えられる。図表1-5に戻ると専業主婦を希望しているものは末子3歳未満では25％と全体の4分の1を占めるが，小学校高学年となるとわずか1割強に低下する。本来の「男性片稼ぎ正社員モデル」は「共稼ぎ正社員モデル」よりもすでに少数派となっている[13]。「不本意片稼ぎ」のほうが多い。子どもが3歳以上となりさらに成長するにつれて，顕在的あるいは潜在的な「1.2共稼ぎモデル」が主流となる[14]。末子が小学校に入ると，「顕在的1.2共稼ぎ」が約4割，「潜在的1.2共稼ぎ」（「不本意片稼ぎ」）が約25％であり，合計

第1章　男女雇用平等の齟齬とワーク・ライフ・バランス

図表1-5　末子の年齢別妻の就業状況（夫が雇用者の夫婦と子どもからなる世帯）

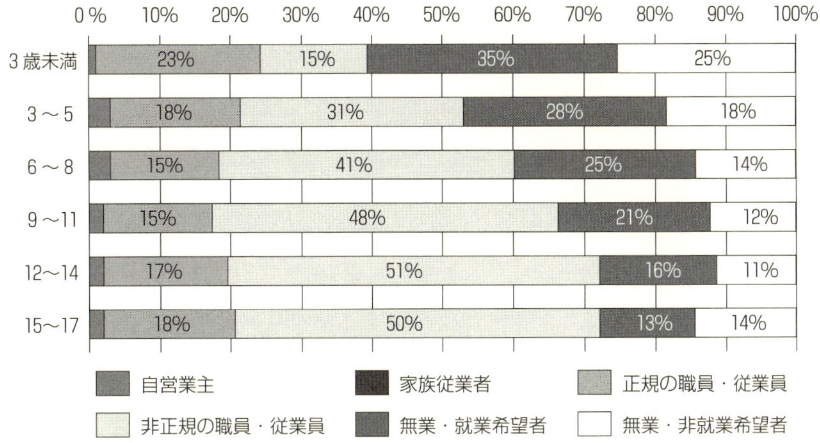

末子年齢	自営業主	家族従業者	正規の職員・従業員	非正規の職員・従業員	無業・就業希望者	無業・非就業希望者
3歳未満		23%	15%	35%		25%
3～5		18%	31%	28%		18%
6～8		15%	41%	25%		14%
9～11		15%	48%	21%		12%
12～14		17%	51%	16%		11%
15～17		18%	50%	13%		14%

出所：総務省「平成24年就業構造基本調査」より筆者作成。

図表1-6　末子が3歳未満の妻の就業状況（夫が雇用者の夫婦と子どもからなる家族）

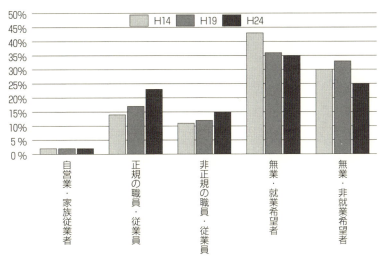

出所：総務省「就業構造基本調査」より筆者作成。

すると全体の3分の2を占める。まさしく現代における多数派である。

「1.2共稼ぎモデル」は、主たる家計責任が夫にあるために、残業ドライブが働く。つまり、できるだけ多くの残業代を家族が期待する構造となる。のちにみるように、日本の労働法制は名目的には残業に対して25%以上の「割増賃金」であるが、経済的には「大幅な割引賃金」となっており、強い残業インセンティブを企業に与えているが、「片稼ぎモデル」や「1.2共稼ぎモデル」の場合、家族からも強い残業インセンティブが働く。それは、片稼ぎモデルの場合は稼ぎ手が1人しかいないのであるから当然として、1.2共稼ぎモデルの場合にも、夫の残業手当と比較対象となるのは、妻のパート時給であり、少々の「割引賃金」であっても1時間当たりの賃金は前者のほうがかなり高い。つまり、性別役割分業体制のなかにあっては、経済的には夫にできるだけ多く残業してほしいということになり、ひいては妻は家事・子育て責任を果たしたうえで、空いた時間を稼得労働に使うという経済行動をとるわけである。まことに経済合理的行動である。

それだけに、この1.2共稼ぎモデルは、安定的な家庭内分業体制であり、それだけに強固である。わが国でも一般的であり多数派であるといってよい。しかし、こうした家庭内での経済合理的な行動が男女雇用平等の実現には大きな障害となっている。そのため、多くの女性正社員は個人的経済合理性を求めて「独身」の道を歩むか、正社員の職を諦めるかという選択肢を迫られることになる。

(3)男女共同参画社会の実現と男女の雇用平等

男性も女性も対等に社会に参画すること、とくに雇用の局面で平等であることに異論を差し挟む人は今や少ないように思われる。もちろん、全員が雇用労働者になる必要はない。子育てや稼得労働以外の生きがいを重視する生き方を選ぶ人々がたくさんいるのは当然である。しかし、夫婦のうち夫が結婚したり子どもができたから雇用労働から離れるということは非常に少ない。「専業主夫」は話題となっても一般的とはいえない[15]。むしろ、結婚したり子どもができたら、夫たるものには「家計責任」がより重くのしかかってくるというのが多くの場合であろう。

ところが，妻の場合には，子育てのためや夫の転勤のために正社員の仕事を辞める人が多い。こうした雇用に関する夫婦間の大きな差異は，男女の雇用平等と齟齬をきたしているように思われる。女性の場合，正社員として働き続けようと思えば，結婚しないか結婚しても子どもを産まないという選択しかないという状況に追い込まれている人は少なくない。夫だけでなく妻も正社員として子育てしながら働き続けられる方策を考える必要がある。家事はともかく，子育てについては「手抜き」をしたくないであろう。性的役割分業がいくら不当だといっても，世帯を持ち子育てしようと思えば，家計（収入・稼ぎ）と家庭内の仕事の分業が家庭内では経済効率的であるので，それを否定することは容易ではない。そうした分業体制の家庭がなくなることはないであろうし，完全になくすべきでもないだろう。「専業主夫」や「0.2」を夫が担うことも一般化すれば，問題は比較的少ない。ただ，この分業が性的に固定されているとすれば，それは大きな問題である。

昇進を含めて男女間の雇用平等を実現しようとすれば，最も摩擦の少ない家族モデルは「共稼ぎ正社員モデル」しかないだろう。現在でも約2割の世帯でこのモデルは実践されているが，それが多数派になるためには，このモデルのもつ労働時間制約などの苦しさ・大変さを緩和する働き方の見直しとそれを支える社会的な仕組み作りが必要である。

3-2　社会からみた要請……少子化対策と家族政策

家庭内分業は私的な事柄であり，社会が介入することは望ましくない。しかし，社会が持続可能なものとして存立するために，あるいは市民全体が安心して次世代にバトンを渡していくために，家族政策が必要である。ここでは，持続可能な社会形成という観点から，「共稼ぎ正社員モデル」を多数派にすることの必要性について論じることにしよう。

(1) 増える独身世帯の容認と前提化……3分の1は男女とも独身である。

結婚するかしないかは個人同士の自由である。子どもを産むか産まないかもそうである。結婚と出産・子育ては世界的にみると分けて考える傾向にあるが，わが国では「非嫡出子」は少ない。事実上，結婚することが出産につながる。

とすれば,結婚しないということは,多くの場合独身であるということを意味する。30歳代,40歳代の独身が増加している。未婚率をみたのが図表1-7a,1-7b,有配偶者率をみたのが図表1-8a,1-8bである[16]。平成27年国勢調査の抽出速報集計によれば,未婚と独身の増加傾向はようやく収まっている

図表1-7a　男性未婚率の推移

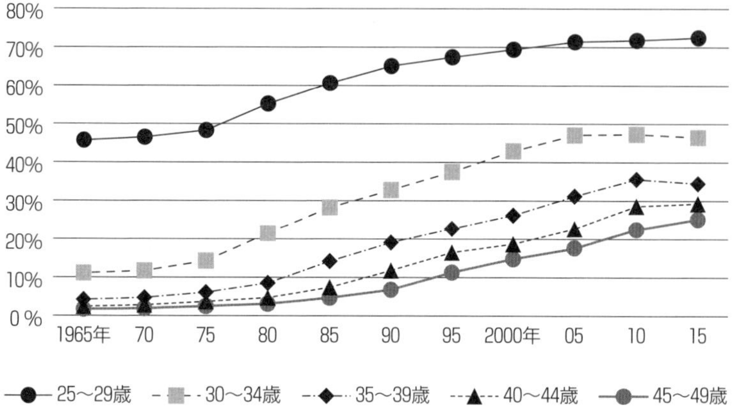

出所:「国勢調査」より筆者作成。

図表1-7b　女性未婚率の推移

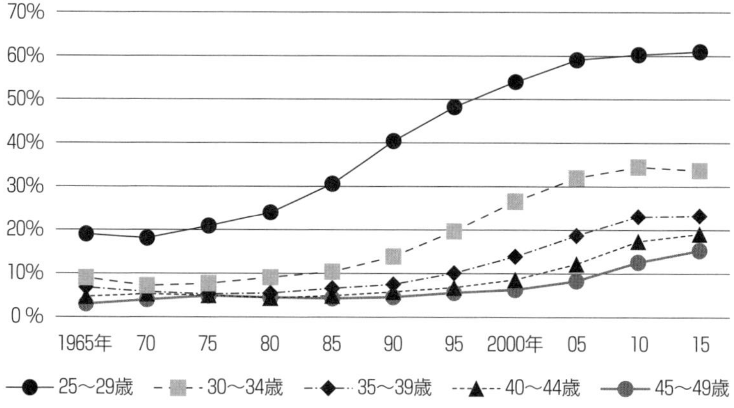

出所:「国勢調査」より筆者作成。

が，有配偶者率でみると，男性は40歳代でも70％を切っており，女性の場合には30歳代前半で約60％，30歳代後半でも約70％に過ぎない。独身者が増加していることは間違いない。こうした非婚化に対して，現在では公的な機関も「婚活」などに予算を組んでいるが，それでこの傾向を逆転させるのは容易ではな

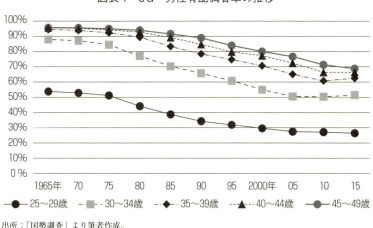

図表1-8a　男性有配偶者率の推移

出所：「国勢調査」より筆者作成。

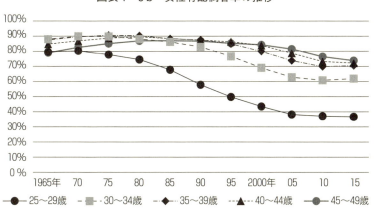

図表1-8b　女性有配偶者率の推移

出所：「国勢調査」より筆者作成。

い。結婚して子育てしても貧しくならない社会を作っていかねばならないが，現在では，子どもの数が増えるにつれて生活費・教育費がかさむのが現実である。したがって，そもそも結婚しなくなってきたのである。何も全員が結婚する必要はないし，ましてや全員が子どもを産み育てる必要はない。しかし，そうした人々が急激に増えてきた。これからは，好むと好まざるとにかかわらず，一生独身の男女が一定数いる社会を私たちは前提としなければならない。

　こうした人々は，子育てはしないが，高齢者になり医療や年金などで後の世代のお世話になるわけだから，相応の負担をするのは当然だろう。子育て費用は基本的には「社会」が全体として負担することが必要となっている。家庭内の世代間扶養から社会内の世代間扶養へと現代社会は転換している。そこで，保育所もかつての「保育に欠ける家庭」の社会福祉施設から，国民全体の一般福祉施策として，位置づけを全面的に変える時期にすでに来ている。「義務教育」と同じ位置づけが今や必要なのである。

(2) 男女共同参画社会の実現と男女の雇用平等

　個人の要請とも重なるが，男女共同参画社会の実現と男女の雇用平等は社会政策としても重要である。市場に任せておけば自然と実現するものではないことは残念ながら明らかである。労働市場に配慮しながら，政府や地方自治体が実にいろいろな政策を打っていることは周知のとおりである。したがって，ここでは詳しく論じることはしない。まさか，「1.2共稼ぎモデル」を理想とはしていないだろう。つまり，正面からは論じてられていないが，共稼ぎ正社員モデルが最もふさわしいあり方であるのは間違いない。

(3) 共稼ぎ正社員での平均子ども数3名の必要性

　先にみたように，結婚しない男女が急激に増加している。男性も女性も3割に配偶者がいない。人口減少を食い止めるには，結婚し子どもを持つ世帯は平均して何人の子どもを育てる必要があるのだろうか。人口置換率は2.07程度であるとされていることから判断すると，モデルでの子どもの数は平均3人であることが必要となる[17]。つまり，子どもが産まれない・産まない夫婦もいるから，分布は0人から6人くらいの幅で分布するのが自然ということになる。長

年にわたって子ども2人が社会的標準とされてきたことからすると，とても無理な相談のようにも見えてくる。とくに共稼ぎ正社員を前提とすればなおのことである。

　もちろん，同時に，保育所・学童・病児保育制度の充実をもちろんのこと，子どもが多いと教育費を含めて貧しくなるという事態をなくすためにも，児童手当の大幅増額など多大な行政施策が必要なのはいうまでもないことである。しかし，それだけで問題が解決するわけがない。そもそも，そうした家族形成が無理なく行えるような正社員の働き方を考え直す必要がある。

4　共稼ぎ正社員モデルの主流化と多様な正社員像の獲得

　具体的な政策については第6章で扱う。ここでは，共稼ぎ正社員モデル主流化に関する観点について論じることにしよう。家族からみると，正社員には片稼ぎモデルと共稼ぎモデルがある。片稼ぎモデルは，配偶者が子育てと家事を専門的にこなす。稼ぎ手は家計責任を一手に引き受ける。そのため，昇進競争による勝ち抜きによる高賃金を目指すとともに，短期的には残業手当など，労働時間などお構いなしに収入増を目指す。配偶者からもそれが期待されている。キャリア・アップのためには全世界転勤を厭わず，家族は稼ぎ手の転勤についていく。あるいは家族を自宅において，自らは「出稼ぎ労働者」として家族のために働く。家族にとって稼ぎ手の雇用安定は絶対的な前提条件である。

　もう1つの正社員モデルは共稼ぎモデルである。夫も妻も正社員として働き続けながら，子育てと家事をこなす。稼ぎ手が2人いるから，相対的に賃金収入よりも時間が稀少な資源となる。残業はないに越したことはない。また，子育てする家族は同居したほうが良いから，どちらか一方でも転勤すると大変なことになる。つまり，転勤しないことが重要な要件となる。

　先に見たように，「1.2共稼ぎモデル」つまり，夫が正社員で妻がパートタイマーなど非正社員というモデルが現在では多数派である。これは，片稼ぎモデルの夫婦間の役割分担（家計の主たる責任者＝夫，家事・子育ての主たる責任者＝妻）を維持しつつ，家事負担の軽減化・外部化により家計補助的就労も妻

が担うというモデルである。

　片稼ぎ正社員モデルあるいは「1.2共稼ぎモデル」を多数派の働き方として放置した上で，限定正社員の導入で事足れりとする考え方は雇用政策上望ましくない。男女共同参画社会の実現に反するからである。

　共稼ぎ正社員モデルの主流化の前提として，先に述べた正社員像の多様化が必要不可欠なことは理解してもらえるであろう。企業は幹部候補生的な正社員を一定数必要としている。研究開発部門の一部でも一時的に長時間働かざるをえない人もいるだろう。しかし，そうした人は少数でよい。人々が望む「ワーク・ライフ・バランス」は多様である。そうした多様性に対応した正社員の働き方にも多様性を認識すべきであり，その中の多数派の働き方は共稼ぎ正社員で家事・子育てなどが無理なくできる働き方でなければならない。正社員はすべて全国転勤しなければならず，あるいは残業しなければならないという画一的な認識を企業は改めるべきであり，私たちも改めるべきである。正社員像の多様性を認識するとともに，代表的なモデルとして共稼ぎ正社員モデルを構想すべき時に来ている。

　今や，家族形成は常識的な行動とはいえなくなりつつある。もちろん，全員が家族形成する必要はないし，それは義務でもなんでもない。しかし，多数の人々が次世代を再生産しないことは，人間社会にとって不健全ではないだろうか。男性も女性も同じように活躍する人が期待されている現在，男女が安心してともに「仕事」をし，充実した「生活」を営める，共稼ぎ家族のワーク・ライフ・バランスを実現できる新たな雇用システムの形成が必要とされている。

■注
1　もちろん，量的な問題と質的な問題は同じではないから，社会がコミットすべき領域は教育を含め少なくない。
2　本書が扱うテーマについては，多くの研究者が取り組んでおり，その参考文献を読者は容易に知ることができる。たとえば，濱口（2009），小倉（2013），山本／黒田（2014），鶴／樋口／水町（2010），佐藤／武石（2017）などが引用する文献を参照してほしい。さらに，本書で活用するJILPTなどの各種報告書などもある。そのため，本書では内容に直接関係する文献に限定する。
3　現在でも，厚生労働省「雇用形態の多様化調査」ではそうした定義を用いている。
4　菅野（2016），491～492頁。
5　同上，686～687頁。
6　現状について詳しくは，山内／千年（2015）を参照のこと。また，千年（2016），福田／久本

(2012) も参照。
7 国土交通省（http://www.mlit.go.jp/common/001082994.pdf）23頁。
8 一般には「共働き」という用語をよく使うが，これは暗に家事や育児を「仕事」とみなさない表現であり適切ではない。本書では一貫して「共稼ぎ」という語句を用いる。なお，よく家事などの労働を「不払い労働」というが，これは家事や育児を市場化して，稼得労働として考えるということであり，家事や育児の外部市場化という問題関心からは意味のある概念であるが，本書の立場からすれば，稼得を目的とする労働（仕事）と目的としない労働（仕事）は本質的に異なった種類の「仕事」であるので，ここでは用いない。
9 さらに，仕事そのものが同時に「生きること（生きがい，プライド）」であることは普通である。(Life3, work＝life) とくにボランティア活動などはそれに当たるし，稼得労働であってもそうした仕事に生きがいやプライドを持つことは多い。ただ，本書では，責任が伴う行為である限りは「仕事」に区分する。したがって，以下では主としてLife1とLife2について論じ，Life3は論じない。
10 年収は，当該年の「賃金構造基本統計調査」の所定内賃金を12倍し，次年の同調査の特別給与を加えたものである。
11 もちろん，25〜29歳の賃金が大幅に上がっているのであればそうはいえないが，初任給の上昇は微々たるものである。
12 雇用者である夫のすべてが正社員というわけではないから，この数字は若干割り引く必要がある。
13 このグラフは「夫が雇用者」なので，やや不正確ではあるが大勢には影響ないと考える。
14 末子が中学校以上となると正社員として働く割合が高くなっていることに示されるように，「無業だが就業希望する」妻の中に正社員を希望する人も含まれているが，それを実現している割合は現状ではさほど高くない。
15 「平成22年国勢調査」によれば，妻が正社員（正規の職員・従業員）約4,144万人のうち，専業主夫（主として「家事」をしていた夫）は約6万7,000人にすぎず，比率にしてわずか1.6％にすぎない。全体では，夫が正社員7割弱，役員1割強，自営業7％，非正社員5％，失業3％などとなる。
16 未婚率と有配偶者率に死別・離別の割合を加えると100％となる。
17 日本の人口動態については，厚生労働省「平成28年我が国の人口動態」を参照。

第 2 章

正社員をどう捉えるか
―処遇と働き方

　本書は共稼ぎ正社員モデルの主流化を唱えるが，その前に，ここでいう正社員とは何であるのかを明確にしておく必要がある。まず，「正社員」を概念的にどのように考えるかについて論じたのち，実際に正社員といえる人々がどの程度いるのかを計測する。

　そもそも「正社員」という用語が一般に使われるようになるのは，経済の安定成長期の頃である。『労働経済の分析』（労働白書）で，「正社員」という表現がみられるのは1980年版のことである。ただ，それは第3次産業における女性のパートタイマーとの対比で言及されているにすぎず，「一般社員・正社員」となっている。当時は「一般社員」という言い方と「正社員」という言い方が併存していたことがわかる。これは，70年代以降急増するパートタイマーを企業では「定時社員」「パート社員」「準社員」などと呼んでおり，ふつうの社員を区別するために「一般社員」あるいは「正社員」としたのであろう。「労働力調査特別調査」が呼称による「正規の社員・従業員」という範疇を作ったのは，1981年のことであるし，「就業構造基本調査」も1982年の調査からである。これは，常用雇用のパートタイマーやフルタイム働く「パート社員」という人々が増えてきたからであり，従来の「常用雇用と臨時雇・日雇」という雇用期間だけの区分では雇用の実態を充分に把握できなくなったからにほかならない。従来の社員，あるいは正社員に対する雇用区分として，まずは時給制の短時間勤務者として「パートタイマー」が登場するのである。

1　分析視角……「正社員性」から考える

　正社員の定義として一般には「期限の定めのない雇用」とされることが多い。ただ，それでは必ずしも十分ではないので，統計調査では「呼称」を用いることが多い。「呼称」を学問的に確定することは容易ではないが，それによって社会が「正社員」と思っている人々を把握できると感じているからである。それはわが国では「フルタイムで働くパートタイマー」という奇妙な労働者たちがたくさんいることからも理解できる。つまり，正社員という雇用区分は単に「期限の定めのない雇用」だけでは把握できないのである[1]。

　では，「正社員」という存在をどのように捉えればよいのであろうか。正社員性の高さという観点から正社員としてふさわしい処遇と働き方を見ていくことにする。具体的には，①雇用の安定性，②一定の賃金水準，③働き方をみる。雇用の安定性を正社員処遇の前提とすることについては異論ないであろう。もちろん，雇用が安定していればどれだけ賃金が低くてもよいということではない。一定以上の賃金はほしい。もちろん，こうした処遇と対応して，正社員としての働き方というものもある。よく正社員は残業や転勤は拒否できないといわれているし，そうした判例もあるが，本当に多くの正社員はそうした残業や転勤を受け入れているのであろうか。そうした働き方を受け入れなければ「正社員性」は低いといってよいであろうか。それとも，そうした働き方は「正社員性」とは直接関係ないのであろうか。この点についてもみていく。

　なお，正社員の雇用関係はしばしば拘束性が強いといわれてきたが，これは不正確であろう。具体的な仕事内容について細かい拘束を受けているのは，むしろ不熟練労働者であり，熟練労働者や幹部社員は仕事内容に裁量度が大きい。彼らにとっては，任された仕事を遂行するための負荷がしばしば高くなることが問題なのであり，それの裁量性が高く「働きがい」もあるからこそ，問題が複雑なのである。それは中長期的な昇進への影響を与えるという点でも複雑である。

第2章　正社員をどう捉えるか

(1) 雇用の安定性

　まず，雇用の安定が必要である。不安的な雇用の労働者は本来「正社員」と呼ぶべきではないだろう。そうした労働者の正社員性は低いとみる。その意味で雇用が不安定な業種では，「正社員性」が全体として低いと判断できる。もちろん，こうした業種では，雇用よりも，企業横断的な，個人の力量・スキル・技量・職業能力が個人にとっては最も重要となる。専門職労働市場が発達している業界では，特定企業での雇用の安定性はそれほど重要ではないし，正社員である必要性も低い。雇用の安定性は，それ自体が正社員の「処遇」として基本であるということができる。

　もちろん資本主義社会にあって自分の雇用が絶対に安定しているということはあり得ない。あくまで相対的なものであり，また予想と結果は同じではない。つぶれないと思っていた企業が倒産することはしばしばあることである。公的組織でさえ，人員整理はある。この場合，個人の能力不足や不祥事による解雇は除く。企業も労働者も定年までの雇用を想定している雇用関係である。呼称による定義を除けば，正社員の一般的な定義として，「期限の定めのない雇用」の労働者とすることが多い。しかし，これと「安定雇用」とは同義ではない。ここでは実質的な「安定雇用」を意識しておきたい。もちろん，それを数字ではっきりと確定することは容易ではない。景気変動の小さい業界や成長を続けている業界では安定雇用となり，景気変動の大きい業界，特に減少傾向の強い業界では不安定雇用となる。日本経済全体で不安定雇用が増えたとすれば，処遇による正社員性の高い処遇の1つである安定雇用を享受する層が減少したことを意味する。

(2) 一定水準の安定賃金

　処遇とは使用者が従業員に提供する労働条件であるが，ここでは賃金に絞ってみる。安定して一定水準の賃金があるかどうかが正社員性を図る指標となる。「安定した」という意味は，月給制や年俸制なのか，それとも時給や出来高給なのかという制度的な観点と賃金水準そのものをみる必要がある。

(3) 昇進機会

　企業内で昇進機会の存在は正社員性を図る1つの指標であろう。もちろん，雇用や賃金とは異なり，不可欠の要因ではないが，追加的なものとして理解できる。学校を出てすぐに上位の職に就くということは，わが国では日常ではない。幹部候補生と言われる人であっても，すぐに管理職になるわけではない[2]。企業内での仕事経験を経て，上司に評価され，昇進する機会，あるいは可能性が担保されているかどうかが重要である。

　もちろん，企業横断的にキャリアを形成しようとする人には昇進機会は他の企業への就職を通じて実現されるわけだが，そうした機会が可能となるように職業能力が育つような仕事につくことが正社員性の高さを示す特徴である。ここで重要なのは，処遇，あるいは報酬は現時点のものというよりも「将来の期待」であるということである。こうした期待が現実には果たされないことはしばしばある。それでも，こうした期待を当然と思わせる制度やしくみが正社員性を測る1つの基準となろう。繰り返しとなるが，企業横断的な職業能力の獲得は，正社員性とは関係ない。職業人としてのキャリアを考える場合には，これが非常に大切であるのはいうまでもないが。

(4) 働き方と働かせ方

　重い責任や（現状では多くの場合）長い労働時間を避けたいと思っている人は少なくない。正社員であっても昇進を望まない人は少なくない。つまり，昇進する可能性があることが正社員の主たる要素とはいえないだろう。とはいえ，働き甲斐を求めて，企業内昇進を欲する人もいるし，企業はそうした意欲を駆り立てようとすることが多い。キャリアは企業内である場合もあれば，職業内の場合もある。専門的職業別労働市場があれば，企業内の雇用の安定性はそれほど重要ではない。つまり，正社員である必要はない。しかし，多くの人々は同一企業で長く働き続ける。職業別労働市場がしっかりと形成されていない人々にとっては，企業内でのキャリアアップ，昇進の展望も重要である。

　正社員性が高い働き方とは，労働時間や仕事内容の裁量度が真に高い仕事を与えられることである。裁量度の低い仕事は，正社員性の低いことを意味する。もちろん，入社してすぐに裁量度の高い仕事をすることはまず無理だから，

キャリアを積んで裁量度の高い仕事をするようになることを意味する。処遇を従業員に提供する対価として企業が求めるのが、正社員としての「働き方」である[3]。「いやなら退職しろ」というような仕事への要求は、働き方としては正社員性が低い。正社員性の高い働き方は、自律性が高く一定の責任をもつ働き方であろう。企業は従業員が担当する仕事を一応決めているとはいえ、必要に応じてそれ以外の仕事を指示する（交渉や契約ではなく）こともある。こうした企業の要求と正社員としての働き方はどのように関係しているのであろうか。

　こうした働き方・働かせ方を計測するのはとくにむつかしい。裁量性の高さは企業が個人に期待する仕事量を過大にする傾向があり、裁量労働や管理監督者はしばしば、長時間労働となりがちである。また、それを悪用する企業もある。こうした職務の包括性・裁量性は、ともすれば、長時間労働の温床ともなるが、逆に言えば、働かなくてもある程度許されるという範囲も大きい。職務の包括性ゆえに、企業はその時々の要望に即して働くことを当然視する。

(5) メンバーシップと正社員雇用

　わたしはかつて「正規雇用関係」を「企業の「Good Will」にコミットする雇用関係」として定義づけたことがある（久本，2003b）。メンバーシップ型という場合と近い認識である。非正規雇用関係が取引費用の節約を主たる根拠としているのに対して、正規雇用関係は企業のメンバー、構成員であるという意味である。この定義は本来の意味で「社員」、あるは「パートナー」という感覚に近い。幹部社員に近いイメージであり、「正社員性の高い人々」＝「コアとしての正社員」を指す。よく知られているように、濱口桂一郎氏は「メンバーシップ型正社員」と「ジョブ型正社員」という対比をおこなっている（濱口，2013）。前者は、「企業内においてメンバーシップを獲得している正社員」というよりも、「企業が広範な指揮命令権を行使できる正社員」という意味合いが強い。こうした正社員は企業の一員として発言力をもつわけでは決してない。むしろ、その逆である。この点が「メンバーシップをもつ企業構成員としての正社員」と「単なる企業が広範な指揮命令権を持つ正社員」との違いである。おそらく濱口氏のいう「メンバーシップ型正社員」は、いわば、「メンバーシップをもつ企業構成員としての正社員」と「企業のサーバント（召使・

使用人）としての正社員」という 2 類型（現実にはその混合物が多いだろう）を含む概念であると考えられる。集団的か個人的かは別として，前者では発言力あるいは交渉力を持つのに対して，後者ではそれがない。

ところで，濱口氏のいう「ジョブ型正社員」は，「配置転換がない正社員」ということであろう。賃金は単一職務給とは限らず，範囲職務給であってよいし査定があってもよいし，きっと定期昇給があってもよいのであろう。また，「ジョブ」の内容によっては残業もありうるのだろう。問題は「ジョブ」がなくなったとき，当然にして解雇されるのかどうかがポイントとなる（一定の解雇回避義務は企業に課せられるとしても）。そもそも「ジョブの確定」が問題となる。最も近いのは「本来の意味での契約社員」（単なる有期雇用ではなく専門的な人材）や「派遣社員」がおこなう仕事であろう[4]。

正社員に関する包括的で優れた研究としては，小倉（2013）がある。本書よりもはるかに詳細に検討している点が多々ある。ただ，小倉は「正社員」の厳密な定義はできないとしている（小倉，2013，25頁）。調査の多くの定義があいまいな「呼称」や個人や企業の認識に依拠せざるをえないからであろう。

2　正社員性を測る

正社員性について一般的に論じることはできるが，問題となるのが，それをどのように計測するかということである。社員性の最も基本的な要素は長期安定雇用である。これがなければ，後の要素は意味を持たない。そこで，この点について検討したいが，その前に，わが国で通常使われる「呼称による正社員」を一瞥しておくことが必要だろう。本章では，正社員を処遇と働き方という観点からみているが，統計的には「呼称としての正社員」が使われることが多い。これは，正社員という概念を統計的に明確に定義できていないことを示唆している。

2-1　呼称による正社員（企業側の認識と本人の認識・自称）

よく知られているように，わが国の正社員（正社員・正職員）数を調べている多くの調査は，呼称によるものである[5]。「呼称」はその内実を不問としたま

まの定義であるが、なんとなく実感に近いし、呼称は答えやすいということがこうした定義が使われる理由であろう。ただ、実際には多くのふつうの従業員は必ずしも「正社員」と呼ばれているわけでないので「呼称」というのも奇妙だが、有期雇用やパート・アルバイトなどではない「ふつうの従業員」＝「正社員」という了解があるからである。通常議論されている正社員数は基本的にそうした数字に拠っている。この呼称による正社員も厳密にいえば、企業が認識している「正社員」と本人が認識している「正社員」が全く同一というわけではない。この点に留意しながら、呼称による正社員についてみていくことにしよう。

図表2-1は「労働力調査」から、呼称による「正社員（正規の職員・従業員）」数と「非正社員数」の関係をプロットしたものである。1994年まで増加していた正社員数は、1997年以来減少に転じ、2006年から反転したものの、

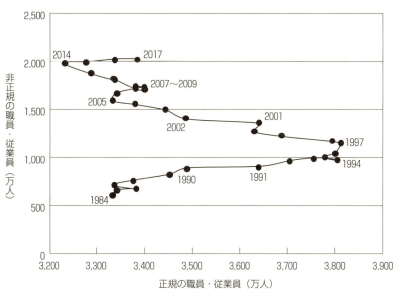

図表2-1　正社員数と非正社員数の推移

注：1984年から2001年は「労働力調査特別調査」（2月）、2002年からは「労働力調査」（1～3月の平均）。
出所：総務省「労働力調査」より筆者作成。

2009年のリーマンショック後再び減少に転じた。景気の回復がいわれる2015年から正社員数は若干持ち直しているが，今後のことは何ともいえない。非正社員数は1984年には正社員の5分の1以下であったものが，2014年には3分の2まで急増している。なお，2017年1～3月の平均で，正社員数は3,385万人である。「平成28年賃金構造基本統計調査」では，従業員10人以上企業の正社員・職員は1,934万人となっている[6]。

2-2　雇用の安定性

　企業の栄枯盛衰は市場経済のなかでは不可避であり，企業が経営不振に陥れば，いくら安定雇用を重視する企業であっても人員整理は避けられない。それは「日本的経営」論が隆盛を誇っていた時代にも当然とされていた事実である。日本経済全体で経営不振の企業が増えれば，おのずと全体としての雇用の安定性は損なわれる。安定性が損なわれるほど，雇用の安定性は「稀少価値」をもつ。正社員という言葉が流布するようになった理由の1つは，正社員には雇用の安定性があるはずだという思いがある。ここでは制度的な区分と実態についてみておくことにしよう。

(1)「期限の定めのない雇用」[7]としての正社員……制度的区分

　制度的に見た場合，雇用の安定性とは有期雇用ではないこと，つまり「期限の定めのない雇用」の労働者を正社員とするという理解が普通であろう。「平成24年就業構造基本調査」によれば，「雇用期間の定めがない」労働者は3,670万人であり，うち「正規の職員・従業員」は3,054万人いる。逆に言えば，「雇用契約の定めのない」非正社員が600万人以上いることになる。逆に「雇用契約期間の定めのある」正社員が135万人いる[8]。雇用期間の定めの有無と正規・非正規との関係を見たものが図表2-2である。団塊ジュニア世代の男性無期正社員が多い。これに対して，女性は無期正社員，有期非正社員，無期非正社員に分散していることが分かる。無期非正社員の多くはパートタイマーである。他方，「平成25年賃金構造基本統計調査」によれば規模10人以上の企業について，「期限の定めのない労働者」を「一般労働者」と「短時間労働者」に分けると，前者が1,916万人，後者が250万人となる。

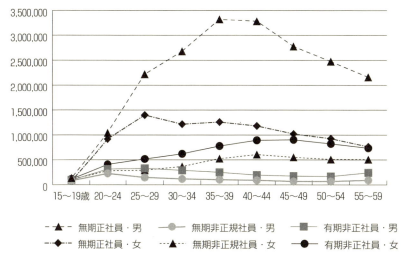

図表 2-2　雇用期間の定めの有無と正規・非正規

出所：総務省「平成24年就業構造基本調査」より筆者作成。

呼称正社員のなかに「雇用契約期間の定めのある」者がいることも興味深いが，もっと興味深いのは期限の定めのない非正社員が少なくないことである。これは，たとえば，時給労働者であったり短時間労働者であったりする場合には呼称正社員とされていないことが多いことを示しているように思われる。パートタイマーは，その言葉からして時給労働者であろうし，多くは所定労働時間よりも短い勤務をしているであろう。もちろん，時給でフルタイム働く「準社員」の人々もいるだろう。この点は賃金の安定性という観点となる。

(2) 現実の雇用の安定性……離職率からみる

制度と異なり，現実の雇用安定性を計測することは容易ではない。現実の安定雇用を示すものとして最初に考えつくのが解雇の頻度・程度であろう。企業がよほど傾くことがない限り解雇しないということは，長期安定雇用の約束としては最もふさわしいだろう。ただ解雇は，従業員にとってその会社に留まる価値があるから重要なのであるが，もともと労働条件が良くない企業であれば，従業員のほうが愛想を尽かしてすぐにやめてしまうので解雇する必要がない。

雇用の流動性と安定性は同じではないが，流動性が高い業種は安定性が低いとみてよいだろう。流動性が高くても，転社を通じてキャリアを積み，高収入を得る人もいる。しかし，そうした人は少数にとどまる。雇用の流動性と賃金水準の関係を調べることでこの問題はある程度とらえることができるだろう。一般には，ミスマッチによる転社を1，2度経験することはごく普通である。しかし，転社をそれ以上重ねると賃金水準が低下する場合のほうが多くなる[9]。そう考えると，安定雇用の価値の大きさという観点からすれば，離職率がよい指標となる。「雇用の良好性」とも言い換えられる。もちろん，定年による離職はあるし，雇用環境がよければよりよい雇用の場を求めて転社する人もいるから，絶対的な指標とは言えないのはもちろんであるが。

一般に大企業の正社員は定年前に離職することは少なく，定年まで働き続けるものが多いとされている。また，解雇を防ぐために出向制度を多用しているとされている。それによって，大企業では中小企業に比べると雇用は安定しているといわれる。実際はどの程度のものなのであろうか。この点をまず確認する。つぎに，業種別にみる。正社員の離職率の低い業種は実態としての雇用の安定性が高く，離職率の高い業種は低いとみることができるだろう。もちろん，正社員の離職率をみるのは容易ではない。ここでは，「雇用動向調査」を用いて，これらの点に接近することにしよう。

また，離職の質的観点も重要である。自己都合離職なのか，会社都合離職なのかということである。同じ離職でも定年が理由であれば，一般には雇用が不安とは言わないだろう。

①企業規模間格差

雇用動向調査が離職率を調べているが，公表されているのは全従業員をベースとしたものか，パートタイム労働者を除く一般労働者をベースにしたものしかない。一般労働者には有期雇用労働者も含まれているから，これを除く必要がある。また，雇用の安定性について調べているのであるから，離職理由から「期間の満了」と「定年」とした人も除く必要がある。そのうえで雇用動向調査から「雇用期間の定めのない一般労働者」の離職率と離職理由を企業規模別に推計したものが図表2-3である。離職率をみると，確かに，大企業ほど低いがその差は一般に思われているほど大きくない。1,000人以上の大企業で

9.2％，300人未満で12％強といったところである。離職理由をみると，「個人的理由」が圧倒的に多く，その詳細はわからない[10]。「一身上の都合」の中身は多種多様である。それ以外では，大企業では「出向」が多く，小企業で「本人の責」が多い。これは労働力の質の構成割合を反映している可能性が高い。「経営上の都合」は小企業で若干多いものの大企業でも少なくない。仮に「経営上の都合」と「出向」をまとめて「会社都合」として計算すると，これを理由として離職した正社員は1,000人以上で1.2％，300～999人で0.87％，100～299人で1.19％，30～99人で1.30％，5～29人で1.14％となっており，企業規模別の違いはない（図表は省略）。つまり，大企業は雇用が安定していると単純にはいえない。むしろ，大企業の正社員には「会社都合の解雇・希望退職」以外に雇用がつながっている「出向」という手段があるという違い程度ということになる。もちろん，現在では「出向」は日常化しており，雇用削減を目的としていないほうが多いと思われるから，「出向」を雇用の安定性の一部と考えれば，これが存在することがわが国における雇用の安定性の内実ということなる。つぎに産業別にみておくことにしよう。

図表2-3　企業規模別にみた正社員の推定離職率と離職理由

(単位：％)

企業規模	正社員の推定離職率	離職理由の内訳（離職者計＝100％）					
		経営上の都合	本人の責	個人的理由	死亡・傷病	出向	出向元への復帰
1,000人以上	9.2	5.3	1.6	80.1	2.8	7.8	2.6
300～999人	10.0	4.0	2.4	82.1	3.3	4.7	3.5
100～299人	12.8	5.6	1.4	84.5	1.6	3.7	3.2
30～99人	12.6	6.9	4.4	79.4	2.8	3.4	3.1
5～29人	13.0	7.5	6.5	80.9	3.3	1.2	0.5

注：「推定離職率」は2014年雇用動向調査の一般労働者の離職率の値から2013年雇用動向調査の離職理由で「期間の満了」「定年」によると挙げたものを除いた数値を0.9で割って算定している。これは，分母に当たる一般労働者数には「有期雇用労働者」が含まれており，「平成26年雇用形態の多様化調査」によれば，事業所規模別の集計ではあるが，それをみるかぎり，5～29人規模を除いて，ほぼすべての規模で10％前後だからである。なお，雇用動向調査の調査年が1年ずれているのは公表データの制約による。
出所：厚生労働省「雇用動向調査」から筆者作成。

②産業間格差

　推定正社員離職率を産業別にみたのが、図表2-4である。ここでは、離職理由として「期間の満了」「定年」に加えて「出向」「出向元への復帰」も除いた。これをみると、正社員離職率が圧倒的に高いのが「宿泊業・飲食サービス業」である。この産業の正社員は平均的には正社員性が低いといってよいだろう。次いで高いのが、生活関連サービス・娯楽業と医療・福祉である[11]。これに対して離職率が低いのが「電気・ガス・熱供給・水道業」であり、ついで「教育・学習支援業」と「複合サービス業」（郵便局や農協など）である。ただ、「教育・学習支援業」は一般労働者のなかでは「期間の満了」による離職者が離職者全体の3分の1以上を占めており、有期雇用の一般労働者が非常に多い産業である。この業界は、期限の定めのない労働者と有期雇用労働者のコントラストが最も明確である。

図表2-4　業種別推定正社員離職率

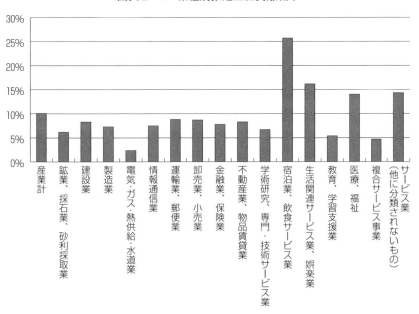

注：離職理由のうち「期間の満了」「定年」「出向」「出向元への復帰」を除いた離職率である。
出所：厚生労働省「平成25年雇用動向調査」より筆者作成。

(3)雇用への不安感

　雇用に対する不安感は景気によって大きく変動する。正社員と非正社員では雇用に対する安心感あるいは不安感はどの程度違いがあるのであろうか。ほんとうに正社員よりも非正社員のほうが不安なのであろうか。まず、この点を確認することにしたい。雇用不安を感じない者（1年後の失業不安を感じるか）の属性をみておこう[12]。図表2-5a、2-5bがそれである。58歳以下の正社員、契約社員、派遣労働者について男女別にみたものである。常識どおり正社員では感じない者が多く、次いで契約社員となる。派遣労働者には1年後の失業不安が非常に高い。この傾向は男性により顕著である。間接雇用である派遣労働者には雇用不安が圧倒的に強いことがわかる。よくいわれているように、雇用形態の多様化、実は非正社員の多様化は、雇用不安を高めているのである。もちろん、正社員でも1年後に失業する不安を抱えている[13]のは、男性で34.1％、女性で31.3％と3割以上おり、正社員でも安心していないことは先ほどの離職理由からも窺える[14]。

　つぎに、正社員に限定して、失業への不安感は企業規模別にどの程度の違いがあるのだろうか。図表2-6である。確かに小企業正社員ほど多いが、3,000人以上でも27.4％と3割弱の正社員が不安を抱えている。決して大企業正社員に不安がないわけではないことがわかる[15]。このアンケート調査は、「長期安定雇用」ではなく「1年後の失業不安」を尋ねているのにすぎない。理念型としての「安定雇用」を信じている正社員はもっと少ないだろう。

　今度は、年齢階級別に違いがあるのかをみておこう。これは男女別に違いが大きい。図表2-7a、2-7bである。まず男性ではいわゆる中年層を中心に正社員のなかでも雇用不安が強いことが分かる。40歳代前半層で失業に対する不安が最大であり、「かなり感じる」が14.3％、「やや感じる」が33.8％と約半数の正社員が雇用に不安を抱えている。他方、女性では「かなり感じている」のは40歳代後半から50歳代前半であるのに対して、漠然とした不安感は30歳代後半で最も強い。

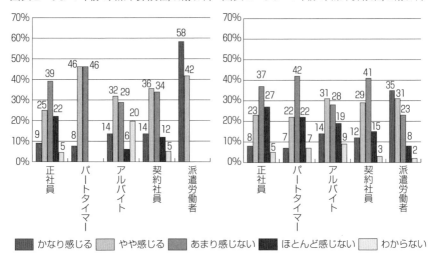

図表2-5a　1年後の失業不安（男性，58歳以下）　図表2-5b　1年後の失業不安（女性，58歳以下）

出所：連合総合生活開発研究所「勤労者の仕事と暮らしについてのアンケート，2013.10」の個票より筆者作成。

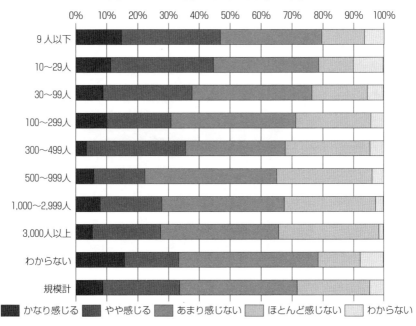

図表2-6　1年後の失業不安（正社員）

出所：連合総合生活開発研究所「勤労者の仕事と暮らしについてのアンケート，2013.10」の個票より筆者作成。

第2章 正社員をどう捉えるか

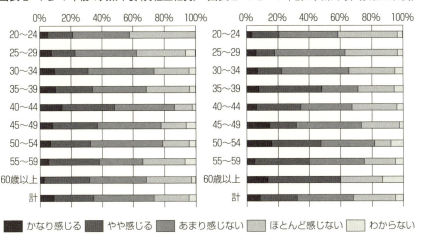

出所：連合総合生活開発研究所「勤労者の仕事と暮らしについてのアンケート，2013.10」の個票より筆者作成。

2-3 賃金の安定性と水準

　雇用が安定していても賃金が低すぎれば，正社員として十分な処遇とはいえない。そこで，ここでは賃金の安定性と賃金水準という2つの観点から正社員たる賃金について考えていくことにしよう。安定した賃金と言いたいところだが，安定した低賃金もありうるので，ここでは賃金水準が重要である。その場合，必ずしも定期昇給制度がある必要はなく，最初から高い賃金水準であれば問題ないが，日本の現実を考えた場合には，高学歴者でも初任給は低いため，年齢・勤続を重ねるにつれて賃金が上昇するということが中年以後の相対的に高い賃金を意味することになっている。そのため定期昇給制度が賃金制度上の1つの基準となる。なお，安定性の基準としては，「月給制」か「年俸制」かがあげられるが，わが国では月給制が一般的であるので，これを前提とする[16]。

(1)定期昇給制度の存在

　入社当初から高い賃金をもらえるのであれば，定期昇給制度など不要である。だが，初任給はエリートと言われる場合でもわが国では低いので，定期昇給制度が重要な制度とならざるをえない。賃金上昇は定期昇給制度がなくても可能

であるが，日本では定期昇給制度が一般的であり[17]，定期昇給制度には個人の賃金上昇に安定性があるため，「正社員性」を示す処遇の基準としてあげることにする[18]。なお，ほとんどの場合，日本の定期昇給制度には査定が組み込まれている。もっとも，定期昇給制度が存在するといっても，その程度は実際には多様である。平均すれば毎年1万円の定期昇給がある場合もあれば，毎年わずか1,000円の企業もある。前者では，初任給20万円が30年後には50万円になる計算だが，後者ではわずか23万円になるにすぎない。つまり，本当は制度の有無だけでなく，その金額が重要である。定期昇給の存在は普遍的であり，かつ管理職では定期昇給制が適用されない企業も多い。つまり，正社員性の基準として定期昇給の存在だけでは不十分である。むしろ，その上昇率の高さ，あるいは絶対水準が「正社員性の基準」となる。高いほど正社員性が高いとする。

ただ，新卒初任給は，わが国では驚くほど平準化されているので，昇給，あるいは昇給率あるいは昇給額が決定的な役割を果たす。そこで，簡単な仮想モデルを考え，それが現実とどの程度違うのかをみておこう。図表2－8を見ていただきたい。これは，22歳の時に賃金を20万円として，平均定期昇給額を毎年（50歳まで），1.5万円，1万円，5,000円，3,000円としたものである。図表2－9は，企業規模別に男性標準労働者[19]の所定内給与の中位数をとったものである。2つの興味深い関係がわかる。

1つは，中位数を見る限り，定額定期昇給がおこなわれているように思われることである。男性標準労働者の場合，中位数でみると，25歳で22.8万円から50歳48.8万円まで直線的に増加し，その後停滞する。(48.81－227.5)／(50－25)＝10.424であり，つまり，50歳まで毎年約1万円ずつ平均定期昇給することになる。実際，図表2－8の毎年1万円定期昇給者の賃金カーブと類似している。

もう1つは，40歳代の賃金上昇額が急になっていることである（上昇率ではない。念のため）。通常は年齢とともに賃金上昇額は減少すると考えられるから一見奇妙にみえる。これには，2つの解釈がありうる。まず，この世代は管理職クラスになる人々が増える世代である。とくに大企業の場合，管理職クラスになっている一部の企業の（中位数にいる）標準労働者の所定内給与額が全体に影響している可能性がある。もちろん，残業手当がつかなくなる場合が多いから，年収がどの程度上昇したか不明である。もう1つの解釈は40歳までの

賃金上昇は，45歳以上と比べると低下していることである。「成果主義」の名のもとに実行されたのは，平均的にみれば定期昇給額の圧縮であったが，すでに賃金が一般に高かった世代よりも，まだ賃金が高くなかった世代が「成果主義」の影響を強く受けることとなった。そのため，中堅（30歳代から40歳代）の賃金と比べると40歳代後半や50歳代の賃金が相対的に高くなっているという解釈である。この解釈が正しいとすれば，後の世代は追いつけないようになったことになる。大卒50歳くらいからは賃金はもはや上がらない。高学歴化の過程から容易に了解できるように40歳以下よりも45歳以上のほうが高学歴者の比率は低いのであるが，にもかかわらず，こうした事態が起こっているのである。今の40歳以下が今の50歳以上の賃金を平均的に受け取る可能性は高くない。実際，第１章でみたように（図表１-３，４）大卒30歳代の賃金は前の世代ほど上昇しなくなっている。

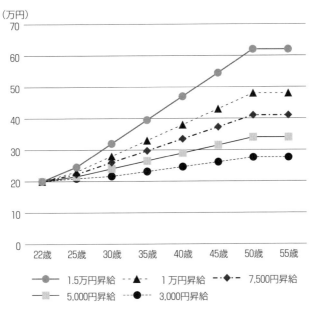

図表２-８　定額定期昇給モデル

出所：筆者作成。

図表2-9　男性標準労働者の所定内給与（中位数）

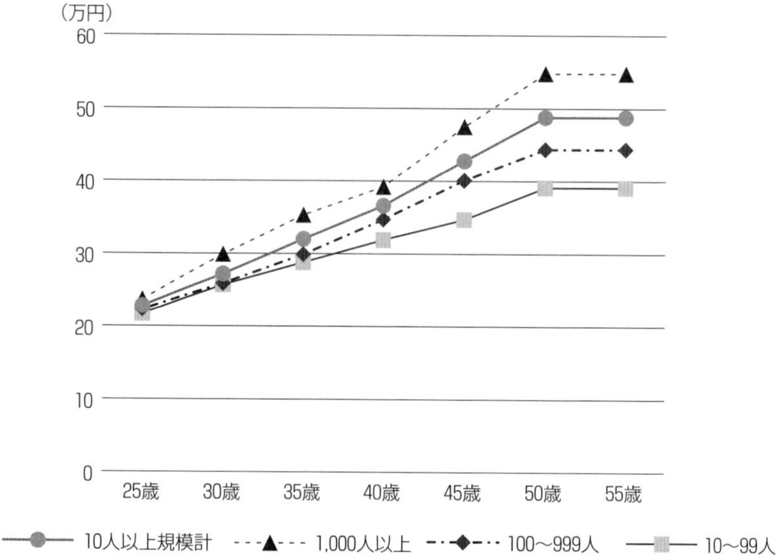

出所：「平成27年賃金構造基本統計調査」より筆者作成。

(2)「年功賃金」の希薄化

　成果主義化の流れは，日本的雇用システムの処遇の1つであるいわゆる「年功賃金」を希薄化させた。年功賃金の定義も多様であり，外見的には，年齢と勤続，内面的には技能が取り上げられる。第1章では年齢の影響について少し検討したので，ここでは「勤続年数」による賃金の違いを見ておくことにしよう。図表2-10は大企業（1,000人以上）の大卒・大学院卒男性についてみたものである。勤続年数の個人賃金の引き上げ効果が近年著しく低下していることがわかる。1985年と2015年を比較する。勤続1～2年を100％とすると，勤続15～19年で215％が158％に，20～24年では255％が178％に，実に約60～80ポイントも減少しているのである。

　もちろん，これは大卒・大学院卒の割合が増加した結果と言えなくもない。そこで，学歴計企業規模計でみたのが，図表2-11である。日本全体でみても勤続年数別の賃金プロファイルは長年にわたってなだらかになっている。25～29年のところで少し異なった傾向がみられるが，これは大卒が増加したからか

もしれない。全体としてみれば，高学歴化にもかかわらずそうなっているのである。

つまり，片稼ぎ正社員モデルとして日本的雇用システムを支える年功的処遇主義は一貫して弱体化しているといってよいだろう。にもかかわらず，「働き方・働かせ方」はむしろ残業や転勤という面で悪化しているように思える。つまり，より強く片稼ぎ正社員モデルを企業が要求しているといってよい。ここに，最大の問題が存在する。

図表2-10　大卒・大学院卒大企業男性の勤続年数別所定内給与プロファイルの推移
（勤続1～2年＝100％）

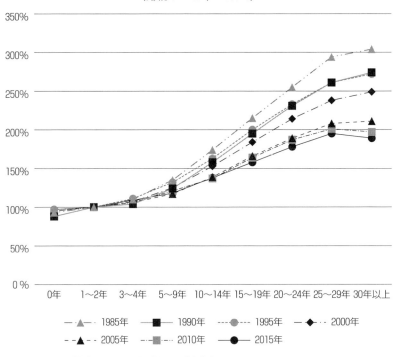

出所：厚生労働省「賃金構造基本統計調査」より筆者作成。

図表2-11　勤続年数別所定内給与プロファイル（男性）

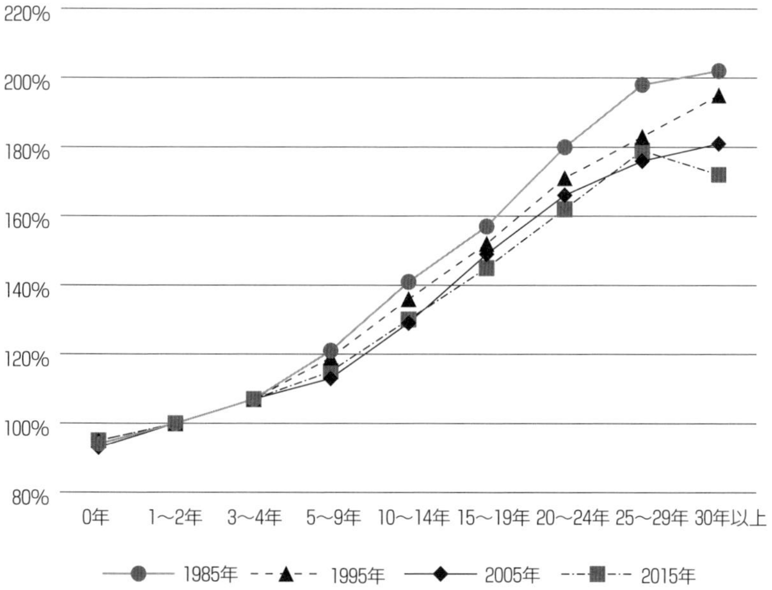

出所：厚生労働省「賃金構造基本統計調査」より筆者作成。

(3) 主要ヨーロッパ諸国との比較

　「年功賃金」の実態を示すものとして，主要ヨーロッパ諸国と日本の比較をしよう。まず，年齢階級別の男性労働者の賃金である。これをみたのが，図表2-12a，2-12bである。意外なことに，日本の男性労働者の賃金上昇率は決して高くない。つまり，年齢による賃金上昇は一般的であるといえる。フランスとほぼ同じである。むしろスウェーデンの上昇率が低いほうが特徴的と言ってよい。他方，日本の女性労働者の賃金上昇ほとんどみられない。

　つぎに，勤続年数でみたのが図表2-13a，2-13bである。これをみると，勤続20年以上の層では確かに日本が最も勤続年数効果が高いといってよいだろう。それでもせいぜい1.7倍程度である。妻と子ども3人を養うだけの賃金水準とは言えない。さらにいえば，2015年で勤続20年以上の層は成果主義化による影響をあまり受けなかった層であり，今後勤続年数効果の低い層にとって代わられるといえば，この点でも主要ヨーロッパ諸国と大差のない賃金構造となる可

第 2 章　正社員をどう捉えるか

図表 2-12a　年齢階級別賃金プロファイル（男性）　図表 2-12b　年齢階級別賃金プロファイル（女性）

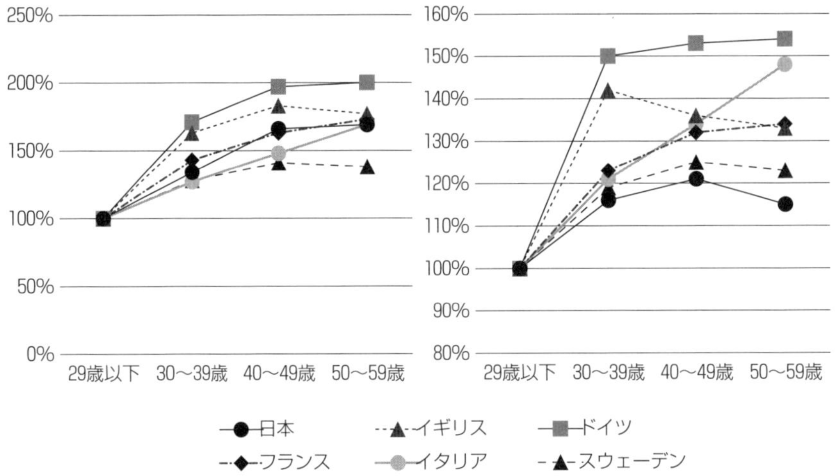

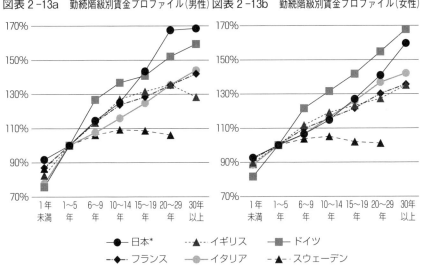

出所：JILPT『データブック国際比較2016』より筆者作成。

図表 2-13a　勤続階級別賃金プロファイル（男性）　図表 2-13b　勤続階級別賃金プロファイル（女性）

注：1～5年＝100％．ただし日本は1～4年＝100％．
出所：JILPT『データブック国際比較2016』より筆者作成。

能性が高い。つまり，総じていえばヨーロッパ諸国とは異なる「年功賃金」の特徴は日本から消えつつあるといってよいだろう。なお，女性についていえば勤続年数別にみるとヨーロッパ並みといえそうである。

　もちろん，日本の賃金支払いの形式には特徴が残る。いわゆる「職能給」である。しかし，これも査定が入っていることを考えれば，「範囲職務給」と本質的な違いは見いだせない。つまり，定期昇給という制度は広く普及したとはいえ，もはや日本の大企業でも「年功賃金」は著しく薄れているというべきであろう。こうした雇用・賃金といった処遇の低下・希薄化にもかかわらず，「働き方・働かせ方」は，片稼ぎ正社員モデルがむしろ強化されているのである。

(4)賃金水準

　賃金水準という観点からすれば，賃金が高いほど正社員性は高いといってよいだろう。正社員にふさわしい賃金水準とは最低どの程度なのであろうか。また，標準的にはどの程度なのだろうか。私たちは，それを確定する必要がある。基本的には，無理なく子どもを最低2人，できれば3人以上育てられる賃金水準ということになる。もちろん，稼ぎ手が1人か2人かでその水準は異なる。もちろん，その場合，子育てする十分なゆとりのある時間が前提であり，社会的インフラはもちろん長時間労働の是正が必要なのはいうまでもない。

　もちろん，20歳代は単身者賃金でもよいかもしれないが，30歳代に入れば子育て可能な賃金水準でなければならない。（1人当たり月に5万円くらい児童手当を高校まで出せばよいのだが，残念ながら子育て支援の貧相なわが国では，そうはなっていない）

　とすれば，子育て世代の賃金水準を確定する必要がある。ただ，問題なのは，教育費の扱いである。大学の学費を考えれば，50歳代が最も子育て費用がかかることになる。そのため，多くの妻がパートタイマーなどに出ていることはよく知られている。少なくとも大人1人で子ども1人は育てられるだけの賃金は必要である。もちろん，こうした賃金を企業が支払う保証は全くない。この賃金水準は子育て支援，とくに児童手当が充実すれば少なくてもよいが，そうでないときには一定額が必要ということになる。

「呼称正社員」の賃金水準はわかるが，どの水準をもって正社員にふさわしいとするべきか。その基準を設けるのは容易ではない。実際の呼称正社員の平均なのか，望ましい水準なのか，それとも最低基準なのか。ここでは，学卒初任給から考えて，正社員の最低基準を30歳以上で所定内給与26万円としよう。賞与を含めて年収350万円程度であろう。

どの程度の正社員がこうした最低基準を満たしているのであろうか。呼称正社員30歳以上60歳未満の所定内給与の累積構成比をみたものが図表2-14である。月給20万円未満が11.0%，24万円未満が23.9%，26万円未満31.6%となる。賃金水準からみて，正社員性の低い呼称正社員は2～3割に達している。このように正社員としての賃金水準を満たさない「呼称正社員」は少なくない。ましてや，30歳以上で所定内給与20万円未満というのは，とても正社員の賃金水準とはいえないだろう。こうした人たちが1割強いるのである。

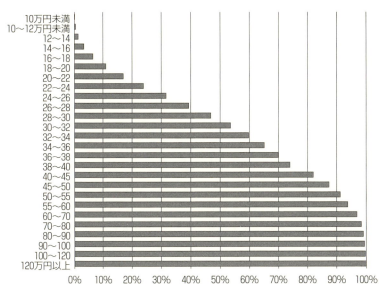

図表2-14　所定内給与の正社員（30-59歳）の累積構成比

出所：「平成26年賃金構造基本統計調査」より筆者作成。

2-4　能力開発……働き方と働かせ方

　日本的雇用システムの特徴の1つは能力開発主義にある[20]。それは新卒採用中心主義に表れているし，配置転換・人事異動について強い権利を企業に認めている現在の労働法制の前提でもある。図表2-15は正社員の能力開発責任についての回答である。企業が責任を負っているという認識は強い。ただ，本人の責任であるという回答もあり，これが人事異動をしない企業なのかどうかはよくわからない。これは企業側の回答であり，正社員が本当に能力開発機会を与えられていると考えているのかどうかはわからない。

　労働者の認識については，JILPT「働き方と職業能力・キャリア形成―『第2回　働くことと学ぶことについての調査』結果より―」（JILPT報告No.152）から浮かび上がってくる（図表2-16）。今後の仕事が今と変わらないと思っている正社員（調査対象は25歳以上45歳未満）は16.8%しかいない。正社員では責任は重くなり，仕事の幅が広がり，後輩の指導・育成をするようになり，より難しい仕事を担当すると考えていることがわかる[21]。

　能力開発機会を何で捉えるかは容易ではない。正社員でなくても企業は雇用労働者として働いてほしいから，ある程度の機会を与えると考えられるし，とくにOJTプロセスは見えにくいからである。それは日常的な観点からは，「働き方・働かせ方」となる。正社員性の高い働き方・働かせ方とは，雇用契約の包括性の強さから，個人・企業双方にとって裁量性の高い働き方・働き方であるといってよい。雇用契約における包括性の強さは，一面では個人からすれば裁量性の高い労働ということであり，他面では，企業が求める要請にフレキシブルに応じることを意味している。ただ，フレキシブルといっても，その内容には常識的な範囲・制約があるのであって，奴隷ではないのだから，「無制約社員」などではありえない。その裁量性は，質的裁量性と量的裁量性がある。さらに，企業にとっての裁量性と個人にとっての裁量性に分けることもできる。

　仕事に個人の裁量性を多く求める仕事は増えているし，能力開発の観点からみてもそれは望ましいものである。自発的に判断する能力が高くなるからであり，労働経済学の泰斗である小池和男の表現を借りれば，「不確実性に対処する能力」を育成するからである。こうした質的裁量性の高さは正社員性の高い

図表2-15　能力開発の責任主体（正社員）

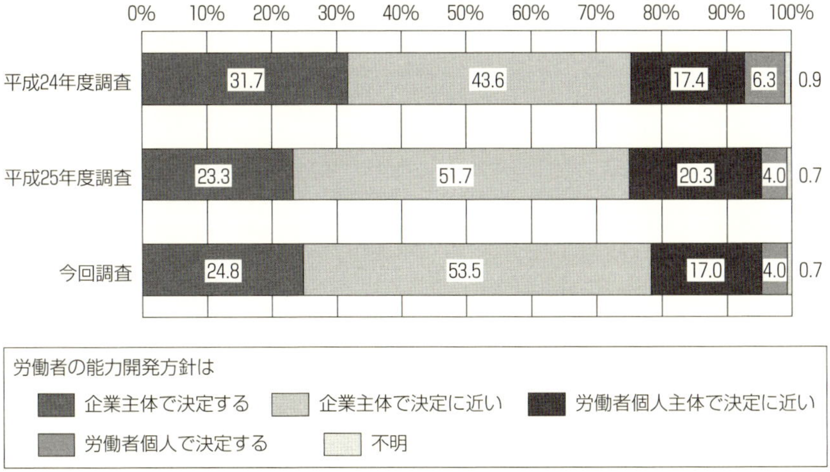

0%
10%
20%
30%
40%
50%
60%
70%
80%
90%
100%
平成24年度調査
31.7
43.6
17.4
6.3
0.9
平成25年度調査
23.3
51.7
20.3
4.0
0.7
今回調査
24.8
53.5
17.0
4.0
0.7
労働者の能力開発方針は
企業主体で決定する
企業主体で決定に近い
労働者個人主体で決定に近い
労働者個人で決定する
不明

出所：厚生労働省「平成26年能力開発基本調査」。

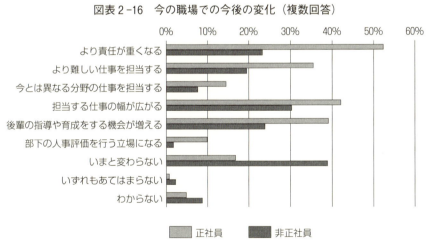

図表2-16　今の職場での今後の変化（複数回答）

0%
10%
20%
30%
40%
50%
60%
より責任が重くなる
より難しい仕事を担当する
今とは異なる分野の仕事を担当する
担当する仕事の幅が広がる
後輩の指導や育成をする機会が増える
部下の人事評価を行う立場になる
いまと変わらない
いずれもあてはまらない
わからない
正社員
非正社員

出所：JILPT『働き方と職業能力・キャリア形成』より筆者作成。

働き方である。

　しかし，裁量性にはもう1つの側面がある。量的裁量性である。これについて，個人に裁量性が認められているとは言い難いのが現実である。個人が仕事量を自分の裁量で増減させようとしても，企業の要員管理にはそれを許さない厳しさがある。つまり，個人にとって量的裁量性はあまりなく，むしろ企業の人員削減圧力のために，次章でみるようにむしろ長時間労働の温床となっている側面のほうが強いのである。わが国の正社員の雇用契約では，仕事量に関して強い裁量権を企業に認めている。企業は従業員に対してつい労働負荷をかけがちとなる。企業が期待する標準業務量が所定内労働時間内に平均的な正社員がこなせる量でないとすれば，労働の裁量性は，本人への過重な内発的な負担となり，病気になったり，その予備軍となったりする。この点をみたのが図表2-17である。先にみたように，失業不安は弱い立場にある契約社員や派遣労働者が強く感じているにもかかわらず，精神的なストレスは正社員のほうが強く感じているのである。

　正社員とはWLBを犠牲した働き方なのか？　つまり，WLBを犠牲にしない正社員の働き方はないのか。あるいはそれは単なる絵に描いた餅でなく，実現可能なのか，について次章以下で具体的に検討する。（質的）裁量性があるにも関わらず，いや（質的）裁量性があるからこそ，労働量の規制・調整を自分でできないことをこれは意味している。会社からしばしば過度の要請があった場合に，それを跳ね返すことができないのである。これは職場におけるメンタルヘルスを悪化させる。正社員に対する過度の要請である。企業は病気になる人が増えてはじめてそれに気づく。正社員の不満の高さは，正社員性の問題点を示すものである。

　さて，日本では「片稼ぎ正社員モデル」が主流であるために，強い賃金志向・安定雇用志向がある。企業は，雇用と賃金との取引の対象として，より重い労働負荷量をこなすことを期待している。そのため共稼ぎ正社員にとってはWLBの実現がとくに困難となる。片稼ぎ正社員にとっては，相対的に安定した雇用と一定の賃金水準の必要から，仕事そのものに不満を抱きつつも，その雇用区分を好むのである。

図表2-17 精神的に過度なストレスはない

出所：連合総合生活開発研究所「勤労者の仕事と暮らしについてのアンケート，2013.10」の個票より筆者作成。

2-5 昇進機会の展望

　追加的な要素として，昇進機会の展望についてみておくことにしよう。正社員だからといって，みんなが昇進するわけではないし，昇進を望むわけでもない。「昇進」は「正社員」の必須要件ではない。しかし，日本企業の多くは，従業員，とくに正社員に昇進機会を提供することが必要であると感じている。実際に昇進するかしないかは別として「昇進機会」をインセンティブとして企業が正社員に用意していることは間違いない。

　先に見た人事異動は必ずしも昇進機会に結び付くわけではない。しかし，パートタイマーについてさえ昇進・昇格制度をつくるのがわが国の人事管理の特徴であるが，正社員性という観点からすれば，それは管理職クラスへの昇進可能性ということになるだろう。この点について詳しくは第5章で扱うので，ここではごく簡単にみておくことにしよう。

　専門職であっても管理職クラスへの昇進は普通である。もちろん，同じ課長クラスといっても，業界や企業規模によって，その意味合いは異なる。ある企業の課長のほうが関連会社の部長クラスよりも上位である場合も少なくない。

それを完全に把握することは不可能であるから，ここでは，「課長クラス」への昇進可能性ということにする。「パート店長」に代表されるように，非正社員であっても昇進機会を設けている企業は少なくないが，賃金上昇幅や昇進の天井という意味では，正社員性の1つの基準であることに違いはない。

図表2-18は課長級（課長相当職のこと）の年齢階級別の人数と勤続年数をとったものである（企業規模100人以上）。課長級は30歳代後半から大幅に増加し40歳代がピークである。また平均勤続年数をみると，概ね4歳ずつ増加しており，企業内で昇進している者が主流であるといえる。図表は省略するが，同様のことは部長についてもいえる。部長はピークは50歳代であり，40歳代から50歳代前半までは，概ね5歳ずつ増加しており，完全な内部昇進である。ただ50歳代後半となると2.2歳の伸びにとどまり，60歳代前半となると7年も短くなっている。これは子会社や関連会社などに転籍した者が多いためと思われる。

昇進比率も重要であろう。ここでは大卒・大学院卒に焦点を絞ろう。図表2-19は各年齢層の大卒・大学院卒全体に占める課長級と部長級の合計の割合の変化を1990年，2007年，2014年で比較したものである。1990年には40歳代後半から50歳代前半には課長級以上が半分強を占めていた[22]。つまり，昇進機会は，少なくとも広く開かれていたといってよい。しかし，その比率は大卒者の急増の影響もあり，急激に低下している。2014年には40歳代後半でも3割強にとどまる。大学進学率の上昇や成果主義化の進展を勘案すれば，この割合は今後も低下するものと思われる。これまではこうした広く提供されていた昇進機会が正社員の魅力を高めていたことは間違いないところであろう。今後も「昇進機会」は提供されるものの，昇進が実現する割合は少なくなっていくことが予想される。

とはいえ，勤続年数をみると，圧倒的に内部昇進であり，かつ職能資格制度の影響もあり昇進者の数が非常に多い。転社により最初から役職に就く者は少ない。内部昇進中心であれば，正社員性が高く，外部調達中心であれば正社員性が低いとみる。この観点からいえば，依然として日本企業は中小企業を含めて，正社員性が高い企業が多いといってよい。

図表2-18　課長級の年齢階級別にみた労働者数と平均勤続年数（100人以上企業）

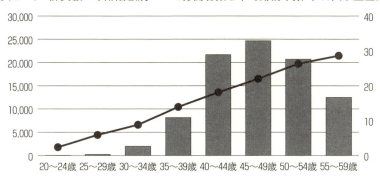

注：労働者数は左軸で単位は10人，平均勤続年数は右軸で単位は年。
出所：厚生労働省「平成25年賃金構造基本統計調査」より筆者作成。

図表2-19　大卒・大学院卒の部長級＋課長級比率

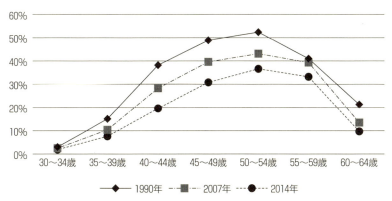

注：企業規模100人以上の民間企業の一般労働者（短時間労働者に該当しない者）における比率。
出所：JILPT『ユースフル労働統計』各年版の数値より筆者作成。元資料は「賃金構造基本統計調査」。

小　括

　本章では，正社員性の強弱という観点から「正社員」を捉えようとした。本書のメインテーマである「共稼ぎ正社員モデル」を考えるうえで，正社員という存在を定義しておく必要があったからである。安定雇用といっても相対的な

ものに過ぎないし，多くの正社員が高い賃金をもらっているわけでもない。そこで，正社員そのものではなく，正社員として備えているべき特徴を正社員性と名付けたわけである。呼称正社員（企業認識と本人認識）という主観的な正社員の定義と客観的な指標の双方からこの問題に接近した。「正社員」と一言で済ますことの多い概念の多面性をある程度明らかにできたのではないかと考える。

日本的雇用システムはもちろんなくなっているわけではない。しかしそれを支える要素の多くは範囲が縮小し，かつ希薄化している。とくに，長期安定雇用主義と年功的処遇主義についてはそれがいえる。こうした処遇面の劣化に対して，「働き方」，より正確に言えば「働かせ方」と「働かせられ方」はどうだろうか。もとより，これには能力開発的な側面でのメリットも多いが，その問題点については一向に改善の兆しがない。

現在の正社員には問題も多い。勤務医の過度労働に代表されるように，社会的ステイタスの高い人々にも過度な労働圧力がかかっている。これはすべて「片稼ぎ正社員モデル」のなせる業である。この問題に踏み込まない限り，議論に進展はない。実際に「正社員」は，どの程度，転勤や残業をしているのであろうか。これらの点を以下の諸章で検討することにしよう。

コラム1　「同一（価値）労働同一賃金」と「正規・非正規格差」

　市場という観点からすれば，自由競争社会において「同一（価値）労働同一賃金」というのは当然成り立つ。もし，同じ労働を提供する労働者に，ほかの人たちよりも高い賃金を支払えば，そうした企業は淘汰される。善意の企業家が高賃金を支払っているということになる。それとも独占的な労働組合が組合員たちの賃金を釣り上げているのであろうか。わが国の労働組合にはそうした力はあまりなさそうだ。また，労働組合のない企業には，正社員と非正社員との間に賃金格差がないのかといえば，そうでもなさそうだ。

　なぜ，正社員と非正社員との間に賃金格差があるのだろうか。また，歴史的にみると，「同一（価値）労働同一賃金」は労働組合運動のスローガンであったとしても，なぜ使用者団体のスローガンであったことはないのだろうか。

1　なぜ，正社員と非正社員の間に賃金格差があるのか。

　理由は，労働市場の違いにある。非正社員の労働市場は，パートタイマーやアルバイトのような雇用形態について説明力のあるタイプの不熟練労働市場の議論で説明できる。労働力の質が問題視されることは少なく，企業は必要なときには，適切な賃金さえ支払えばいつでも労働力を調達できる。労働力の質は問わないから，需要と供給の関係で賃金水準は変動する。労働者にとっても参入は容易である。他方，それは地域限定的な労働市場である。パートタイマーやアルバイトに片道1時間以上かけて（交通費も自己負担して），働く人は非常に少ないからである。

　これに対して，正社員の労働市場，とくに大企業の中核労働力は，内部労働市場論で説明できる。内部労働市場とは「管理的なルールにもとづいて，労働給付がなされ，対価として報酬が支払われる」労働市場のことである。内部労働市場論では，企業別内部労働市場と職業別労働市場に区分されるが，近年では，前者のことを単に「内部労働市場」と呼ぶ人が増えている。企業別内部労働市場では，企業内の賃金制度にもとづいて個々の従業員の賃金が確定し，労働給付も企業の要請に包括的に従っておこなう。こうした企業別内部労働市場の中核部分が縮小し，周辺部分については不熟練労働市場や職業別労働市場の論理が優勢になっているのである。もちろん，雇用関係にある以上，非正社員であっても企業内の賃金制度に基づいて賃金が支給される。しかし，その賃金水準は地域労働市場の不熟練労働市場や職業別労働市場の労働需給による賃金変動が強い影響力をもつ。

これは，中核部分の企業別内部労働市場の労働者たちが労働需給変化による賃金変動の影響を受けにくいこととは対照的である。

つまり，労働市場がちがうのであるから，賃金がちがうのも当然ということになる。とはいえ，同じ（ような）仕事をしている人たちの間で賃金格差が大きくなると，企業からすれば，正社員を減らして非正社員を増やすことで人件費削減を図るのが経済合理的な行動となる。さらには，派遣社員や外部委託（請負）を活用すれば，完全な企業別内部労働市場とはいいにくくなる。

2　なぜ，「同一（価値）労働同一賃金」は労働組合運動のスローガンなのか

第2の疑問は，「同一（価値）労働同一賃金」が自由市場を標ぼうすることの多い使用者や使用者団体のスローガンではなく，労働組合運動のスローガンなのかということである。素朴に考えれば，労働市場で同じ質の労働力供給がある場合，労働需要者たる企業は賃金の安い賃金で働く人を雇用するはずである。つまり，「同一労働同一賃金」が成り立つのが当然となる。もし，企業が高い賃金を労働者に支払うとすれば，労働供給者たちが独占や寡占で賃金を吊り上げるからということになる。しかし，日本の現状をみると，とても労働組合が労働供給制限をして賃金を吊り上げているとは考えにくい。そのような独占的な力を労働組合はもっていない。そもそも労働組合がない企業でも正規・非正規の賃金格差というものが存在している。つまり，企業は好き好んで正社員と非正社員に賃金格差をつけているのである。もちろん，非正社員の労働供給が潤沢であれば正社員数を削減して非正社員に代替することで人件費を減らそうとする企業が出てくるのもある意味当然のこととなる。だから，企業が「同一労働同一賃金」を要求することはほとんどない。

これに対して，「同一労働同一賃金」を要求するのはいつも労働者側である。なぜか。それは，労働市場において個別には弱者（あるいは賃金水準の低い労働者）が団結して運動する場合の「正論」だからである。たとえば，イギリスの職業別労働運動が華やかりし頃の事例でいえば，「機械工組合」と「電気工組合」の労働者が同じ企業で働いているが，技術革新によって「電気工」の需要が増加したとしよう。この場合，電気工組合は当然賃上げを要求し，それを実現する。しかし，企業からすれば，機械工に対する需要は増えておらず賃上げを認める必要はない。すると，「機械工組合」が「同一（価値）労働同一賃金」を求めて，電気工組合が獲得したものと同額の賃上げを求める。同等の徒弟訓練を経て，同等の職業能力を持っているにもかかわらず，電気工と比較して賃金が低くなることを不公正だというのである。

このように労働市場において不利な立場に置かれている労働者が有利な立場にある労働者との公平性を求めるときのスローガンが「同一（価値）労働同一賃金論」なのである。したがって，たとえば，正社員と非正社員の賃金格差だけでなく，正社員のなかでも男性と女性の賃金（昇進）格差なども同等のロジックが使われる。なお現在では，男女の不当な格差については男女雇用機会均等法で禁止されている。正社員と非正社員の各種の格差について新たに「雇用形態均等法」を設定することはありうるが，それは経済の論理というよりは政治的な議論となる。

　ところが，現状を見る限り，長年にわたって「同一（価値）労働同一賃金」論は逆の動きをしているように思える。つまり，不利な立場にある労働者の要求圧力よりも，有利な立場にある労働者の労働条件引き下げ圧力，あるいは引き上げ抑制圧力のほうが強いように思える。正社員の賃金は上がらず，正社員だから長時間労働に耐え，転勤や配転を受け入れねばならないという議論にされてしまうのである。それは正社員の働き方自体を息苦しいものにしている。政策的に考えれば，「同一（価値）労働同一賃金」の議論が，市場の論理に基づいて，社会全体としての，正社員の働き方の一層の圧迫化，雇用の不安化，賃金の全般的な低下に結びつかないことを祈るばかりである。生き生きとした雇用関係の在り方を考える必要がある。

コラム2　ドイツの定期昇給制度

1　公務員の賃金体系

　ドイツの公務員のうち，スト権のある職員（ホワイトカラー）の労働条件は，かつてはBAT（連邦職員労働協約 Bundes-Angestelltentarifvertrag）に基づいていた。図表2-Aは，2000年代前半におけるドイツの公務員の給与表を示したものである。BATでの賃金決定要因は，給与等級（Verguetungsgruppe）と年齢と家族（手当）であった[23]。40歳から45歳程度で年齢による定期昇給は頭打ちとなる。日本では50歳や55歳まで定期昇給が続く場合が多いから，10年程度定期昇給の期間が長いことに日本の特徴があるといえる。

　BATは2005年から2010年にかけて現業労働者公務員と同じ労働協約となり，より成果主義的に改正され，現在はTVöD／TV-L（連邦・州公務職員労働協約）に基づいている。BATによる給与決定は，年齢と給与等級で完全に給与が決まるため，年齢差別となるという批判があり，現在では「経験段階」（号）は，年齢ではなく基本は在職年齢となっている。図表2-Bは2017年の連邦職員の給与表である。基本的には，経験段階1から2へは1年後，経験段階2から3へは2年後，経験段階3から4へは3年後，経験段階4から5へは4年後，経験段階5から6へは5年後に定期昇給することとなっている[24]。ただし，3段階からは人事考課により上位の段階までの期間を短くしたり長くしたりすることができるとされた。つまり，定期昇給に査定が導入された[25]。これからわかることは，ドイツでも定期昇給制度はやや短縮化傾向にあるということである。かつては20年程度の同一給与等級での昇給があったが，昇格を考慮すれば，定期昇給は事実上15年間で頭打ちになったといってよいかもしれない。もちろん，昇格（昇進）していくことが少なくないとすれば，その期間はもっと伸びる。報酬等級（給与等級は報酬等級という名前に変わった。これはブルーカラーとホワイトカラーの一本化に伴うものであり，民間部門の賃金協約の統一化と軌を一にするものである）なお，各報酬等級の前提とする学歴は，原則として報酬等級1～4が学歴要件なし，5～9aが3年以上の職業教育修了者，9b～12が専門大学（Fachhochschulstudium）または新制大卒（Bachelor），報酬等級13～15超が旧制大卒（wissenschftliches Hochschulstudium）または修士卒となっている。ただしその規定を具体的にみると，たとえば報酬等級13は「学術的大学修了資格[26]をもち対応する業務をする従業員，および同等の能力と経験に基づいて対応する業務を遂行するその他の従業員」[27]となっており，学歴が絶対要件で

あるわけではない。

　スト権のない公務員である「官吏」(Beamte) の場合、定期昇給はもっと長い。図表2-Cはバーデン・ヴュルテンブルク州の官吏の俸給表である。原則として、1〜3段階は2年ごと、4〜8段階は3年ごと、9〜12段階は4年ごとの定期昇給となっている[28]。30年間くらいは定期昇給が続く。

　もともと官吏は2年おきの定期昇給制度であったのが、一定の人事考課でこの定期昇給の年限を早めたり遅くしたりすることができるようになっている。その意味では、日本の公務員の定期昇給制度と大差ない。あるいは日本より年功的かもしれない。

2　化学産業の賃金協約

　日本の定期昇給制度は公務員から民間大企業を経て、一般企業に広がったものであると考えられるが、ドイツの民間企業ではどうだろうか。労働協約を基本とするドイツにおいても職務給が原則である。基本的には、定期昇給制度というよりも習熟昇給制度といったほうがよいかもしれず、個人単位の範囲職務給とは異なるが、同じ職務でも昇給制度がある。化学産業を例にとろう。化学産業の全国報酬協約[29]によれば、昇給ルールはつぎのようになっている（8条）。

　（報酬等級の）E5については同一等級3年後と6年後に、E6からE12については、2年後と4年後、6年後に昇給する[30]。昇給の割合は、E8を例に取ると、初任報酬を100％とすると6年後には120％になる。この金額はE10の事務系ホワイトカラーの初任報酬よりかなり高く、E11よりやや低い水準である。もちろん、昇格して報酬が下がることはない。この点については、もう20年前のことになるが、かつてドイツの大手化学メーカーの人事担当者に聞き取りをした時に答えてくれたことを信頼するとすれば、直近上位に位置づけるのがふつうであるという。具体例を図表2-Dにあげる。

　なお、大卒の報酬はこれよりも高く、大卒者の最低報酬を決める、化学産業の使用者団体と化学産業大卒管理職組合（VAA）との労働協約が存在する。ちなみに、2017年の就業2年目となるディプロームかマスターをもつ労働者の最低年収は64,200ユーロ、博士号をもつ労働者は74,825ユーロである[31]。

図表2-A　2000年代前半におけるドイツの公務員の給与表

表側は給与等級，表頭は年齢，単位はユーロ

€	21	23	25	27	29	31	33	35	37	39	41
I		3011.68	3174.93	3338.23	3501.52	3664.81	3828.11	3991.36	4154.67	4317.94	4481.23
Ia		2775.96	2902.87	3029.71	3156.58	3283.48	3410.38	3537.29	3664.14	3791.01	3917.91
Ib		2467.85	2589.84	2711.82	2833.8	2955.78	3077.75	3199.75	3321.71	3443.71	3565.66
IIa		2187.49	2299.53	2411.61	2523.62	2635.66	2747.72	2859.72	2971.79	3083.81	3195.9
IIb		2039.63	2141.76	2243.88	2346.02	2448.17	2550.29	2652.43	2754.57	2856.69	2958.86
III	1944.12	2039.63	2135.13	2230.64	2326.16	2421.67	2517.18	2612.68	2708.18	2803.71	2899.24
IVa	1762.31	1849.71	1937.11	2024.48	2111.89	2199.28	2286.68	2374.07	2461.47	2548.87	2636.26
IVb	1611.35	1680.71	1750.02	1819.35	1888.63	1957.98	2027.29	2096.63	2165.96	2235.27	2304.62
Va	1424.82	1479.74	1534.63	1593.98	1654.9	1715.86	1776.82	1837.77	1898.72	1959.67	2020.65
Vb	1424.82	1479.74	1534.63	1593.98	1654.9	1715.86	1776.82	1837.77	1898.72	1959.67	2020.65
Vc	1346.84	1396.35	1445.9	1497.87	1549.87	1604.03	1661.7	1719.42	1777.08	1834.78	1891.7
VIa	1275.43	1313.7	1351.93	1390.19	1428.41	1467.8	1507.97	1548.14	1589.01	1633.58	1678.16
VIb	1275.43	1313.7	1351.93	1390.19	1428.41	1467.8	1507.97	1548.14	1589.01	1633.58	1678.16
VII	1181.6	1212.66	1243.73	1274.79	1305.86	1336.93	1367.97	1399.06	1430.12	1462.03	1494.67
VIII	1093.09	1121.48	1149.92	1178.32	1206.74	1235.14	1263.58	1291.98	1320.39	1341.5	
IXa	1057.31	1085.58	1113.83	1142.09	1170.32	1198.57	1226.81	1255.06	1283.22		
IXb	1017.7	1043.48	1069.25	1095.01	1120.8	1146.58	1172.37	1198.14	1219.93		
X	944.99	970.76	996.57	1022.32	1048.11	1073.88	1099.67	1125.45	1151.21		

有効期間：2004年5月1日から2006年11月30日
出所：http://oeffentlicher-dienst.info/c/t/rechner/bat/bund/archiv/2004i?id=bat-bund-2004i&matrix=1
（2017.2.16アクセス）

図表2-C　バーデン・ヴュルテンブルク州官吏の俸給表

俸給等級	段階								
	1	2	3	4	5	6	7	8	9
	2年ごと				3年ごと				
A5	2,095.00	2,165.55	2,220.37	2,275.16	2,330.00	2,384.79	2,439.63	2,494.44	2,549.27
A6	2,141.32	2,201.50	2,261.69	2,321.88	2,382.05	2,442.24	2,502.44	2,562.62	2,622.78
A7	2,229.28	2,283.39	2,359.12	2,434.87	2,510.57	2,586.30	2,662.07	2,716.12	2,770.23
A8		2,360.25	2,424.93	2,522.00	2,619.03	2,716.07	2,813.17	2,877.86	2,942.55
A9		2,505.52	2,569.20	2,672.77	2,776.34	2,879.92	2,983.49	3,054.71	3,125.93
A10		2,688.91	2,777.39	2,910.08	3,042.80	3,175.52	3,308.25	3,398.27	3,488.77
A11			3,078.33	3,214.33	3,350.79	3,489.90	3,629.02	3,721.78	3,814.50
A12				3,465.31	3,631.15	3,797.03	3,962.87	4,073.45	4,184.01
A13					4,063.76	4,242.86	4,421.95	4,541.37	4,660.76
A14					4,318.46	4,550.72	4,782.97	4,937.80	5,092.65
A15						4,997.77	5,253.10	5,457.40	5,661.66
A16						5,512.99	5,808.31	6,044.61	6,280.88

有効期限：A5からA9までは2016年3月1日から，A10とA11は2016年7月1日から，その他の俸給等級については11月1日から。

注：図表中の「A」は普通の官吏を示す。圧倒的に人数が多いのはA13とA12である。これについては、Zahlen Daten Fakten 2017, S.18 (http://www.dbb.de/fileadmin/pdfs/2017/zdf_2017.pdf) を参照。上級管理職、裁判官、軍人などには別の俸給表が適用される。

出所：http://www.beamtenbesoldung.org/images/baden-wuerttemberg/bw.pdf（20172.2.16アクセス）

図表2-B　2017年の連邦職員の給与表（2017年）

表側は報酬等級，表頭は経験段階

€	1	2	3	4	5	6
E 15	4380.63	4860.31	5038.9	5676.72	6161.47	6480.39
E 14	3967.32	4401.04	4656.17	5038.9	5625.72	5944.61
E 13	3657.34	4056.62	4273.5	4694.43	5281.25	5523.65
E 12	3279.57	3635.65	4145.91	4592.4	5166.46	5421.55
E 11	3168.1	3508.11	3763.23	4145.91	4700.83	4955.97
E 10	3056.61	3380.51	3635.65	3890.8	4375.54	4490.35
E 9b	2711.1	2994.7	3143.33	3546.35	3865.28	4120.39
E 9a	2711.1	2994.7	3044.26	3143.33	3546.35	3623.14
E 8	2543.89	2808.91	2932.8	3044.26	3168.1	3246.12
E 7	2387.86	2635.53	2796.54	2920.41	3013.29	3099.99
E 6	2343.24	2586	2709.84	2827.51	2908.02	2988.53
E 5	2249.11	2480.74	2598.39	2716.05	2802.74	2864.67
E 4	2142.59	2363.07	2511.69	2598.39	2685.09	2735.85
E 3	2109.19	2325.89	2387.86	2486.92	2561.25	2629.35
E 2	1953.1	2152.51	2214.44	2276.39	2412.58	2555.04
E 1		1751.25	1780.97	1818.14	1852.79	1941.97

有効期限：2017年2月1日から2017年6月30日
出所：http://oeffentlicher-dienst.info/c/t/rechner/tvoed/bund?id=tvoed-bund-2017&matrix=1（2017.2.16アクセス）

（参考表：経験段階別給与表・追加部分）

	43	45	47	49
	4644.53	4807.79	4971.06	
	4044.82	4171.66	4293.34	
	3687.65	3809.63	3931.31	
	3307.93	3419.91		
	3060.98	3105.59		
	2994.76	3085.6		
	2723.68	2809.85		
	2373.93	2383.15		
	2081.6	2138.22		
	2081.6	2085.81		
	1722.75	1767.31	1811.9	1850.13
	1713.03			
	1518.2			

	10	11	12
	4年ごと		
	2,604.08		
	2,682.95		
	2,824.34		
	3,007.27	3,071.94	
	3,197.12	3,268.35	
	3,579.28	3,669.77	
	3,907.28	4,000.04	4,092.77
	4,294.60	4,405.18	4,515.76
	4,780.18	4,899.61	5,018.99
	5,247.47	5,402.32	5,557.17
	5,865.97	6,070.25	6,274.55
	6,517.12	6,753.39	6,989.65

図表2-D　ドイツ化学産業の月額協約報酬（ヘッセン協約地域）

報酬等級	18歳以後	初任報酬額	2年後	3年後	4年後	6年後
E 1	2,432.00	-	-	-	-	-
E 2	2,542.00	-	-	-	-	-
E 3	2,595.00	-	-	-	-	-
E 4	2,628.00	-	-	-	-	-
E 5	-	2,704.00	-	2,772.00	-	2,839.00
E 6*	-	2,774.00	2,940.00	-	3,079.00	3,218.00
E 7	-	2,875.00	3,048.00	-	3,220.00	3,393.00
E 8	-	2,974.00	3,152.00	-	3,361.00	3,569.00
E 9K	-	2,785.00	3,049.00	-	3,350.00	3,764.00
E 10K	-	3,210.00	3,506.00	-	3,844.00	4,224.00
E 11K	-	3,649.00	3,976.00	-	4,257.00	4,678.00
E 12K	-	3,920.00	4,271.00	-	4,623.00	5,025.00
E 13K	-	5,376.00	-	-	-	-

注：単位はユーロ。＊＝E6は，通常3年間の職業教育制度を修了した被用者の最低等級であり，基準賃金とされることを示す。なお，E9以後についている「K」は「事務系ホワイトカラー」を示す。同じ報酬等級でも技術系ホワイトカラーは事務系よりも若干高い。

有効期限：2015年4月1日から2016年7月31日
出所：http://www.boeckler.de/pdf/p_ta_tarife_chemische_industrie_2016.pdf（2017.2.16アクセス）

■注
1 雇用区分については，佐藤博樹を中心としたグループが優れた多くの調査をおこなってきた。
2 いわゆるブラック企業における「名ばかり管理職」は除く。
3 企業が期待する職業能力については，企業が査定・人事考課によって昇進・昇給格差をつける。
4 大卒・大学院卒労働者が自分の就業意識としてメンバーシップ（就社）型と思っているか，それともジョブ型（業界，職種）と思っているかを入社時点と現在に分けて直接尋ねた調査として，みずほ情報総研（2015）がある。就社意識を一番に挙げる者は意外と少ない。加藤（2015）も参照。
5 小倉（2013）第1章1を参照。
6 労働力調査との違いは，いくつかの要因が考えられる。まず，1～9人の企業で働く者と公務員の大部分が含まれていないことがある。自営業を含む従業者数でみると，前者が824万人（うち，5～9人では438万人），後者が507万人いる。もう1つの要因は，賃金構造統計調査が事業所調査であるのに対して，労働力調査が国勢調査のような個人調査であることである。
7 「期限の定めのない雇用」を表記上の短縮化を図るために「無期（雇用）」をしばしば用いるが，本書では同義とする。本来はせいぜい定年までの雇用であり，あまり適切な用語ではない。
8 「期間の定めのある正社員」については，脇坂（2012）を参照。
9 この点については，JILPT（2016）『ユースフル労働統計2016』，243～247頁を参照。
10 企業規模別の離職理由はわからないが，離職した企業規模を問わなければ，「就業構造基本調査」で離職理由はわかる。とくに，20～30歳代女性に「結婚」「出産・育児」を理由としている人が多いことはよく知られている事実である。
11 離職率が高い理由の1つに成長産業であることが考えられる。医療・福祉についてはその要因も働いている可能性がある。成長産業であれば，雇用の安定度は高まると考えられるから，離職率だけでは雇用の安定度を測ることはできない。また，福祉業界の賃金水準の低さや成長産業であること以外に，職業資格を有する仕事が多いことも一因であると考えられる。
12 〔二次分析〕に当たり，東京大学社会科学研究所附属社会調査・データアーカイブ研究センターSSJデータアーカイブから〔「勤労者の仕事と暮らしについてのアンケート，2013.10」（連合総合生活開発研究所）〕の個票データの提供を受けた。なお，この調査での「正社員」か否かは本人の認識による。
13 「かなり感じる」と「やや感じる」の合計。
14 離職者の離職理由を答えているのは企業であるため「個人的理由」のなかに，嫌がらせなどによる事実上の会社都合解雇のケースがあると考えられないわけではないが，転職入職者本人の回答による前職の離職理由分布と大きな違いはなく，その点は信頼してよいように思われる。
15 なお，図表は省略するが男女別の違いは大きくない。
16 厚生労働省「平成26年就労条件総合調査」によれば，主な賃金形態を適用企業数でみると月給制80.9％，日給制8.2％，時間給制5.7％，出来高払い制3.0％，年俸制1.9％となっている。
17 厚生労働省「平成27年賃金引上げ等の実態に関する調査」によれば，100人以上企業で定期昇給制度があるのは，「一般職」では83.1％，「管理職」でも76.3％に達する。
18 なお，定期昇給制度は必ずしも日本に独自な制度というわけではない。たとえば，ドイツの公務員には定期昇給制度が組み込まれており，民間でも化学産業などでは賃金協約上もそれに類したものがある。詳しくは，本章末のコラムを参照。
19 学校卒業後ただちに企業に就職し，同一企業に継続勤務しているとみなされる労働者。
20 久本（2015a）第2章，仁田・久本（2008）を参照。
21 なお，調査対象の非正社員のうち，2割程度は正社員登用されると思っている。
22 役職者のうち，数は少ないが課長級と部長級の中間職位である次長級や部長級より上位の職位についている人もいるから，課長級以上は図表2-14の「部長級＋課長級比率」よりもやや多い。
23 Einführung in die Eingruppierung nach dem Bundes-Angestelltentarifvertrag (BAT, BAT-O)

für Mitarbeiter an kommunalen Öffentlichen Bibliotheken
http://www.ib.hu-berlin.de/~kumlau/handreichungen/h54/（2017年2月16日アクセス，以下同様）
24　Tarifvertrag für den öffentlichen Dienst（TVöD）§16(4)
25　同上.§17(2)
26　従前の大卒のこと。EUレベルでの学歴の標準化の結果，旧来の大卒資格の下に3年で修了できる「Bachelor（新制大卒資格）」が新たに設定された。従前の大卒は，修士課程卒に近い。
27　Tarifvertrag über die Entgeltordnung des Bundes（TV EntgO Bund）Anlage 1 Entgeltordnung Teil I Allgemeine Tätigkeitsmerkmale für den Verwaltungsdienst
28　http://www.beamtenbesoldung.org/images/baden-wuerttemberg/bw.pdf
29　Bundesentgelttarifvertrag mit der IG Bergbau, Chemie, Energie vom 18. Juli 1987 in der Fassung vom 30. September 2004
30　E4より下の被用者はごく少数しかいない。Mehr qualifizierte Arbeitsplaetze, in: *BAVC-Informationsbrief* 8/2010.S.4f.
31　Tarifvertrag über Mindestjahresbezüge für akademisch gebildete Angestellte der chemischen Industrie 2016 und 2017（https://www.vaa.de/fileadmin/www.vaa.de/Inhalte/Tarifvertr%C3%A4ge/Gehaltstarifvertrag.pdf）

第3章

労働時間管理

わが国では長時間労働が大きな問題となって久しい。とくに共稼ぎ正社員モデルを構想する場合，この問題についてまず考えていかねばならない。近年，ホワイトカラー・イグゼンプションの導入が議論されている。他方，過労死防止の観点からインターバル休憩の導入についても取り上げられている。労働時間管理する必要がない労働者，あるいは労働時間管理が困難な労働者に対して，残業手当（超過勤務手当）を支給することは不要であったり，難しかったりする。労働時間規制を外せば，労働時間は短くなるのか，それとも長くなるのか，企業の裁量性と個人の裁量性はどのような関係にあるのだろうか。使用者側は個人の裁量性が増すからWLBが実現しやすくなるといい，労働者側は企業の裁量性が増すから労働時間が長くなるだけだという。

本章では，まず第1節で正社員の残業時間の多様性についてみていく。正社員は残業を拒否できず長時間労働に甘んじているという「正社員像」がある。とても共稼ぎ正社員ではWLBは成り立たないように感じられている。しかし，正社員の残業時間をみていくと残業をまったく，あるいはほとんどしない正社員は少なくない。画一的な正社員像の見直しが必要である。とはいえ，残業が日常化している正社員が少なくないことも事実である。なぜだろうか。この問題を検討するために，まず第2節では法律上の区分をみる。ついで，第3節では残業手当の支払いという観点から捉える。第4節では残業時間に与える諸要因について，簡単な計量分析をおこなう。第5節は残業割引法制の問題点を，第6節では残業と人事評価の関係について，最後に実労働時間に与える要因に

ついて検討する。

1 残業しない正社員は少なくない[1]

　日本では正社員は残業するのが普通だと考えられている。労働時間については，長時間労働が問題視されることが圧倒的である。ワーク・ライフ・バランス論では，短時間正社員の問題が多く，残業しない正社員についての研究は少ないように思われる。それは，「多様研」[2]調査でも明らかになったことであるが，残業しない社員を雇用区分としてもっているところはほとんどないからである。就業規則で従業員に残業をさせることができるとし，36協定を締結するのが日常である。パートタイマーでさえしばしば残業しているのであるから，ある意味当然ともいえる。労働法上の原則は週40時間を超える労働はさせてはならないことになっているが，現実は，36協定により残業させることが当たり前だという社会認識がある。とはいえ，残業，とくに長時間の残業が日常化すれば働き続けられない人も増えてくる。実際にどの程度の人々が残業をしているのであろうか。ここでは2つの調査を取り上げ，その状況について推測することにしよう[3]。

(1)JILPT調査No.15『就業形態の多様化の中での日本人の働き方
　　―日本人の働き方調査（第1回）―』[4]
　正社員（呼称による区分で「正規の職員・従業員」）に限定して，ふだんの1週間の残業時間をみたのが図表3-1である。通常全く残業しない正社員は，男性で22.0％，女性で33.6％いる。週に1～2時間程度しかしない者を入れると，男性で約3割，女性では5割弱の正社員はほとんど残業していないことがわかる。確かに，週20時間以上残業する恒常的長時間正社員が男性で5.3％，女性で2.1％いるが，むしろこうした正社員は少数派である。この数字は過少評価ではないかという疑問が出されるかもしれない。しかし，同じ調査の1週間の実労働時間の数字は，そうした疑問を解消させるのに十分であろう。図表3-2である。週60時間以上働いている正社員は男性で23.1％，女性で7.9％と「平成19年就業構造基本調査」の値と遜色ない。そこでは，年間就業日数200日

以上の「正規の職員・従業員」について，男女別に週間就業時間が60時間以上の割合をみると，男性18.8%，女性は8.0%であった。むしろ，男性についてはJILPT調査の方がやや多めになっている。

所定労働時間を回答者が正確に理解していたと仮定すれば，基本的に週40時間を超える所定労働時間が設定されているとは考えにくいから[5]，1週間の残業時間が20時間以上の者が週実労働時間60時間以上だといってよいだろう。とすれば，その比率は，ここでは男性で5.3%，女性で2.1%にとどまるはずである。ところが先に見たように，実際には男性23.1%，女性7.9%が週実労働時間

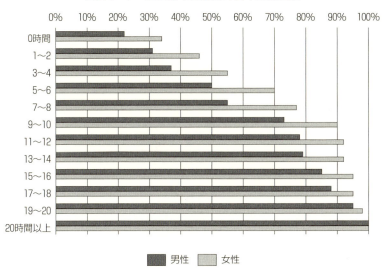

図表3-1　正社員の週残業時間の累積度数

出所：JILPT調査No.15, 85頁より筆者作成。

図表3-2　1週間の実労働時間の分布（%）

(N＝298（男），495（女）)

正社員	20時間未満	20～29時間	30～34時間	35～39時間	40～49時間	50～59時間	60時間以上	無回答	平均時間
男性	2.2	0.2	0.8	3	41.6	27.1	23.1	2.1	50.04
女性	3	2.2	2	5.7	57.8	18	7.9	3.4	44.01

出所：図表3-1と同じ，84頁。

60時間以上であると答えている。こうした違いはなぜ生まれてくるのであろうか。週60時間以上働いている者の比率に近いのは，男性では，週残業時間13時間以上（22.0%），女性では15時間以上（7.9%）ということになる。男性では週7時間程度，女性では週5時間程度の差である。ここから推測できるのは，回答者が実労働時間として認識しているのは法律にいう「所定労働時間」ではなく「拘束時間」つまり「所定労働時間」＋「昼休みなどの休息時間」である可能性が高いということである。始業時間が8時で終業時間が17時，昼休み1時間をイメージするとするよいだろう。仮に休息時間を45分としても週5日で3.75時間となる。従来の多くの研究はこれを「不払い（サービス）残業」として捉えている傾向が強いように思われる。これは，不払い残業が従来過大評価されてきた可能性を示している[6]。

(2) JILPT調査 No.86『JILPT「多様な就業形態に関する実態調査」
―事業所調査／従業員調査―』

　この調査でも週20時間を超えて残業する正社員は4.2%にとどまっている（図表は省略）。週10時間を超える正社員とすると17.1%となる（全体に無回答1.6%を含む）。まったく残業をしない正社員は約3割を占める。また約1割が週1時間程度で，約4割の正社員はほとんど残業をしていない。週1時間以上5時間以内，つまり1日1時間以内の残業をしているのが3割を占めている。長時間労働がとくに問題となる週10時間を超える正社員は約1割，その間が2割ということになる。2011年は残業時間が2005年に比べると減少していると思われ，そうした傾向を示しているのかもしれない。

　このように，長時間残業する正社員（週残業10時間以上，あるいは週実労働60時間以上）は男性では1割以上おり，大卒では高卒などに比べて長時間残業する者が多い[7]。転勤と同様に，男性で高学歴者ほど残業が多いという傾向が，「正社員像」に大きな影響を与えていることは疑いない。とくに長時間残業は30歳代40歳代に多く，その意味では，中堅世代に厳しい現状であることは否定しがたい[8]。ただ，冷静にみれば，大企業男性大卒であっても，長時間残業する正社員は少数派なのである。

2 労働法上の区分

労働時間規制についての労働基準法が定める主な区別から検討を始めることにしよう。

通常勤務，変形労働時間，フレックスタイム，事業場外みなし労働，裁量労働，そして管理監督者しての適用除外である。これに関する調査は企業・事業所調査と個人調査の両方からみておく必要がある。

2-1 適用制度構成

まず，企業調査からみておこう。厚生労働省「平成27年就労条件総合調査」によると，図表3-3のようになる。期限の定めのない雇用の労働者（パートタイム労働者除く）のうち通常の労働時間制なのは45.1％と過半数を割っており，変形労働時間が約4割，フレックスタイム制が6.7％，事業場外みなしが

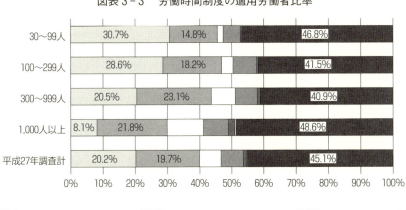

図表3-3 労働時間制度の適用労働者比率

注：調査対象の労働者は，企業全体の全常用労働者のうち，期間を定めずに雇われている労働者（パートタイム労働者を除く）。
出所：厚生労働省「平成27年就労条件総合調査」より筆者作成。

7.0％であり，裁量労働はわずか1.3％にとどまる。この数字は近年大きな変化はない。ところが，各種の個人アンケート調査をみると，通常の労働時間制であると認識している正社員が圧倒的であり，たとえば，JILP報告No.128『仕事特性・個人特性と労働時間』でみると，図表3-4のようになっている[9]。

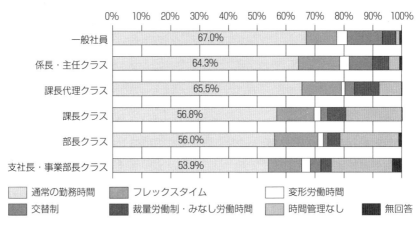

図表3-4　正社員本人の認識による労働時間制度

出所：JILPT報告No.128の個票より筆者作成。

変形労働時間制は交替制を入れても一般社員の15.8％にとどまっており，通常勤務とするものが3分の2を占めている。これは，企業としては隔週週休2日制などで変形労働時間制を導入しているにもかかわらず，本人にその認識がない場合が少なくないことを示しているように思われる。企業としては就業規則，あるいは過半数代表者と労使協定を結んでおり，「変形労働時間」の適用となる労働者の多くが，「普通の労働時間」と認識しているのであろう。たとえば，隔週週休2日制で，年末や盆などに休暇を設けている場合，これらを含めて1年単位の変形労働時間制のもとにあることになるが，労働者にとってみれば，「所定労働時間」が週40時間のふつうの労働時間制のもとで働いていると認識しているのである。これは，週労働40時間制にしたときの対応であり，多くの企業で活用されている。

たとえば，1年単位の変形労働時間制について，厚生労働省のホームページ

には以下のような事例があがっている。

(http://www2.mhlw.go.jp/topics/seido/kijunkyoku/week/970415-3.htm)。

(就業規則規定例)

第○条　1年単位の変形労働時間制の労働日ごとの所定労働時間は8時間とし，始業・終業の時刻および休憩時間は次のとおりとする。

始業時刻：午前8時　終業時刻：午後5時　休憩時間：正午から午後1時

(休日)

第○条　休日は，1週間の労働時間が1年を平均して40時間以下となるよう労使協定で定める年間カレンダーによるものとする。

1日8時間の所定労働時間の場合。1日の労働時間を変えず，月2回の週休2日制に加え，国民の祝日，年末年始の休暇などを休日とすることにより1週間当たりの平均労働時間を40時間以下とする例

(平成17年の場合)　休日：毎週日曜日，第1・3土曜日，国民の祝日，年末・年始等

月	週休日	国民の祝日等		その他の休日		合計
1	7日	元日(ただし第1土曜日), 成人の日	1日	年始休暇	2日	10日
2	6日	建国記念の日	1日			7日
3	6日	春分の日(ただし日曜日)	0日	振替休日	1日	7日
4	6日	みどりの日	1日	GW休暇	2日	9日
5	7日	憲法記念日・国民の休日・こどもの日	3日	GW休暇	2日	12日
6	6日			創立記念日	1日	7日
7	7日	海の日	1日			8日
8	6日			お盆休暇	5日	11日
9	6日	敬老の日, 秋分の日	2日			8日
10	7日	体育の日	1日			8日
11	6日	文化の日, 勤労感謝の日	2日			8日
12	6日	天皇誕生日	1日	年末休暇	3日	10日
合計	76日		13日		16日	105日

(1週間当たりの労働時間の計算方法)

(1) 365日−105日＝260日 (年間労働日)

(2) 260日×8時間＝2,080時間 (年間労働時間)

(3) 2,080時間×7日／365日≒39.89時間（1週間当たりの労働時間）＜40時間

　この事例の場合，多くの労働者は，「通常の労働時間制度」で働いていると認識するであろうが，制度的には1年単位の変形労働時間ということになる。つまり，企業は制度上変形労働時間制度を導入しているが，従業員はそのように認識していない人が多いように思われる。なお，変形労働時間の導入は，90年代後半から2000年代にかけて急激に増えたが，その後は安定している。交替制勤務などでも，変形労働時間制度が活用される。

　このように，適用制度でみると，通常の労働時間制と変形労働時間制が重要であり，みなし労働という点でいえば，事業場外みなし労働制のもとで働いている人が多い。それに対して，裁量労働制のもとで働いている人は非常に少ない。この裁量労働制の規制緩和が主張されることが多い。裁量労働制をとることによっても仕事量に変化がないのであれば，出退勤時間を自由に個人が選べるのであるから，個人にとって望ましいのは言うまでもない。実際にはどうなのであろうか。従業員が企業に対して要求してもよいくらいである。ところが，現実には企業が裁量労働制を求めることが多い。なぜだろうか。

2-2　適用制度による労働時間の違い

　労働時間制度による違いについては，JILPT調査 No.124（2014）『裁量労働制等の労働時間制度に関する調査結果―事業場調査結果』および No.125『裁量労働制等の労働時間制度に関する調査結果―労働者調査結果』がある。ここでは，労働者調査結果である No.125 を用いることにしよう。図表3-5からわかるように，月労働時間が短いのは「通常の労働時間」と「フレックスタイム制」であり，裁量労働制や事業場外みなし労働時間制は長時間労働する人の割合が高い[10]。

　裁量労働制は個人の立場からすれば，自由度が高い働き方といえるが，仕事量が過重になりがちである可能性も高い。実際に裁量労働制の人は，この適用制度をどの程度好んでいるのであろうか。No.125からみると，裁量労働制適用下の労働者の約6，7割は「部門または職種全体が適用されることになっている」，1割強は「上司の勧め」（137頁，249頁）のためであり，本人が希望して

裁量労働制が適用されている人は少数派である。もちろん，厚労省抽出分でも，事業所データベース分でも「今後の労働時間管理あり方について」の設問では5～6割は今までと同じでよいと答えているが，通常勤務に戻りたいという設問がないため，どの程度が本当に満足しているのかはよくわからない。なお，1～2割弱は「勤務日の所定外労働時間の抑制」を求めている。

裁量労働制になった理由に自発的な理由を挙げている人はいずれの項目も3割程度にとどまるが，こうした人に限定して，それらが期待どおりだったかどうかと尋ねた結果が図表3-6である。いずれの項目も「肯定派」「一部肯定派」「否定派」がそれぞれいる。仕事のやりやすさや能力の有効発揮については，期待どおりとする肯定派が多いが，労働時間や処遇，ワーク・ライフ・バランスについては期待どおりとなっていない人が多い。

つぎにサンプル数は少なくなるが，裁量労働制の労働者に今後もこの制度の下で働きたいかどうかをより直接的に尋ねているのは，JILPT調査No.14である。裁量労働制が適用されている正社員に対して，「今後とも裁量労働制で働きたい」人は30.2％にすぎず，「できれば通常の勤務形態で働きたい」25.6％，

図表3-5 労働時間適用制度別にみた月労働時間

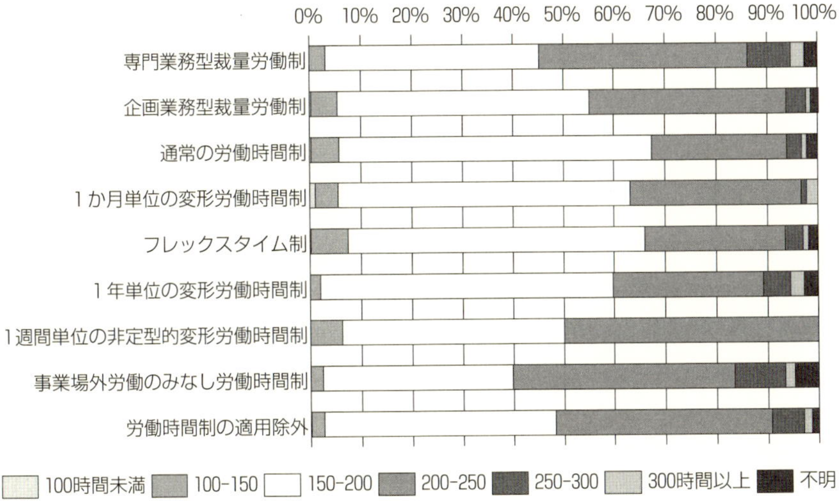

■100時間未満 ■100-150 □150-200 ■200-250 ■250-300 ■300時間以上 ■不明

出所：JILPT調査No.125より筆者作成。（厚生労働省抽出分）

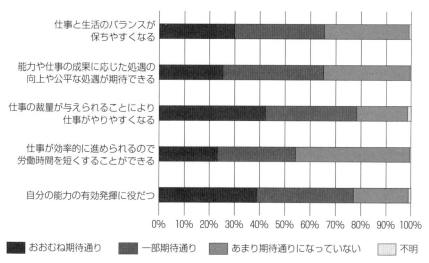

図表3-6 裁量労働制の期待と現実

出所：JILPT調査No.125より筆者作成。（厚生労働省抽出分）

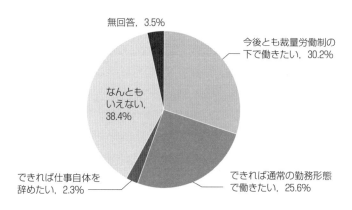

図表3-7 裁量労働制を続けたいか

出所：JILPT調査No.14, 197頁。

「なんともいえない」38.4%となっており，裁量労働制で働きたい人と働きたくない人が拮抗している（図表3-7）。これは，自由度が高いのでそうした働き方を望む人が多い一方で，長時間労働化するためにそれをいやだと思ってい

る人も多いということになる。「共稼ぎ正社員モデル」の普及という本書の観点からすれば、現状の裁量労働では長労働時間の増加というマイナスが大きいといわざるをえない。

　もっと問題が多いのは「事業場外みなし労働制」であろう。そもそも企業が労働時間管理することが困難であるということがこの制度の前提であるから、この点は節を改めてみておく必要がある。

3　残業代支払いから

　労働時間制度にとって最も問題視されているのは、残業手当支給の有無である。わが国では、残業手当支給除外者と支給対象者における不払い残業は、長年にわたって大きな問題であると認識されてきた。そこでJILPT報告No.128を再集計したのが図表3-8である。設問は残業手当などが支給されない理由を尋ねているため、仮に「無回答」もそうした事態がないと認識しているとすると、一般社員の4割強は問題がない。本人が申告していない場合、「本人の勉強のため」というのは全く問題ではないし、「自分の成果のため」というの

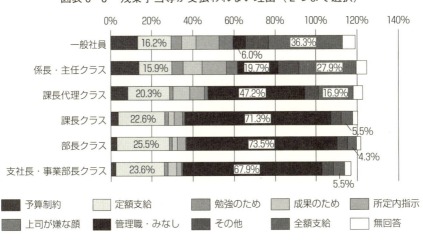

図表3-8　残業手当等が支払われない理由（2つまで選択）

出所：JILPT報告No.128の個票より筆者作成。

もたいした問題ではない。問題なのは,「予算制約」や「所定内指示」「上司が嫌な顔をすること」などである。全体で3割程度を占める。残業手当が支給されない事務・技術系労働者を「ホワイトカラー・イグゼンプト」と定義するとすれば,労働時間管理そのものよりも「管理監督者」かどうか,あるいは「固定残業制」かどうかが問題となる。

3-1 管理監督者（残業手当がない）

よく知られているように,労働基準法第41条2にいういわゆる「管理監督者」には労働時間規制が適用されない[11]。そのため,管理職になると残業手当がもらえなくなるとよくいわれる。管理職,管理監督者については第5章で詳細に検討するが,管理職クラスが正社員の1割以上いるのはほぼ間違いない。もちろん若い正社員が40歳代くらいで管理職クラスになると考えると,20歳代30歳代が一般社員だったとして個人のキャリアとしては,将来的に管理職クラスになる人はその倍近くいることになる。つまり,3〜4割の正社員はそうした希望？　をもつわけである。

詳しくは第5章で扱うが,「平成26年賃金構造基本統計調査」によれば,100人以上企業で部長級と課長級の合計は135万人に達する。役職者と非役職者の合計を分母とし,部長級と課長級の合計を分子とすると10.3%となる。もちろん,ほかに支店長級や次長級などもいるから,企業内職位でみた場合の管理職が1割以上いるのは確かだといってよいだろう。

なお,「第26回勤労者短観」[12]から正社員のうち「管理監督者など残業手当が支給される立場にない」者の割合をみると,実に36.9%に達する。これを職種別にみると,①管理職38.0%,②専門・技術職17.0%,③事務職21.2%,④営業・販売職14.8%となっている。①は「管理監督者」としての管理職クラスであると考えられるが,残りはつぎにみる「固定残業制」であると思われる[13]。あまりに「管理監督者」の割合が高くなってしまうからである。①に限定すると,36.9%×38.0%＝14.0%となり,この調査対象者の学歴がやや高い点を考慮すれば[14],整合的な結果となっている。

なお,JILPT報告 No.128によれば図表3-8のように課長代理クラス以上では残業手当が支給されない理由として「管理職だから」という理由を挙げる人

は多い。まさしく「管理監督職」として残業手当の支給対象外になると認識しているわけである。

3-2　固定残業制労働者（残業手当が定額）

　「管理監督者」とみなされない労働者に対して「固定残業制」[15]を用いている企業は少なくない。厳密に言えば，ホワイトカラー・イグゼンプトではないが，一定の「定額残業手当」を支給することで，残業と残業手当の関係が不明確になっている人々である。手当以上の残業をした場合には，労働者はその分についての残業手当を法的には請求することができるが，現実としては容易ではないだろう。もちろん，逆に「残業手当」分の残業をしていない者も少なくないだろう。一部の企業で基本給を多く見せるために，悪用しているケースもある。この場合，法の主旨とは異なり，残業を前提としたものであり，そもそも望ましくない。もちろん，効率的に仕事を片付け，「固定残業時間分」より少なく残業すれば，個人的には「お得」な感じとなる。とくに，労働時間よりも賃金を重視する人にとっては魅力的に映るが（というのは，実態はともかく法律上は固定残業時間分以上働いた場合にはその分の残業手当をもらえることになっているからである），企業としては，それではコストがかかるだけなので，1年全体を通じて，固定残業分，あるいはそれ以上働いてほしい（以上の部分はサービス残業）という願望もある。とくに，変形労働時間制やみなし労働時間制と併用すると，残業時間と賃金の関係が実態として不明確になるのである。

　先に見た図表 3-8 の項目のうち「定額支給」と「管理職・みなし労働」という理由に限定して，その重なり具合を職位別に詳しくみたのが，図表 3-9 である。全体に占める割合からすると，一般社員では「定額支給だが，みなし労働などではない人」が最も多く全体の14.9％，ついで「みなし労働などだが定額支給ではない人」が4.7％，みなし労働などで定額支給なのは1.3％にとどまる[16]。課長クラス以上で「管理職だから」にはマルをつけず「定額だから」にマルをつけているのは，設問がマルを2つまでとしているためであると考えられる。とすれば，かなりの管理職が「管理職手当」あるいは「役職手当」という呼称の定額手当をもらっていることになる。これに対して，一般社員では固定残業制はみなし労働の人はむしろ少なく，通常勤務の人のほうが一般的で

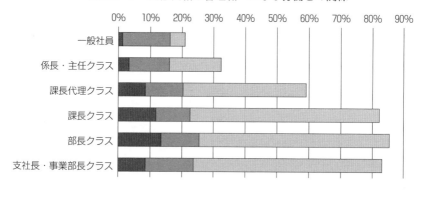

図表3-9　定額支給と管理職・みなし労働との関係

出所：JILPT 報告 No.128 の個票より筆者作成。

あるといってよいだろう。

　つぎに，一般社員と課長クラスに限定して，固定残業制と「管理職・みなし労働」との関係を見ておくことにしよう。一般社員では固定残業制とみなし労働，課長クラスでは固定残業制と管理監督者の関係にあると想定する。一般社員についてみたのが，図表3-10である。中小企業では，みなし労働ではない固定残業制が広がっていることがわかる[17]。29人以下の企業で働く労働者では実に28.1％である。これに対して，1,000人以上では定額でみなし労働の割合が増える。これは，企業規模が大きくなると本人が「みなし労働」であると認識している場合が増えるからだと考えられる。課長クラスをみたのが図表3-11である。全体として「管理職だから」という理由を挙げる人が多い。ただ，中小企業では定額だからという理由も少なくない。定額の管理職手当（あるいは役職手当，職責手当）と考えている人は規模を問わず1割前後いることもわかる。これは，管理職クラスの企業内の処遇制度の違いを反映したものであろう。

　残業手当分以上働いた人に聞いた不払い理由が図表3-12である（複数回答なので合計は100％を超える）。管理監督者でなければ，不払い残業をしている人々ということになる。「定額支給」の人が職位を問わず4分の1くらいいる。一般社員では3割に達している[18]。一般社員や係長・主任クラスでは「予算制

約」も多い。課長代理以上では「管理職・みなし労働」が多い。

　先ほどの「第26回勤労者短観」では「管理監督者など残業手当が支給される立場にない」者の割合が36.9％で，うち職種別には管理職以外（専門・技術職17.0％，事務職21.2％，営業・販売職14.8％）が全体の53.0％を占めていたから，正社員全体に占める割合は，36.9％×53.0％＝19.6％となり，JILPT報告No.12の個票分析結果と大差ない。正社員の2割近くは固定残業制のもとで働いている可能性が高い。

　固定残業代が何時間分であるかを調べた調査としてはJILPT報告No.22『日本の長時間労働・不払い労働時間の実態と実証分析』がある[19]。設問の対象者が「裁量労働制・みなし労働・労働時間管理なし」の労働者に限定されているという限界はあるが，「残業手当に代わるか，それに相当する何らかの手当」がある者は50.2％，ない者が45.9％となっている。こうした手当がある者について，月当たり相当時間数では，中央値が20時間分であり，10時間分以下32.5％，12-16時間12.2％，20時間16.3％，25時間2.0％，30時間台18.4％，40時間以上18.3％となっている。また，「ブラック企業対策プロジェクト」の2014年の調査では「30時間未満31.7％，30時間以上45時間未満63.4％，45時間以上80時間未満4.9％，80時間以上0.0％」という数字が示されている[20]。

　固定残業制の人に限定してJILPT報告No.128の個票を再集計した結果が，図表3-13である[21]。これをみると，一般社員では，残業時間10時間未満が4割を占める一方で，40時間以上が23.9％いる。他方，40時間を超えるのは，係長・主任・課長代理クラスでは4割占める[22]。このように，平均すると残業時間分よりもやや少ない残業手当をもらっており，固定残業手当分以上の残業をしている者が少なくないことがわかる。このあたりが「不払い残業」の1つの形態であるように思われる。

　なぜ，固定残業制が広がっているのであろうか。それは，企業にとって，人件費管理が容易だからであろう。実際には労働時間管理をおこなっている場合が多い。先にみたJILPT報告No.128の「一般社員」と「係長・主任クラス」について「固定残業制の労働者」と「固定残業制でない労働者」に分けて，職場の出退勤管理をみると，図表3-14のようになる。固定残業制の場合，労働時間管理はやや大まかになっており「パソコンで入力」と「IDカードで記録」

する職場が前者ではやや少ない。ただ，固定残業制であっても労働時間管理をしっかりとしている職場が少なくない。なお，固定残業制は人件費管理が容易になるだけではない。それは賃金額を多く見せるので，労働時間よりも賃金志向の強い労働者を獲得しやすくなるが，これはひとえに労働時間規制の空洞化に他ならない[23]。

図表3-10　固定残業制とみなし労働（一般社員）

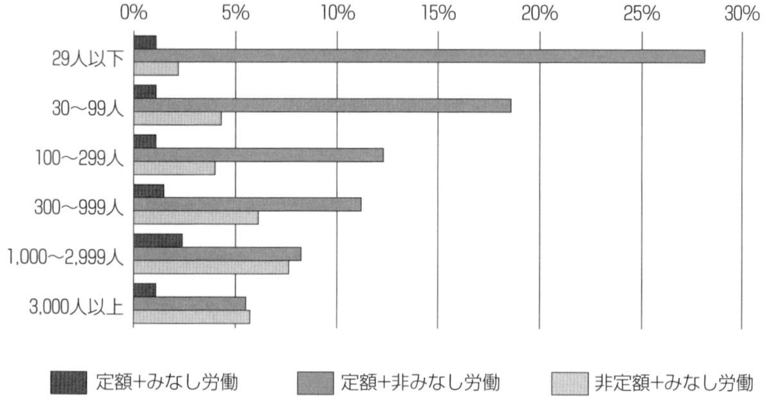

［定額+みなし労働　　定額+非みなし労働　　非定額+みなし労働］

出所：JILPT報告 No.128の個票より筆者作成。

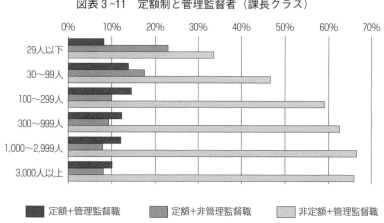

図表3-11　定額制と管理監督者（課長クラス）

［定額+管理監督職　　定額+非管理監督職　　非定額+管理監督職］

出所：JILPT報告 No.128の個票より筆者作成。

図表3-12　残業手当不払い理由（残業手当分以上働いた人）

出所：JILPT 報告 No.128の個票より筆者作成。

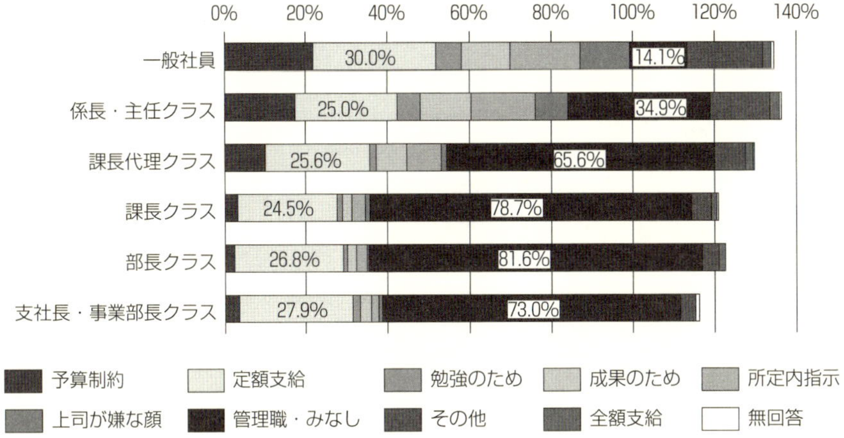

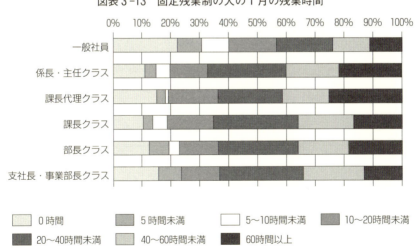

図表3-13　固定残業制の人の1月の残業時間

出所：JILPT 報告 No.128の個票より筆者作成。

図表 3-14　職場の出退勤管理 (MA)

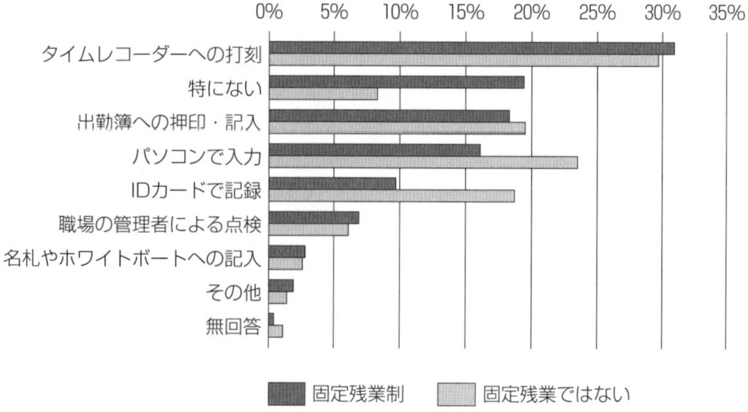

　タイムレコーダーへの打刻
　特にない
　出勤簿への押印・記入
　パソコンで入力
　IDカードで記録
　職場の管理者による点検
　名札やホワイトボードへの記入
　その他
　無回答

■ 固定残業制　　□ 固定残業ではない

出所：JILPT 報告 No.128 の個票より筆者作成。

3-3　通常の残業手当受給労働者

　管理監督者でも固定残業制でもない人は、残業すれば法定以上の残業手当を受け取ることになる。通常勤務、フレックスタイム勤務、交替制勤務などの人々は通常の残業手当をもらうだろうし、変形労働時間の人ももらうだろうし、みなし労働時間制が適用される人ももらえるはずである。以下では、サンプルを一般社員と係長・主任クラスで、かつ「定額支給」ではない人に限定して、働き方の違いによって残業時間や残業手当がどのように違うのかをみておくことにしよう（図表 3-15）。

　最も残業時間が長いのは「裁量労働・みなし労働時間」であり、月40時間以上の残業をしている人が5割を超える。ついで多いのが「時間管理なし」である。それに比べて、通常勤務の人は残業時間40時間以上が2割はいるものの比較的少ない。これは、第2節の結果と大差ない。やはり労働時間規制緩和は長時間労働をより増加させる可能性が高いといってよい。もちろん、もともと労働時間が長い人が「裁量・みなし労働」についている可能性はないわけではないし、この調査はパネル調査ではないので、同一人物が通常勤務から「裁量・みなし労働」制になったときの変化をみているわけではないが、それでも裁量

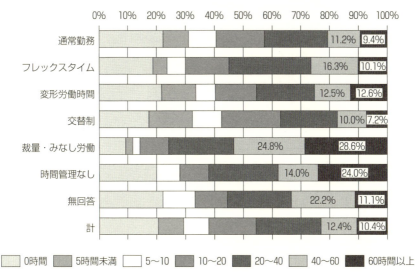

図表3-15 労働時間制度別にみた月残業時間

注:「定額支給」の人を除く。
出所:JILPT 報告 No.128の個票より筆者作成。

労働にすれば労働時間が短くなるとは一般的には考えにくい。企業からすれば，追加人件費を負担せずに仕事を多く負担してほしいという誘惑（短期的経済的インセンティブ）がどうしても働いてしまうようである。次節では残業時間に与える諸要因について計量分析をしてみよう。

4 残業時間に与える諸要因……労働時間規制を外せば，労働時間は長くなるか？

これまで，残業時間について，労働時間制度と残業代支払いの観点から主としてクロス集計表をみてきた。ここでは，簡単な OLS 推計をすることで，諸要因について全体的にみておくことにしよう。ここでも JILPT 報告 No.128の個票を用いる。残業時間に影響を与える要因をみるという観点から，主として以下の点を検討する。

①業種による差，②従業員規模による差，③職種による差，④役職による差，

⑤労働時間適用制度による差，⑥出退勤管理による差，である[24]。

　被説明変数は，1月の残業時間の自然対数[25]である。説明変数として，先にあげたもの以外に，男性ダミー，学歴ダミー，労働組合ダミーを加えた。

　図表3-16a，3-16b は，一般社員のみのサンプルと一般社員以外に係長・主任クラス以上の役職者すべても含めたサンプルの2種類を用いたものである[26]。まず，ここでの焦点である労働時間適用制度と出退勤管理についてみてみよう。前者では，「裁量労働制・みなし労働時間」で有意に残業時間が長い。全サンプルでは「労働時間管理なし」も長い。計量分析の結果でも，「裁量・みなし労働」は残業時間を多くするといってよいであろう。出退勤管理では一般社員では明確な関係はわからないが，全体サンプルでは「パソコン入力」と「出勤簿への押印・記入」が長くなっている。「出勤簿への押印・記入」がなぜ長いのかはよくわからない。

　つぎに職種では，一般社員では「営業・販売」「現場管理・監督」「輸送・運転」「警備・清掃」などが多く，「製造・建設」が少ない。業種は「宿泊・飲食サービス」と「教育・学習支援」で残業が多く，卸売り・小売業が少ない。全体サンプルでは「金融・保険業」でやや多くなっている。係数をみる限り，企業規模が大きくなるにつれて残業が増えているが，最も多いのは1,000-2,999人規模である。29人以下では残業は明らかに少ない。

　職位でみると，一般社員に比べて係長以上では全般的に残業時間が長い。最後に個人属性をみておこう。女性は男性に比べて残業時間が短い。年齢は全体サンプルではプラスに有意であるが，一般社員に限ると有意ではない。学歴でみると4年制大卒で有意に残業が多い。

第3章 労働時間管理

図表3-16a 残業時間数に影響を与える諸要因（一般社員のみ）

被説明変数：1月の残業時間の自然対数
OLS

		係数	p値	
	定数項	2.2825	0.0000	***
勤務時間制度〈ベースは通常の勤務時間制度〉	フレックスタイム制	-0.0195	0.8378	
	変形労働時間制	-0.0930	0.5720	
	交替制	-0.0672	0.4667	
	裁量労働制・みなし労働時間	0.6255	0.0000	***
	時間管理なし	0.3371	0.2517	
	無回答	-0.2747	0.7209	
出退勤管理	IDカード	-0.0250	0.7924	
	パソコン入力	0.0919	0.3218	
	タイムレコーダー	-0.1029	0.2782	
	出勤簿	0.0137	0.8842	
	名札やホワイトボード	-0.0690	0.6979	
	職場管理者による点検	-0.2383	0.0546	*
	その他	0.1218	0.5526	
	特にない	-0.1086	0.3837	
職種〈ベースは一般事務・受付・秘書〉	総務・人事・経理等	-0.1775	0.1032	
	営業・販売	0.2459	0.0190	**
	接客サービス	-0.2110	0.1401	
	事務系専門職	0.2569	0.1943	
	医療・教育系専門職	0.1488	0.2073	
	技術系専門職	-0.0240	0.8743	
	現場管理・監督	0.3904	0.0220	**
	製造・建設作業	-0.2532	0.0449	**
	輸送・運転	0.3659	0.0460	**
	警備・清掃	0.4582	0.0742	*
	その他	-0.0295	0.8302	
	無回答	-0.1818	0.5736	
業種〈ベースは製造業〉	農林など	-0.0738	0.8372	
	建設	-0.1660	0.1772	
	電気・ガスなど	0.1826	0.2899	
	情報通信	-0.0819	0.4680	
	運輸・郵便	-0.0272	0.8570	
	卸売・小売	-0.2033	0.0614	*
	金融・保険	0.0503	0.6772	
	不動産・物品賃貸	0.1195	0.5732	
	学術研究，専門・技術サービス	0.0902	0.5076	
	宿泊，飲食サービス	0.4416	0.0371	**
	生活関連サービス，娯楽業	0.0031	0.9928	
	教育，学習支援	0.5156	0.0140	**
	医療，福祉	-0.0097	0.9466	
	複合サービス（郵便局，協同組合）	-0.3182	0.4279	
	その他サービス業	-0.0569	0.6343	
	公務	-0.2437	0.4935	
	その他	-0.0058	0.9723	
	無回答	-2.1657	0.0000	***
従業員規模〈ベースは30〜99人〉	29人以下	-0.3429	0.0002	***
	100〜299人	-0.0631	0.5269	
	300〜999人	0.1310	0.1998	
	1000〜2999人	0.2544	0.0257	**
	3000人以上	0.1171	0.2862	
	無回答	-0.0938	0.8915	
	女性ダミー	-0.6342	0.0000	***
	年齢	0.0309	0.1629	
	年齢の二乗	-0.0006	0.0239	**
	勤続年数	-0.0107	0.3332	
	勤続年数の二乗	0.0000	0.9732	
学歴〈ベースは高卒〉	中卒	-0.1183	0.4874	
	専修・各種学校卒	0.1259	0.1839	
	短大・高専卒	-0.1382	0.1736	
	4年制大卒	0.1671	0.0249	**
	大学院卒以上	0.1107	0.4046	
	学歴無回答	-0.3123	0.5582	
	労働組合ダミー	0.0532	0.4400	

注1：月間労働時間80時間未満は除く。
注2：標準誤差は，不均一分散頑健標準誤差のタイプ：HC1を用いた。
注3：サンプル数はN＝2918。
注4：＊は10％，＊＊は5％，＊＊＊は1％水準で有意であるとを示す。

図表3-16b 残業時間数に影響を与える諸要因（一般社員と管理職）

被説明変数：1月の残業時間の自然対数
OLS

		係数	p値	
	定数項	1.6260	0.0000	***
勤務時間制度〈ベースは通常の勤務時間制度〉	フレックスタイム制	0.0719	0.1718	
	変形労働時間制	-0.0477	0.6497	
	交替制	-0.0637	0.3497	
	裁量労働制・みなし労働時間	0.4154	0.0000	***
	時間管理なし	0.5180	0.0000	***
	無回答	0.5898	0.0952	*
出退勤管理	IDカード	0.0329	0.5693	
	パソコン入力	0.1382	0.0118	**
	タイムレコーダー	0.0778	0.1878	
	出勤簿	0.0952	0.0945	*
	名札やホワイトボード	-0.1093	0.2252	
	職場管理者による点検	-0.0275	0.6962	
	その他	0.2138	0.1267	
	特にない	-0.0382	0.6054	
職種〈ベースは一般事務・受付・秘書〉	総務・人事・経理等	-0.1200	0.1038	
	営業・販売	0.1728	0.0108	**
	接客サービス	0.0095	0.9266	
	事務系専門職	0.1561	0.1220	
	技術系専門職	0.2460	0.0008	***
	医療・教育系専門職	0.0868	0.4387	
	現場管理・監督	0.1703	0.0430	**
	製造・建設作業	-0.1496	0.0993	*
	輸送・運転	0.3588	0.0091	***
	警備・清掃	0.5389	0.0136	**
	その他	0.1538	0.0810	
	無回答	0.3405	0.4989	
業種〈ベースは製造業〉	農林など	-0.2596	0.3902	
	建設	0.0989	0.1623	
	電気・ガスなど	-0.0473	0.6901	
	情報通信	-0.0124	0.8491	
	運輸・郵便	0.0522	0.5780	
	卸売・小売	-0.1077	0.0898	*
	金融・保険	0.1382	0.0361	**
	不動産・物品賃貸	0.0979	0.4497	
	学術研究，専門・技術サービス	-0.0022	0.9790	
	宿泊，飲食サービス	0.3381	0.0122	**
	生活関連サービス，娯楽業	-0.1484	0.4507	
	教育，学習支援	0.3313	0.0088	***
	医療，福祉	-0.1042	0.3158	
	複合サービス（郵便局，協同組合）	-0.0436	0.8114	
	その他サービス業	-0.0793	0.2545	
	公務	-0.2338	0.2809	
	その他	0.0102	0.9220	
	無回答	-1.4248	0.0538	*
従業員規模〈ベースは30〜99人〉	29人以下	-0.3178	0.0000	***
	100〜299人	0.0148	0.8087	
	300〜999人	0.1001	0.1036	
	1000〜2999人	0.1417	0.0399	**
	3000人以上	0.0211	0.7476	
	無回答	0.1317	0.7382	
	女性ダミー	-0.5499	0.0000	***
	年齢	0.0608	0.0003	***
	年齢の二乗	-0.0011	0.0000	***
	勤続年数	-0.0109	0.1180	
	勤続年数の二乗	0.0002	0.3496	
学歴〈ベースは高卒〉	中卒	-0.2175	0.1315	
	専修・各種学校卒	0.0502	0.4376	
	短大・高専卒	-0.0874	0.2308	
	4年制大卒	0.1524	0.0007	***
	大学院卒以上	0.1115	0.1395	
	学歴無回答	-0.0954	0.7014	
役職〈ベースは一般社員〉	係長・主任クラス	0.3206	0.0000	***
	課長代理クラス	0.4967	0.0000	***
	課長クラス	0.5078	0.0000	***
	部長クラス	0.5050	0.0000	***
	労働組合ダミー	0.0576	0.1598	

注1：月間労働時間80時間未満は除く。
注2：標準誤差は，不均一分散頑健標準誤差のタイプ：HC1を用いた。
注3：サンプル数はN＝7326。
注4：＊は10％，＊＊は5％，＊＊＊は1％水準で有意であるとを示す。

5　割引残業法制の問題点……人件費と残業割増[27]

　世界的にみて，日本の労働時間規制の「原則」は厳しいが，実際には，残業は日常的な現象である。なぜだろうか。それは，例外規定としての労働基準法36条による「36（サブロク）協定」が，日常化しているからである。従業員代表たる過半数代表者の存在感も薄い。共稼ぎ正社員モデルの主流化を図るという観点からは，残業をいかに削減していくかが重要な論点である。ここでは，経済的側面から残業法制の問題点について検討していくことにしたい。

　残業を当然視する社会状況の大きな理由の１つは，労働者の立場からすれば，「割増賃金」である残業が追加の賃金であり，ある程度の残業を歓迎する気持ちが彼らの中にかなり存在していることである。残業が日常化するなかで，残業の減少ないし残業なしは手取り収入の減少を意味するからである。片稼ぎ正社員であれば，この点は決定的である。時間よりも賃金収入のほうが大切である。配偶者に家事や育児などを任せることができるからである。また，ある程度の残業は，雇用保障という観点からも一定の安心感を労働者に付与する。残業がまったくないということは，人員削減の可能性があるということを意味するからである。本人以外に（正社員として）収入を稼ぐ人がいないだけに，雇用保障は決定的に重要である。

　企業としても，解雇が容易ではなく，またすぐに解雇することは従業員の企業忠誠心の低下をもたらすという点からも，従業員の数を少なめにし，仕事量がもっとも少ない時点をベースとし，日常の仕事量を残業で補うという発想になる。労働者の意識とあいまって，多くの企業で残業をすることが日常化している。雇用の安定性と労働需要の変動という観点からすれば，ある程度の残業はやむをえないのかもしれない。しかし，それは共稼ぎ正社員モデルにとって，決定的な障害となる。そこでは，時間の稀少性・重要性がはるかに大きいからである。

　以下では，残業問題の核心について検討しよう。日本には，残業，さらには長時間労働を抑制するのではなく，促進させる法的なしくみが存在している。
　現在，残業（超過勤務）の割増率の最低限は25％であり，休日のそれは35％

とされている。また1か月の時間外労働が60時間を超えた場合は，その超えた時間の労働については，50％（中小企業は除く）となっている。実際，法定最低限の割増率を設定している企業が多い。「平成25年　就労条件総合調査」によれば，割増賃金率25％とする企業が94.0％であり，「26％以上」とする企業割合はわずか5.8％にすぎない。

法的には確かに残業には割増賃金率が適用されている。しかし，経済的にみると様相はまったく異なる。理由は簡単である。割増賃金の分子にあたる「賃金」が人件費ではなく，賃金の一部にすぎないからである。ボーナス（賞与）や社会保険料の企業負担部分などが含まれていない（図表3-17）。もし，残業がないとすれば，所定外給与がないと想定できる。超過勤務手当（所定外給与）の算定基準に入る「賃金」は，労働費用を1とした場合，①基本給 52.6％，

図表3-17　労働費用の平均構成比（全体＝100％）

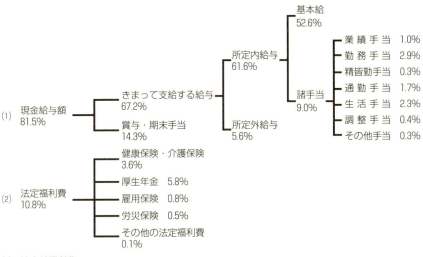

出所：「平成22年就労条件総合調査」，「平成23年就労条件総合調査」，「平成23年賃金構造基本統計調査」より筆者作成。

②通勤手当と生活手当を除く諸手当5.0%だけである。

　つまり，もし残業がないとすれば，(0.526＋0.05)／(1－0.056)≒0.61が，総労働費用に対する超過勤務手当の算定基準賃金の比率となる。これが意味することは，もし残業割増率がゼロだとすれば，企業からみれば，従業員1人1時間当たりの単価は，61%の人件費（＝労働費用）で済むことになる。仮に25%の割増だとしても，0.61×1.25≒0.76であり，8割弱の賃金（割引賃金！）しか企業は従業員に支払わなくてよいのである[28]。

　現行の算定基準を維持するとすれば，64%の割増率で実質，割増ゼロとなる。ここでの計算は30人以上の企業で働く労働者の平均である。大企業は賞与（ボーナス）が多いし，定年退職金や法定外福利費も相対的に充実している。こうした点を考慮すれば，大企業ほど割引率が高いことは容易に推測できる。こうした残業促進の経済的インセンティブが大企業の残業に対する志向を強める。これは大規模事業所ほど残業が多いという事実と整合的である。

6　残業と人事考課

　個人が残業をする多くの理由は業務が多すぎるからであるが，一生懸命働いて人事考課などをよくすることで，短期的にはボーナスを増やしてもらったり，中長期的には管理職などへ昇進する可能性を高めたりする効果があるかもしれない。つぎに，この点について検討することにしよう。

6-1　残業をする理由

(1)本人

　図表3-18はJILPT報告No.128で自分が残業する理由について複数回答で尋ねたものである。多い順にみると「仕事量が多い」「予定外の仕事が突発的に飛び込んでくるから」「人手不足」「所定外でないとできない仕事があるから」「仕事の締め切りや納期にゆとりがないから」「自分の仕事をきちんと仕上げたいから」「業務の繁閑が激しいから」となっており，「残業手当や休日手当を増やしたいから」というのは非管理職でわずか3.9%しかない。圧倒的に多くの労働者が仕事量の多さが原因であるとしている。

残業ではないが，現在の労働時間あたりの給与単価を同じとした場合，理想の労働時間を尋ねた調査がある。NTTデータ（2015）である。サンプルを男性の一般社員，係長・主任クラス，一般社員クラスに限定して再集計したのが図表3-19である[29]。中位数でみると，ほぼ全世代にわたって，現状の7割から9割の労働時間を理想と考えていることがわかる。労働時間を短くしたい人が圧倒的多いのである。それに比べて，もっと働きたいと考えている人は非常に少なく5％前後にすぎない。

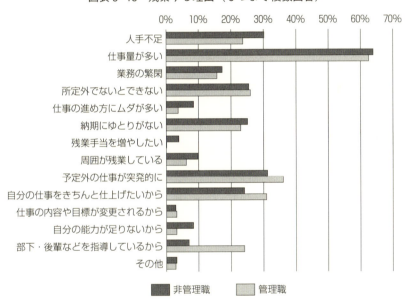

図表3-18　残業する理由（3つまで複数回答）

出所：JILPT報告 No.128, 5頁より筆者作成。

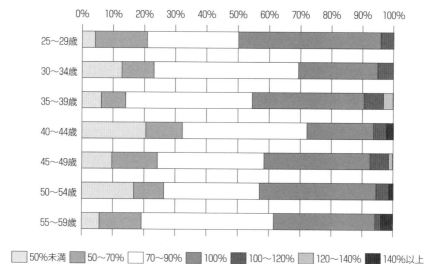

図表3-19 時間単価を同じとした時の理想労働時間（一般から課長クラスまで，男性）

出所：NTT（2015）「『働き方変革2015』に関するアンケート」個票の再集計。

(2)部下

　残業時間が最も長い部下が残業している理由を，上司はどのように考えているのであろうか。通常の企業調査では人事部が回答しているものと思われるが，JILPT報告No.128は管理職本人に自分の部下について尋ねている点で貴重である。図表3-20がそれである。部下の残業理由も本人の残業理由とほとんど変わらない。仕事量の多さに最大の原因があるとみている。残業手当目当ての部下は3.0％にすぎず，これは非管理職の本人の認識3.9％と大差ない。残業にとって残業手当要因は大きくない。

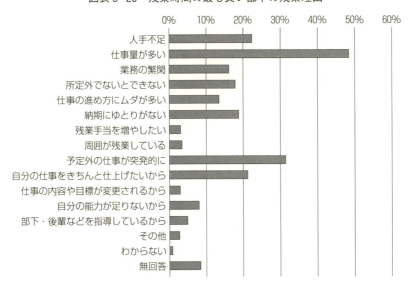

図表3-20　残業時間の最も長い部下の残業理由

出所：JILPT報告 No.128の個票より筆者作成。

6-2　残業時間の年収への効果

　仮に残業に対する評価がさほど高くないとしても，実際には賃金や昇進への効果はあるかもしれない。とくに「自分の仕事をきちんと仕上げたい」と考える人に対する評価は高い可能性が十分ある。一般社員では残業代による効果は当然あるだろう。年収への効果は短期的だが，昇進への効果は中長期的なものであろう。長時間労働そのものを高く評価する上司が少なくない以上，十分にありうる。ただ，これらの点を計測できるパネルデータはないように思われる。

　そこで，あくまで暫定的だが，前者の点，つまり残業時間の長さが，年収とどのような関係にあるかを推測することにしたい。データの制約から，1月の残業時間が長い労働者は前年1年間の残業時間も長かったであろうという仮定を置く。時間的な関係が逆転しているがやむをえない。暫定的な推測とするゆえんである。

　ここでも JILPT 報告 No.128の個票を用いて OLS 分析をする。図表3-21がそれである。被説明変数は年収（万円）の自然対数で，原則として質問票の年

収幅の回答を中央値で代表させた。説明変数は「1月の実際に支払われた残業時間数」である[30]。コントロール変数として、女性ダミー、年齢、年齢の二乗、勤続年数、勤続年数の二乗、学歴ダミー（ベースは高卒）、企業規模ダミー（ベースは30〜99人）、業種ダミー（ベースは製造業）、職種ダミー（ベースは一般事務・受付・秘書）である。サンプルは一般社員に限定した。主任・係長などは含めていない。これによれば、残業時間は年収に明らかに影響を与えている。残業手当を受け取っているからある意味当然である。ここでは、支払い残業時間の係数に注目しよう。係数は0.0020となっている。つまり、1月の支払い残業時間が1時間多いと年収が0.2％多いことを示している。一般社員の年収の中央値は350万円（正確には300万円台）なので、これは約7,000円／年に相当する。1月の支払い残業時間が1時間長い人が1年間の支払い残業時間で何時間長いかはわからないが、とてもボーナスなどで追加賃金を多くもらっているようにはみえない。図表は省略するが、被説明変数を年収の対数ではなく、単なる年収（万円）とすると、係数が0.6724つまり年間6,724円にしかなら

図表3-21　支払い残業の年収への影響（一般正社員）

被説明変数：年収（万円）の自然対数

	係数	p値			係数	p値
1月の支払い残業時間	0.0020	0.0000 ***	企業規模ダミー（ベースは29人以下）	30-99人	0.0585	0.0085 ***
女性ダミー	-0.2523	0.0000 ***		100-299人	0.1200	0.0000 ***
年齢	0.0580	0.0000 ***		300-999人	0.1892	0.0000 ***
年齢の二乗	-0.0007	0.0000 ***		1000-2999人	0.2473	0.0000 ***
勤続年数	0.0142	0.0000 ***		3000人以上	0.2909	0.0000 ***
勤続年数の二乗	0.0000	0.9674		無回答	-0.1016	0.1325
学歴ダミー（ベースは高卒） 中卒	-0.0417	0.3662	業種ダミー（ベースは製造業） 農林漁業など	0.0940	0.3102
専修・各種学校卒	0.0420	0.0497 **		建設業	-0.0180	0.5208
短大・高専卒	0.0433	0.1055		電気・ガス・水道・熱供給業	0.0087	0.8550
4年制大卒	0.1494	0.0000 ***		情報通信業	0.0817	0.0009 ***
大学院卒	0.2018	0.0000 ***		運輸業・小売業	-0.0057	0.8714
無回答	0.0295	0.5849		卸・小売業	-0.0236	0.3677
職種ダミー（ベースは総務・人事・経理等） 一般事務・受付・秘書	-0.1088	0.0002 ***		金融・保険業	0.0989	0.0044 ***
営業・販売	-0.0314	0.2906		不動産・物品賃貸業	0.0408	0.5773
接客サービス	-0.0868	0.0156 **		学術研究、専門・技術サービス業	0.0114	0.7113
事務系専門職	0.0587	0.3528		宿泊業、飲食サービス業	-0.0835	0.0543 *
技術系専門職	0.0073	0.8078		生活関連サービス業、娯楽業	-0.0915	0.2656
医療・教育関係専門職	0.1100	0.0044 ***		教育・学術支援業	0.0361	0.4293
現場管理・監督	0.0437	0.2429		医療・福祉	-0.0112	0.7471
製造・建設作業	-0.0923	0.0040 ***		複合サービス業	-0.0479	0.5189
輸送・運転	-0.0694	0.1084		サービス業（上記以外）	-0.0158	0.6067
警備・清掃	-0.2108	0.0013 ***		公務	0.1044	0.0434 **
その他	-0.0917	0.0232 **		その他	0.0187	0.6643
無回答	-0.1991	0.0728 *		無回答	-0.2223	0.2719
定数項	4.4950	0.0000 ***				

注1：標準誤差は、不均一分散頑健標準誤差のタイプ：HC1を用いた。
注2：サンプル数はN＝3039。
注3：＊は10％、＊＊は5％、＊＊＊は1％水準で有意を示す。
出所：JILPT報告No.128の個票による分析。筆者作成。

ない。仮に年間所定内労働時間を1,900時間（≒ 8 時間×240日），年収350万円とすると，時給は1,842円，その25％増しは2,303円となる。つまり，年間 3 時間分程度にすぎない。残業の年収への効果は残業手当以外にはほとんどないといってよいだろう[31]。

6-3　残業時間の人事考課・昇進への効果

多くの企業調査は人事部の回答であり，職場上司の回答ではないが，幸いなことにJILPT報告No.128は職場上司に直接尋ねている。「残業時間が最も長い部下」の人事評価である。部下の出世志向と人事評価のクロス表が図表3-22である。まず，出世志向についてみると，強くない人のほうが多い。出世志向の強い部下は 3 割に過ぎず，強くない部下が 7 割を占める。つぎに，人事評価についてみると，高いのが52.3％，高くないのが39％，無回答8.6％となっている。人事評価は高い人のほうが若干多いがその差はそれほど大きくない。長時間残業していても人事評価が高くない人は少なくない。もちろん，この調査は「最も残業時間が長い部下」について尋ねているのであり，「そこそこ残業をしている部下」でないことに注意は必要だが，残業すれば評価が高くなるとはいえないことは確かであろう。なお，出世志向と人事評価には弱い相関がある。両者の相関係数は0.28712149である。

図表 3-22　部下の出世志向と人事評価

出世志向が強い	人事評価が高い						N
	高い	やや高い	あまり高くない	高くない	無回答	計	
強い	28.2％	42.7％	21.4％	7.8％	0.0％	4.1％	103
やや強い	12.7％	59.9％	24.6％	2.7％	0.1％	26.8％	668
あまり強くない	10.1％	46.3％	39.0％	27.2％	0.0％	51.5％	1285
強くない	5.7％	5.7％	27.7％	39.5％	27.2％	17.7％	441
無回答	0.0％	0.4％	0.0％	0.4％	99.2％		236
計	9.8％	42.5％	31.5％	7.5％	8.6％	100.0％	2733

出所：JILPT報告No.128の個票より筆者作成。

7　労働時間の長さに影響する要因

　前節まで，主として残業に焦点を絞って検討してきたが，最後に実労働時間について検討することにしよう。小倉（2013, 278頁注9）に従って月間労働時間を算出し，図表3-16a, 3-16bと同じ説明変数を用いた結果が図表3-23a, 3-23bである。被説明変数は，月間労働時間の自然対数である。

　残業時間と同じ傾向もあるが，異なる点もある。まず勤務時間制度でみると，「裁量労働制・みなし労働時間制」と「時間管理なし」が一般社員のみでも全サンプルでも有意に労働時間を長くしている。出退勤管理はほとんど影響がないが，わずかに全サンプルで「タイムレコーダー」がやや長い。職種ではどちらのサンプルとも「人事・総務・経理等」が短く，「営業・販売」「接客サービス」「現場監督・管理」「警備・清掃」が長い。業種では「運輸・郵便」「卸売・小売業」「宿泊，飲食サービス」「生活関連サービス，娯楽業」「教育，学習支援」「医療，福祉」も長い。ただ，「建設」と「電気・ガス・水道」では一般社員と全サンプルで異なった傾向を示しているが，その理由はわからない。

　企業規模別にみると3,000人以上で有意に少なくなっている。大企業では所定内労働時間が短かったり，休日が多かったりすることの結果であろう。女性の労働時間が短いのは主として残業が少ないからであろう。年齢や勤続年数はほとんど有意ではない。全サンプルで二乗の項でのみマイナスで有意となっている。学歴も有意なものはほとんどない。労働組合は一般社員では有意ではないが，全サンプルでは5％水準で有意に労働時間を短くしている。役職者は有意に労働時間が長くなっている。とくに課長代理クラスの係数が大きい。管理職クラスに昇進するとより長時間働くということであり，とくに課長代理・課長クラスは最も長い。この理由は，中堅として責任が重くなり仕事量が増えるということであろう。共稼ぎ正社員モデルを考える場合，管理職クラスの問題が1つのポイントとなる。これについては第5章で詳しく扱う。

第3章 労働時間管理

図表3-23a 月間労働時間に影響を与える諸要因（一般社員のみ）

		係数	p値	
定数項		5.2284	0.0000	***
勤務時間制度〈ベースは通常の勤務時間〉	フレックスタイム制	-0.0094	0.4384	
	変形労働時間制	0.0254	0.3292	
	交替制	0.0142	0.2532	
	裁量労働制・みなし労働時間	0.0968	0.0000	***
	時間管理なし	0.1424	0.0035	***
	無回答	-0.0007	0.9920	
出退勤管理	IDカード	0.0011	0.9241	
	パソコン入力	-0.0026	0.8282	
	タイムレコーダー	-0.0082	0.5084	
	出勤簿	0.0021	0.8645	
	名札やホワイトボード	0.0034	0.8575	
	職場管理者による点検	-0.0233	0.2035	
	その他	-0.0025	0.9319	
	特にない	0.0175	0.3346	
職種〈ベースは一般事務・受付・秘書〉	総務・人事・経理等	-0.0317	0.0189	**
	営業・販売	0.0428	0.0033	***
	接客サービス	0.0618	0.0030	***
	事務系専門職	-0.0018	0.9387	
	技術系専門職	0.0123	0.4288	
	医療・教育系専門職	-0.0160	0.4245	
	現場管理・監督	0.0635	0.0078	***
	製造・建設作業	-0.0002	0.9908	
	輸送・運転	0.1048	0.0002	***
	警備・清掃	0.0771	0.0614	*
	その他	-0.0007	0.9704	
	無回答	0.0503	0.7218	
業種〈ベースは製造業〉	農林など	-0.0062	0.9078	
	建設	0.0104	0.5661	
	電気・ガスなど	0.0531	0.0313	**
	情報通信	-0.0074	0.6009	
	運輸・郵便	0.0396	0.0918	*
	卸売・小売	0.0258	0.0856	*
	金融・保険	-0.0090	0.5480	
	不動産・物品賃貸	0.0367	0.2329	
	学術研究、専門・技術サービス	0.0169	0.3551	
	宿泊、飲食サービス	0.1698	0.0000	***
	生活関連サービス、娯楽業	0.0437	0.2522	
	教育、学習支援	0.0040	0.0053	***
	医療、福祉	0.0733	0.0001	***
	複合サービス（郵便局、協同組合）	-0.0229	0.4982	
	その他サービス業	0.0260	0.1106	
	公務	0.0112	0.7915	
	その他	0.0210	0.3599	
	無回答	-0.1090	0.0316	**
従業員規模〈ベースは30～99人〉	29人以下	-0.0185	0.1570	
	100-299人	-0.0218	0.1049	
	300-999人	-0.0044	0.7537	
	1000-2999人	-0.0042	0.7873	
	3000人以上	-0.0304	0.0406	**
	無回答	0.1146	0.3571	
	女性ダミー	-0.0843	0.0000	***
	年齢	-0.0001	0.9856	
	年齢の二乗	0.0000	0.5165	
	勤続年数	0.0007	0.6600	
	勤続年数の二乗	-0.0001	0.1107	
学歴〈ベースは高卒〉	中卒	0.0077	0.7634	
	専各・各種学校卒	0.0043	0.7301	
	短大・高専卒	-0.0189	0.1619	
	4年制大卒	-0.0073	0.4616	
	大学院卒以上	-0.0052	0.7805	
	学歴無回答	-0.0261	0.6268	
	労働組合ダミー	-0.0119	0.1957	

注1：月間労働時間80時間未満は除く。
注2：標準誤差は、不均一分散頑健標準誤差のタイプ：HC1を用いた。
注3：サンプル数はN＝2918。
注4：＊は10％、＊＊は5％、＊＊＊は1％水準で有意であることを示す。

図表3-23b 月間労働時間に影響を与える諸要因（一般社員と管理職）

		係数	p値	
定数項		5.1656	0.0000	***
勤務時間制度〈ベースは通常の勤務時間〉	フレックスタイム制	-0.0009	0.8918	
	変形労働時間制	0.0300	0.0768	*
	交替制	0.0071	0.4549	
	裁量労働制・みなし労働時間	0.0532	0.0000	***
	時間管理なし	0.0956	0.0000	***
	無回答	0.0947	0.0080	***
出退勤管理	IDカード	0.0005	0.9517	
	パソコン入力	-0.0060	0.4325	
	タイムレコーダー	0.0155	0.0621	*
	出勤簿	0.0032	0.6905	
	名札やホワイトボード	-0.0156	0.1332	
	職場管理者による点検	-0.0099	0.3330	
	その他	0.0165	0.4169	
	特にない	0.0024	0.8208	
職種〈ベースは一般事務・受付・秘書〉	総務・人事・経理等	-0.0172	0.0680	*
	営業・販売	0.0324	0.0004	***
	接客サービス	0.0700	0.0000	***
	事務系専門職	-0.0066	0.6100	
	技術系専門職	0.0150	0.1185	
	医療・教育系専門職	0.0152	0.2963	
	現場管理・監督	0.0496	0.0000	***
	製造・建設作業	0.0055	0.6522	
	輸送・運転	0.0996	0.0000	***
	警備・清掃	0.1041	0.0005	***
	その他	0.0187	0.1110	
	無回答	0.0617	0.3415	
業種〈ベースは製造業〉	農林など	-0.0361	0.4028	
	建設	0.0518	0.0000	***
	電気・ガスなど	0.0127	0.4532	
	情報通信	-0.0096	0.2771	
	運輸・郵便	0.0437	0.0011	***
	卸売・小売	0.0235	0.0062	***
	金融・保険	0.0060	0.4870	
	不動産・物品賃貸	0.0255	0.2394	
	学術研究、専門・技術サービス	0.0075	0.4992	
	宿泊、飲食サービス	0.1715	0.0000	***
	生活関連サービス、娯楽業	0.0628	0.0106	**
	教育、学習支援	0.0400	0.0255	**
	医療、福祉	0.0437	0.0007	***
	複合サービス（郵便局、協同組合）	0.0060	0.7431	
	その他サービス業	0.0191	0.0427	**
	公務	0.0121	0.6124	
	その他	0.0096	0.4976	
	無回答	-0.1751	0.0022	***
従業員規模〈ベースは30～99人〉	29人以下	-0.0221	0.0174	**
	100-299人	-0.0102	0.2372	
	300-999人	-0.0097	0.2704	
	1000-2999人	-0.0047	0.6277	
	3000人以上	-0.0235	0.0113	**
	無回答	0.0619	0.3190	
	女性ダミー	-0.0785	0.0000	***
	年齢	0.0035	0.1387	
	年齢の二乗	-0.0001	0.0046	***
	勤続年数	0.0011	0.2386	
	勤続年数の二乗	-0.0001	0.0407	**
学歴〈ベースは高卒〉	中卒	0.0039	0.8514	
	専各・各種学校卒	0.0014	0.8730	
	短大・高専卒	-0.0199	0.0339	**
	4年制大卒	-0.0087	0.1549	
	大学院卒以上	-0.0074	0.4735	
	学歴無回答	-0.0420	0.3572	
	労働組合ダミー	-0.0112	0.0479	**
役職〈ベースは一般社員〉	係長・主任クラス	0.0235	0.0006	***
	課長代理クラス	0.0472	0.0000	***
	課長クラス	0.0319	0.0000	***
	部長クラス	0.0399	0.0000	***

注1：月間労働時間80時間未満は除く。
注2：標準誤差は、不均一分散頑健標準誤差のタイプ：HC1を用いた。
注3：サンプル数はN＝7326。
注4：＊は10％、＊＊は5％、＊＊＊は1％水準で有意であることを示す。

小　括

　いかにすれば，共稼ぎ正社員モデルのネックとなっている残業問題を解決できるのか。その前提として，正社員の労働時間の現状について明らかにすることが，本章の課題であった。共稼ぎ正社員モデルの主流化を考える場合，労働時間，とくに残業時間について検討することが非常に重要だからである。

　まず最初に，基本認識として重要なのは，正社員みんなが残業をしているわけではないということであり，残業時間も短い人が多いということである。つぎに，しかし長時間残業する正社員が国際的にみても多いことは事実なので，これを改善することが必要である。そのために，固定残業制という独特な労働時間制度やその他の労働時間制度の違いによって労働時間がどのように異なるかをデータに基づいて検討し，日本の残業促進法制の問題点と残業の年収や人事評価への効果についても調べた。

　残業促進法制を改めようという議論は残念ながら全く盛り上がっていない。マスコミを含めて，建前だけで，本気で残業問題を考えている人は実は少ないのではないかという疑念さえ浮かぶ。日本社会は本気で残業を減らそうという気がないのではないか。

　労働時間の規制緩和は，本人の裁量性・自由度が増し効率的となり労働時間も短くなるのであれば望ましいことであるが，実際には，仕事量を増やし残業も増やす効果のほうが大きい。業務量規制が困難である以上，企業には残業を減らすインセンティブよりも残業を増やすインセンティブのほうが優勢のようである。とすれば，共稼ぎ正社員モデルの主流化という観点からすると，労働時間規制の緩和はむしろ逆方向に進む危険性が高いといわざるをえない。なお，そのなかで，フレックスタイム制の導入は長時間労働の可能性は低く，本人希望であることから，これを普及・一般化することは大切であろう。こうした問題への具体的な対応策については第6章で扱う。

第3章　労働時間管理

■注
1　この節は，久本（2013a）の一部を手直ししたものである．
2　正式には，厚生労働省「「多様な形態による正社員」に関する研究会」（主査：佐藤博樹）．報告書は厚生労働省のホームページからダウンロードできる．
3　実労働時間の調査は非常に多いが，残業と実労働時間を明確に区別した調査はあまりない．
4　日本労働政策研究・研修機構（JILPT）の「労働政策研究報告書」「調査シリーズ」「資料シリーズ」について，煩雑さを避けるため，それぞれつぎのように略記する．JILPT 報告 No. ○○，JILPT 調査 No. ○○，JILPT 資料 No. ○○．
5　もちろん，厚生労働省「就労条件総合調査」にあるように週40時間を超えている企業がないわけではないが，ごく少数である．
6　もっとも，男性のほうが女性よりも差が大きいこと，男女とも週5時間を超えている点は，「拘束時間」だけでは説明できない．一部の，事業場外みなし労働時間制度下にある営業職や「管理監督者」として管理職クラスが，一般の所定労働時間を超える時間を「残業」と認識していない可能性が高い．それに対して，女性では管理監督者などの比率が小さいためにその影響があまり出ていないものと思われる．そうした人々を考慮すれば，実際の男性の週残業時間はここでの数字よりも平均週3時間程度長いとみるのが妥当かもしれない．また，自宅での持ち帰り仕事分を残業時間に入れていない可能性も十分ある．JILPT 調査 No.14『日本人の働き方総合調査結果―多様な働き方に関するデータ―』によれば，自宅で持ち帰り仕事をする正社員は33.4％．内訳は「頻繁にある」5.3％，「ときどきある」10.8％，「たまにある程度」17％であり，JILPT 報告書 No.22では，「よくある」7.0％，「ときどきある」21.8％，「ほとんどない」32.7％，「まったくない」38.2％となっている．特徴としては「専門職」「公務」が目立って多い以外は特段の違いはない．これは教師が多いためではないかと推測される．

なお，公表されている区分がやや荒いのでここでは使用しなかったが，より新しい調査である JILPT 調査 No.89-2『平成21年度　日本人の就業実態に関する総合調査第2分冊　就業者データ編』でもほぼ同様の結果が出ている．

7　残業時間が長いことと，実労働時間が長いことは同じではない．総じていえば大企業では所定労働時間が短く，小企業では長いという傾向がある．そのため，週実労働時間の平均では大きな差はないように思える．また休日などを勘案すれば，平均年間総労働時間については，大企業の方が依然として短い可能性が高いが，ここではこの点には踏み込まない．
8　長時間労働する人々の比率が大陸ヨーロッパ諸国に比べて高いのは間違いないだろう．職務範囲の広さに原因の一部があることは間違いないが，最大の理由は「割引残業法制」にあるように思われる．この点については後述する．
9　〔二次分析〕に当たり，労働政策研究・研修機構（JILPT データ・アーカイブ）から「労働時間に関する調査（本人調査）（夫調査）」（労働政策研究報告書 No.128）個票データの提供を受けた．もちろん，データ分析にあたっての責任は全面的に筆者に帰する．
10　ここでは厚労省抽出分の図表を示したが，事業所データベース抽出分でも大差はない．
11　正確にいえば，「労働時間，休憩，および休日に関する規定」の適用が除外されるだけであり，深夜業の規制や年次有給休暇の規定は除外されていない．
12　〔二次分析〕に当たり，東京大学社会科学研究所附属社会調査・データアーカイブ研究センター SSJ データアーカイブから〔「勤労者の仕事と暮らしについてのアンケート，2013.10」（連合総合生活開発研究所）〕の個票データの提供を受けた．
13　質問票の設計では，固定残業制でない「事業場外みなし労働」や裁量労働者は「残業手当を支給される立場」の労働者とされている．本人の認識によるが，固定残業制の正社員でも「残業手当が支給される立場である」と回答している可能性がある．
14　調査回答者は首都圏と関西のみであり，4年制大卒・大学院卒の比率が51.4％と高い．

15 「定額残業制」あるいは「みなし残業制」ともいう。
16 サンプルを不払い残業した人（1月に実際に残業し，その時間よりも支給された残業手当が低かった人）に限定した場合，一般社員では，この比率はそれぞれ17.3％，7.1％，2.0％とやや高まる。
17 もちろん設問は「みなし労働か否か」を直接尋ねているわけではないし，企業としては法的には「みなし労働」としているのに，本人が認識していない場合が少なくないことは十分に予想される。裏を返せば，実質的には意味はないが形式だけ整えている中小企業がほとんどなのかもしれない。
18 「変形労働時間」の人を除いても結果はほとんど変わらない。
19 〔二次分析〕に当たり，労働政策研究・研修機構（JILPT データ・アーカイブ）から「労働時間の実態と意識に関するアンケート調査」（労働政策研究報告書 No.22）個票データの提供を受けた。この調査には自己認識で正社員でない者も含まれている可能性があるが，年収分布から見ると「第26回勤労者短観」の正社員とほぼ同じ（驚くほど差がない）だから，圧倒的多数が正社員であるとみなしてよいだろう。
20 固定残業については，『労働法律旬報』No.1824（2014）9月下旬号特集（固定残業代の実態とその問題）に掲載されている諸論文・報告を参照。なお，調査については，ブラック企業対策プロジェクト in 京都（2014），34頁。
21 〔二次分析〕に当たり，労働政策研究・研修機構（JILPT データ・アーカイブ）から「労働時間に関する調査（本人調査）（夫調査）」（労働政策研究報告書 No.128）個票データの提供を受けた。もちろん，データ分析にあたっての責任は全面的に筆者に帰する。
22 図表3-9で「管理職やみなし労働時間だから」も選んだ人を除くと40時間以上残業した「係長・主任クラス」は36％と若干低下する。調査対象時点が2010年1月であり，年平均よりも若干残業時間が少ない可能性がある。一般に1月は1年で最も所定外労働時間が短い月である。たとえば，「毎月勤労統計調査」によれば，所定外労働時間指数（2005年平均＝100）では，2010年1月は89.6であり同年で最少である。それに引きかえ，年度替わりと年末は残業が長い傾向がある。ちなみに前月の2009年12月は94.3。
23 固定残業制のわが国での普及について，先行研究をみつけることができなかった。単なる1つの推測にすぎないが，つぎのような普及プロセスが考えられる。そもそも労働時間管理の煩雑性や人件費管理の容易さという観点から，中小企業ではかなり昔から存在していたものと思われる。さらに，法定週労働時間の短縮も固定残業制の広がりに影響を与えたのではないだろうか。1987年の労働基準法改正以来10年足らずのうちに，法定週労働時間が48時間から40時間に大きな混乱もなく短縮された。1987年以降，従来の所定内労働時間との差（かつて週48時間であれば8時間，週44時間であれば4時間であれば分）を一部の中小企業が固定残業分に組み替えた可能性がある。もし週8時間であれば，月30時間程度に，週4時間であれば15〜20時間程度となる。これを使えば，企業としては従来の人員で人件費の増加もなく，週40時間労働法制に合法的に対応できることになる。かつての基本給を「基本給＋固定残業手当」あるいは「基本給（固定残業代込）」と読み替えるのである。従業員にとっても額面の賃金に変化はない。そして近年では，月給を多く見せる手段として，一部の新興企業がこの固定残業制を活用しはじめたという推論である。なお，1980年代における労働時間の変化については，神林（2010）を参照のこと。
24 JILPT 報告 No.128を主導した小倉一哉による小倉（2013）第6章は正社員の労働時間に関して多様な計量分析をおこなっている。ぜひ参照してほしい。
25 残業時間0時間のサンプルがあるので，対数化のため1（時間）を加えてある。
26 JILPT 報告 No.128は非管理職クラスと管理職クラスに対してそれぞれ5,000人配布しているので，全体のサンプルは管理職クラスの割合が高い。
27 不払い残業については，先にみた固定残業制やみなし労働時間制の問題や，さらには「名ばかり管理職」などの議論が重要である。管理職については第5章で扱う。
28 類似したものとして，厚生労働省の「均衡割増賃金率」の推計がある（厚生労働省「第12回仕事

と生活の調和に関する検討会議」配布資料（平成16年6月16日）http://www.mhlw.go.jp/shingi/2004/06/dl/s0616-3b.pdf）。これによれば，平成2年には69.3%，賞与が大幅に減少した平成14年でも52.2%の割増賃金率が，企業にとって割高にも割安にもならない割増賃金率とされている。

29　NTTデータ株式会社のご厚意により，NTTデータ（2015）「『働き方変革2015』に関するアンケート」の個票を利用させていただいた。謝意を表したい。

30　「実際におこなった残業時間数」では，この値は低くなる。

31　ちなみにコントロール変数の値をみると，年収は，女性が25%低く，年齢は1年あたり6%弱，勤続は1年あたり1.4%，学歴で見ると高卒に比べて4年制大卒は15%，大学院卒は20%高い。規模間格差も明確で29人以下に比べて3,000人以上の大企業では29%高くなっている。業種では「金融・保険業」「情報通信業」が高い。

第4章
転勤と配置転換，そして昇進[1]

　共稼ぎ正社員モデルにとって，日常的な障害が残業であるのに対して，イベントとして重大なのが転勤である[2]。本章では，キャリア展開に必要と信じられている配置転換と転勤について考えてみることにしよう。画一的な正社員モデルでは，企業の業務命令による全国転勤・あるいは全世界転勤が当然のこととされている。全国転勤が日常である裁判官の下す判例が示すように，わが国では正社員を転勤させる権利は企業がもち，家庭の事情での単身赴任などは当然だという「片稼ぎ正社員モデル」が当然のこととされてきた。日本社会は「共稼ぎ正社員モデル」を不当なまでに軽視してきたといってよい。

　夫婦が正社員として働き，子育てをともに担うとすれば，転勤は極めて大きなハードルとなる。夫婦のどちらか一方が転勤すると一緒に暮らすことができなくなってしまう。近年，地域限定正社員が話題となっているが，共稼ぎのためには一方ではなく両方が地域限定正社員でなくてはならない。とすれば，共稼ぎ正社員モデルの主流化を図るためには，大多数の正社員が地域限定正社員で，一部に「片稼ぎ正社員モデル」の人がいるということになる。それは現実的ではないように思われるかもしれない。しかし，現実社会を謙虚に眺めると，事実上の地域限定正社員，転勤しない正社員は少なくない。まず，この点をできるだけデータに基づいて確認することにしよう。

1 転勤しない正社員が多数派

　まず、この当たり前のことを確認しておくことが必要だろう。ワーク・ライフ・バランスを議論するとき、転勤は家庭生活において決定的な事件である。正社員同士で結婚することはできても、一方が転勤するとなれば、当然別居という事態が発生する。別居がいやならば、離婚するか一方が正社員の仕事を辞めるしかない。転勤を前提とする働き方は、片稼ぎ正社員モデルの働き方である。共稼ぎのためには「勤務地限定正社員」という制度が有望となる。しかし、普通の正社員がみんな転勤するわけではない。この事実をまず確認しておきたい。転勤する正社員は正社員のなかでは少数派なのである。

1-1　8割以上の正社員は転勤しない[3]

　転勤者あるいは転勤対象者の数字を正確に把握することは容易ではない。まず、事業所が1つしかないか、近くにしかない企業では転勤は問題外となる。人事異動が日常的な市町村の地方公務員も、基本的には転勤はない。

(1)平成24年就業構造基本調査

　いつ転居したかだけでなく、転居理由を平成24年調査で尋ねている。1年単位で過去にさかのぼることができるが、毎年、あるいは2年ごとに転勤する人もいる。こうした人は過去の転勤歴が上書きされるので、直近1年間の平成23年10月から1年間に転居した者に限定しよう。公表された表からでは、転居者は総数・有業者・無業者の区別しかないので、分子に有業者のうち1年間に転勤を理由として転居した人数をとる。分母をどうするかが問題だか、ここでは「期限の定めのない正規の職員・従業員」と「役員」とする。もちろんそれ以外の有業者のなかにも転勤を理由として転居した人がいるだろうが、その人数は少ないとみて無視する。

　そのようにしてみると、図表4-1のようになる。1年間に転勤を理由として転居した人は全体の1.7%、男性では2.0%、女性0.8%である。1年前、2年前、3年前、4年前、をそれぞれの前年と比較すると、ほぼ25%強ずつ減少し

ている。単純に考えれば，4人に1人が1年後にまた転勤している計算になる。また，5年前に転勤し現在まで転居していない人16.7万人に対して，直近1年間で転勤した人が58.5万人だから，単純計算すると約42万人は再び転勤した計算となり，平均すると2年強で転勤を繰り返していることになる。しかし，これは過大推計だろう。たとえば5年前に転勤したあと会社を変わった人がいるだろうし，その他の理由で転居した人もいるに違いない。こうした人々がどの程度いるか明らかではない。ただ，1年や2年ごとに転勤している人が少なくないということはいえそうである。転勤族と呼ばれる人々が5年に1回転勤を繰り返すと考えると，勤続40年と仮定して，7回くらい転勤することになる。もちろん，本社と支社間を行き来するということで半分は本社勤務とすると，支社3回本社3回，途中で出向などというパターンもあるだろう。また，1年間の男性転勤者が2.0%なので，転勤族が5年に1回転勤とすると仮定すれば，2.0%×5＝10%程度になる。もちろん，長い会社人生で1，2回しか転勤しない人もいるだろうし，もっと頻繁に転勤を繰り返す人もいる。仮に，転勤回数を新入社員の時期を含めて40年間の職業人生で平均3回としても，男性正社

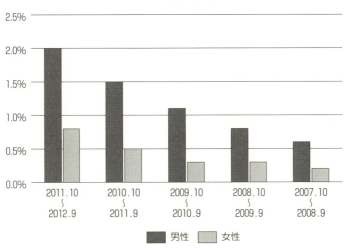

図表4-1　転勤時点別転勤率

注：分母は役員と「期限の定めのない正規の職員・従業員」数，分子は過去5年間に転勤のために転居した有業者数。
出所：総務省「平成24年就業構造基本調査」より筆者作成。

員の3割に満たない（2％×40年÷3＝26.7％）。

(2) 第7回人口移動調査

　25歳から59歳の男性正社員・役員数と，過去5年間に転勤を理由として移動した男性数を調べてみた。図表4-2のようになる。現在，正社員や役員ではなくても転勤を理由として移動した者もいるかもしれないが，少数だと考える。これによれば，過去5年間の転勤率は7.0％となる。これを先にみた「平成24年就業構造基本調査」と比較してみよう。これでは，過去5年間（平成19年10月から平成24年9月）に転勤のために転居した人の割合は，全体で4.9％，男性6.1％，女性2.1％となる（図表は省略）。人口移動調査の値が若干高いが，それほどの差ではない。これは年齢層を限定していることが反映しているかもしれない。

図表4-2　転勤による転居者比率の推計

① 25～59歳男性正社員数	4,029人
② 25～59歳男性役員数	274人
③ 25～59歳過去5年における転勤を理由とする男性転居者数	301人
過去5年転勤率（③／（①＋②））	7.0％

注：③には正社員でも役員でもない者も若干名含まれる可能性があるが，公表データではわからない。
出所：国立社会保障・人口問題研究所（2011年）「第7回人口移動調査」。

(3) JILPT調査 No.106-2

　正社員に直接転勤経験を尋ねているものとして，「男女正社員のキャリアと両立支援に関する調査結果」がある。この調査では100～299人規模企業と300人以上規模企業に分け，かつ従業員について「管理職」と「一般従業員」[4]に分けて聞いた調査である。

　管理職のうち転居を伴う国内転勤の経験があるのは300人以上企業で男性・女性の順に25.9％・12.1％，100～299人企業で16.3％・4.3％にとどまる。最も率が高いのは，300人以上企業50歳代前半男性で29.3％である。つまり，男性の管理職でも転勤経験者は3割（100～299人規模では15.9％）にとどまる[5]。ま

た，一般従業員についてみると，300人以上企業では男性・女性の順に20.6％・6.5％，100～299人規模企業で9.7％・2.8％にとどまる。

これを300人以上企業の男性管理職について，勤続年数別にみたのが，図表4-3である。勤続10年以上の場合，事業所内配置転換経験がある者が多数派である。転居を伴わない事業所間配置転換も勤続20年以上の者は4割以上が経験している。それが転居を伴う国内転勤となると勤続20年以上で3割程度である。なお，図表は省略するが1,000人以上企業の男性管理職でも転居を伴う国内転勤経験者は35.2％にとどまり，女性管理職では17.1％にすぎない。

一般従業員は管理職よりも転勤経験が少ない。図表4-4はそれをみたものである。ここでも300人以上企業の男性に限定している。「片稼ぎ正社員モデル」の実態についてみたいためである。事業所内配置転換は一般従業員でも経験者が勤続10～19年で半数近くに達する。転居を伴わない事業所配置転換も勤続10年以上だと4割近くに達する。国内転勤は，勤続10年以上の場合，経験者は27％程度である。この数字は，100～299人規模企業の勤続10年以上男性では，1割強にとどまる。これらの数字は勤続20年以上でもほとんど変わらない。ま

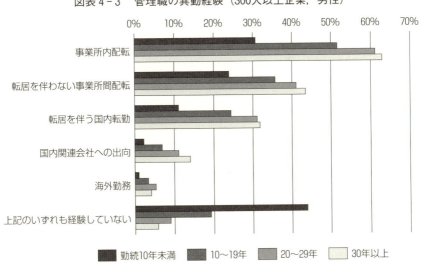

図表4-3　管理職の異動経験（300人以上企業，男性）

出所：JILPT調査No.106-2より筆者作成。

図表4-4　一般従業員の異動経験（300人以上企業，男性）

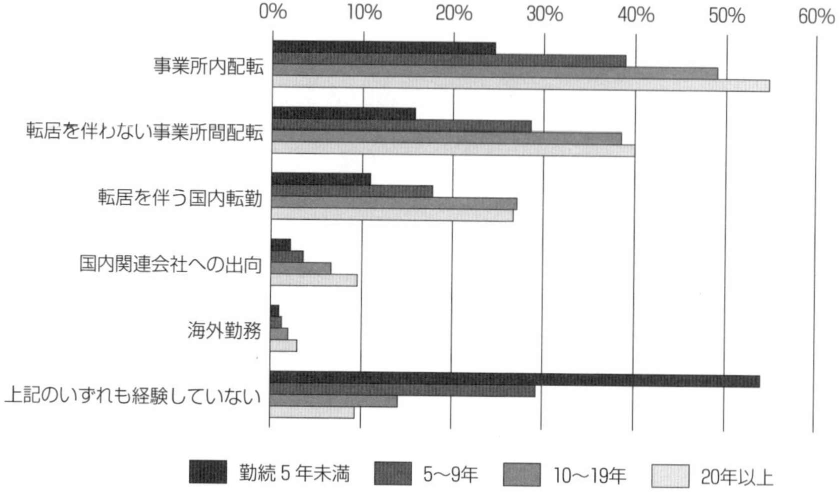

［棒グラフ：事業所内配転、転居を伴わない事業所間配転、転居を伴う国内転勤、国内関連会社への出向、海外勤務、上記のいずれも経験していない。凡例：勤続5年未満、5〜9年、10〜19年、20年以上］

出所：JILPT調査No.106-2より筆者作成。

た，勤続年数の区別はないが1,000人以上の企業では男性が29.2％，女性が11.2％が国内転勤を経験している。

こうしてみると，男性正社員のうちで，転勤するのは，1割からせいぜい2割弱ということになるのではないだろうか。これに女性を含めるとその割合はさらに低下するものとおもわれる。この調査は100人未満企業が対象外となっている。これらのことから総合的に判断すると，転勤する正社員は大企業でもせいぜい3割程度，日本全体でみると1割弱にすぎないとみるのが妥当なように思える。

(4) 平成7年雇用動向調査

転勤者の数はかつてどうだったのだろうか。また，転勤時における単身赴任者はどの程度いるのだろうか。従業員数1,000人以上という限定はあったものの，かつて雇用動向調査は，年齢階級別の転勤者と単身赴任者を調べていた。この調査票は1995年を最後に廃止された。労働移動に占める転勤者の比率が小さかったためであると推測される。この最後の1995年（平成7年雇用動向調

第4章 転勤と配置転換,そして昇進

査)をみることにしよう[6]。

これによれば,転居してきた労働者数は18万8,700人であり,これは企業規模1,000人以上の民営事業所で働く常用労働者の2.3%にあたる。転勤者の年齢階級別人数と転居割合は,以下の図表4-5のようになる。大企業は転勤が多いと考えると全体よりはかなり高く出るであろうということと,逆に正社員より範囲の広い「常用労働者」を分母としており数字が小さく出るであろうことを勘案する必要がある。この調査の良い点は年齢階級別の人数があることであり,転勤が幅広い世代でおこなわれていることである。ただし50歳代以降は少なくなっていることがわかる。なお,この調査は,事業所調査であり,個人調査を裏付けるものとなっている。

また,単身赴任割合についてみると,40歳代で4割を超えるなど,大きな問題であることがわかる。ただ,この場合,どの程度が共稼ぎであるのかわからない。専業主婦と子どもが父親の転勤について行かないといった事情がよくいわれているが,そこまではわからない。

図表4-5 転入者の転居・単身赴任者の状況(企業規模1000人以上の民営事業所)

区分	転入者			有配偶者				
	合計(千人)	転居した者(千人)	転居割合(%)	合計(千人)	転居した者(千人)	うち単身赴任者(千人)	転居割合(%)	単身赴任割合(%)
合計	405.1	188.7	46.6%	267.1	126.2	39.6	47.2%	31.4%
19歳以下	6.6	4.2	63.6%	0	—	—	—	—
20〜29歳	113.8	49.3	43.3%	23.6	9.5	0.6	40.3%	6.3%
30〜39歳	114.5	54.1	47.2%	85.4	40	6.5	46.8%	16.3%
40〜49歳	118.6	57.4	48.4%	108.4	53.7	23.5	49.5%	43.8%
50〜59歳	50.7	23.3	46.0%	48.8	22.6	8.9	46.3%	39.4%
60歳以上	0.9	0.3	33.3%	0.9	0.3	0.1	33.3%	33.3%

出所:厚生労働省「平成7年雇用動向調査」。

(5) JILPT調査シリーズNo.5

　この調査は2004年11～12月にかけて，10人以上の民間企業を対象とした調査である（1万社に配布。2,677社から有効回答）。まず，配置転換の実施状況については，配置転換を行う企業（「定期的に行う」と「定期的ではないが，行う」の合計。以下同じ）が36.2％を占める一方，配置転換がほとんどない企業（「めったに行わない」と「部署や配置というものはない」の合計）が60.1％となっている。規模別にみると，配置転換を行う企業は規模が大きく，なるほどその割合が高くなっている（図表4-6）[7]。

　こうした配置転換を行う企業について，転居を伴う配置転換（「転勤」。以下同じ）がどのくらいあるかを尋ねたところ，「転勤が必要な事業所はない」が41.7％と最も多く，ついで，「転勤がほとんどない」が23.3％だった。「正規従業員のほとんどが転勤の可能性がある」が15.0％，明示的な制度はないが，正規従業員でも転勤をする者の範囲は限られている」が14.4％となっている。これを規模別にみると，「正規従業員のほとんどが転勤の可能性がある」「明示的な制度ではないが，正規従業員でも転勤をする者の範囲は限られている」はおおむね規模が大きくなるほどその割合が高く，「転勤がほとんどない」「転勤が必要な事業所はない」はおおむね規模が小さくなるほど割合が高くなっている（図表4-7）。

　1,000人以上の大企業に限定して「正規従業員のほとんどが転勤の可能性がある」とする企業の年間平均転勤率(A)を推計してみよう。1,000人以上企業年間転勤率は先にみた「雇用動向調査」から2.3％とする。仮に「明示的な制度はないが，正規従業員でも転勤をする者の範囲は限られている」企業の年間平均転勤率を1％，「転勤がほとんどない」企業以下は0％としよう。配置転換を行う企業は97.5％だから，式はつぎのようになる。

$$(0.549 \times A + 0.286 \times 0.01) \times 0.975 = 0.023$$

　これを計算すると，$A \fallingdotseq 0.037759$

　つまり，「ほとんど転勤がある」とする大企業の年間平均転勤率は3.8％強にとどまる。26年間に1回の転勤ということなる。平均すると，「ほとんど転勤がある大企業」でも，転勤は一生のうち1回か2回にとどまる。実際には，何

第4章　転勤と配置転換，そして昇進

図表4-6　配置転換の実施状況（単一回答）

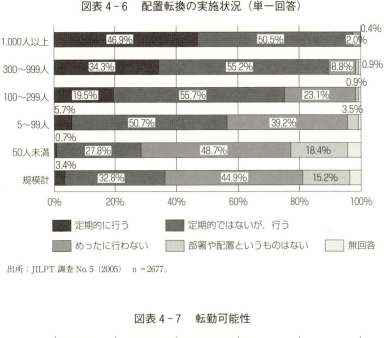

出所：JILPT 調査 No.5（2005）　n = 2677。

図表4-7　転勤可能性

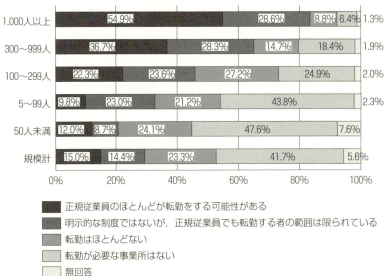

注：配置転換を行う企業（「定期的に行う」「定期的ではないが，行う」）を対象に集計（n = 1911）。
出所：JILPT 調査 No.5。

111

度も転勤する「転勤族」が多く存在するから，実際には全く転勤しない正社員が多いということになる。

なお，このJILPT調査シリーズNo.5の個票を再分析したJILPT報告No.158（2013）「『多様な正社員』の人事管理に関する研究」の推計によれば，10人以上企業における7割強の労働者は，事実上の勤務地限定（＝転勤が想定されていない）社員である。これに9人以下企業で働く労働者を含めれば，約4分の3の労働者には転勤が想定されていないということになる。実際に転勤する人は，企業が転勤を想定している人よりも少ないだろう。転勤が現実的である正社員はやはり2割程度のように思える。

1-2 一方でも転勤すると一緒に住めない

ここで取り上げた調査から読み取れることは，まず7割以上の正社員は転勤を経験しないらしいということである。こうした現実にもかかわらず，大企業，とくに巨大企業の幹部候補生的働き方を，大多数の正社員にとって普通の働き方であると考えるマスコミや研究者の誤解が蔓延しているといってよいだろう[8]。これは男女雇用機会均等法以来，女性の総合職（全国転勤）が増え，彼女たちの夫婦形成の危機が強く認識されてきたことにその原因がある。現実の正社員の働き方は多様であるにもかかわらず，「正社員像」は著しく画一化してしまったのである。これはかつて「終身雇用」（新卒入社して転社せず定年まで働き続ける）という労働者は一部であるにもかかわらず，日本の労働者がみな終身雇用であるかのように囃し立ててきた状況と大差ない。「正社員ならば全員転勤しなければならない」という議論は，一部の人々が対象であるという事実を確認しておいたほうがよい[9]。

では今度は逆に，実態として転勤する正社員が少数派であるのであれば，問題は小さいのではないかという主張が出るかもしれない。「片稼ぎ正社員モデル」では，配偶者は専業主婦が前提であり，子供の受験期から単身赴任となることだけが問題であった。もちろん，これはこれで深刻な問題を引き起こすが，ただそれは少数者の問題と片づけることも可能かもしれない。しかし，「共稼ぎ正社員モデル」を考えると，その厄介さは何倍にも膨らむ。夫婦のどちらか一方に転勤がないとしても，他方が転勤すると途端に夫婦でともに住むことが

不可能となってしまう。もちろん，転勤が一時的で短期間の別居生活であれば耐えられるかもしれないが，それが長期に及ぶと厳しい状況になる。夫婦がともに転勤族の場合はもちろん，一方が1度でも転勤することになると，共稼ぎ正社員で同居することができなくなる。

こう考えると，2人とも転勤がないことが安定的に家庭生活を営むことができる前提条件となる。片稼ぎモデルと共稼ぎモデルの再生産可能性が問われる。転勤がありうる企業，多くは大企業では全員が転勤しなければならないのか。つまり，共稼ぎ正社員モデルは事実上不可能なのかを検証する必要がある。

1-3 転勤の予想

ここでは，転勤・配置転換そのものよりも，その可能性についてみておくことにしよう。現実には転勤しないとはいっても，企業が日常的に転勤可能性について語っており，人々が転勤を覚悟した生活設計をしている可能性があるからである。実際の転勤と転勤可能性の認識は同じではない。可能性があると思いつつも転勤しない人も少なくない。もちろん，まれには逆のパターンもある。つまり転勤がないと思っていたのに，転勤が求められるというケースである。

転勤の可能性が高いのは高学歴者であろう。ここでは，大卒・大学院卒の正社員（期限の定めのない正社員）に限定して，転勤可能性の有無について尋ねた調査（みずほ情報総研調査）[10]がある。図表4-8aがそれである。性別，企業規模別の転勤可能性に対する認識が大きく異なることがわかる。中小企業では転居を伴うような事業所がそもそも存在しない場合が多いから当然であろう。99人未満では男女の違いはほとんどないのに対して，企業規模が大きくなるにつれて差が大きくなる。特に1,000人以上の企業で働いている結婚の多い世代である30歳代大卒・院卒の男性ではなんと7割，女性でも3人に1人が転勤がありうると考えている（図表4-8b）。これは大企業労働者が職場結婚するとすれば，どちらかが（多くの場合，女性が）退職するか，結婚したとしても同居ができないことを意味している。高学歴化が進んでいる現在，こうした認識をもっている人々にとって「共稼ぎ正社員モデル」は「絵に描いた餅」と認識されることであろう。実際に転勤する人々は少数派であるとしても，大企業だけでなく中企業で働く労働者も結婚して同居することが困難となっているので

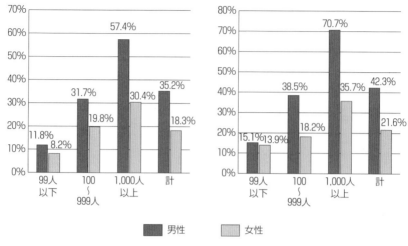

図表4-8a　大卒・大学院卒の転勤可能性認識

図表4-8b　30歳代大卒・大学院卒の転勤可能性認識

出所：みずほ情報総研（2015）の個票を再集計。

ある。

　こうした状態を放置している日本企業の人事管理は大きな問題を抱えているといってよい。問題なのは，「全員総合職」と称して，転勤を企業への忠誠心を試すために多用する企業が少なくないことであろう。男女共同参画社会の実現という建前からすれば，大きな問題をはらんでいるといってよい。有名企業は大学新卒市場でしばしば過大な負担を応募者に求め，それでも多くの応募があるため，それに安住しているということであろう。

　キャリア展開のためには，複数の職場を経験することはしばしば必要であるし，それは悪いことではない。配置転換は日本企業の人事制度に深く組み込まれている。しかし，配置転換と転勤は同じではない。労働者本人だけでなく家族に与えるインパクトは半端ではない。

1-4　転勤に否定的な人が多い

　正社員は転勤（転居を伴う配置転換）しなければならないと考える人が少なくない。しかし，実際にはそうした人々は少数派である。調査対象が「被用

者」となっており「正社員」ではないが，内閣府が1995年におこなった「今後の新しい働き方に関する世論調査」によれば，転勤に対する日本人の考え方はつぎのようになっている[11]。

まず，引っ越しを伴う国内転勤について，「どこへでも行く」者は13.2％にとどまり，「条件によっては行く」42.0％，「転勤は絶対したくない」38.2％，「わからない」6.6％となっており，転勤の気構えがあるのは1割強にとどまる[12]。「条件付き転勤派」のいう条件（複数回答）とは，「収入が増える」62.2％，「気候や風土のよいところ」37.6％，「配偶者の了解」34.7％，「学校などの子どもの教育」34.3％，「現在の住まいから遠くないところ」29.9％「地位が上がる」23.6％となっている。

「絶対拒否派」の理由は，「今住んでいるところを離れたくない」59.2％，「見知らぬところに行くのが不安である」26.7％，「学校など子どもの教育」31.8％，「同居あるいは近隣に住む親の問題」22.6％，「配偶者が就労している」22.0％などとなっている。もちろん，「転勤可能性がない」という選択肢がないので，実際のところはわからないが，条件付派と転勤拒否派が圧倒的多数であるのは確かなようである。なお，国外転勤については，「どこへでも行く」はわずか6.9％に留まり，「条件によっては行く」27.8％，「転勤は絶対したくない」57.9％，「わからない」7.4％となっている。

1-5　単身赴任という名の出稼ぎ労働

単身赴任の父親は，自分の身の回りの家事は自分でするしかない。労働の対価たる賃金の主要部分はベースキャンプである妻と子どものいる世帯に入る。つまり，単身赴任とは現代の「出稼ぎ労働」である。かつての「出稼ぎ労働」との違いは，本業ではない仕事を（農閑期などに一時的に）するのではなく，本業そのものに従事するところにある。

転勤により単身赴任をしている正社員は少なくない。ただ，その人数を正確に把握することは容易ではない。たとえば，毎週1回帰宅する人はどうなのか，月1回ならばどうなのかなど，あいまいな点がないわけではない[13]。

(1) 厚生労働省「平成16年就労条件総合調査」

　単身赴任者数を調べたものとしては、やや古いが、厚生労働省「平成16年就労条件総合調査」がある。残念ながら、近年は調査されていない[14]。30人以上の民営企業に対するものである（図表4-9）。まず、転居を必要とする人事異動がある企業数割合は29.2％であり、「有配偶単身赴任者がいる」企業数割合

図表4-9　有配偶単身赴任者数（30人以上民営企業、平成16年）

企業規模・産業	転居を必要とする人事異動がある(％)	有配偶単身赴任者がいる(％)	うち女性の赴任者がいる(％)	有配偶単身赴任者総数（百人）	うち女性（百人）
計	29.2	19.6	0.6	3,170	9
1,000人以上	89.8	81	7.1	1,863	4
300～999人	79	66.8	1.3	736	2
100～299人	44.6	30.3	1.2	397	3
30～99人	17.9	9.8	0.1	173	1
鉱業	23.1	18.5	―	1	―
建設業	25.5	13.6	0.1	452	0
製造業	31.4	21.6	0.5	1,112	3
電気・ガス・熱供給・水道業	40.9	28.8	2.9	108	0
情報通信業	46	28.2	1.2	127	1
運輸業	15.6	10.5	0.1	165	0
卸売・小売業	38	28.6	1	713	3
金融・保険業	66.4	54	5.9	236	1
不動産業	28.5	14.9	0.2	15	0
飲食店、宿泊業	15.1	10.1	0	24	0
医療、福祉	13	7.5	0.4	4	0
教育、学習支援業	17.9	10.9	0.9	5	0
サービス業（他に分類されないもの）	24.4	14.3	0.5	206	1
平成10年	28.1	19.1	0.4	3,141	9
平成6年	20.2	15.9	0.2	2,540	5
平成2年	20.1	15.7		2,047	

注：調査期日は、平成11年以前は12月末日現在、平成13年から1月1日現在であり、調査年を表している。平成10年までは「賃金労働時間制度等総合調査」。
出所：厚生労働省「平成16年就労条件総合調査」より筆者作成。

は19.6％である。ただ，「女性の有配偶単身赴任者がいる」企業数割合は0.6％と例外的である。平成16年1月1日現在の「有配偶単身赴任者総数」は317,000人となっている。なお，この調査には公務員は含まれていない。

(2) 総務省「全国消費実態調査」

企業ではなく，個人あるいは世帯に尋ねた調査として最も詳しいのは，5年ごとにおこなわれる「全国消費実態調査」である[15]。単身世帯の場合には本人に「単身赴任」かどうか，2人以上世帯では「家計上の主たる収入を得ている人が3か月以上不在な場合」の理由の1つとして「単身赴任」の人がいるかどうか尋ねている。ただ，実数の推計値は公表されておらず，それぞれの世帯類型内の分布（割合）の数値しかない。

単身世帯全体に占める単身赴任者の割合は，3.0％である。「平成22年国勢調査」の単独世帯数は1678.5万世帯であるから，これを単純に掛け合わせると，50万人強となる。単独世帯数は増加傾向にあるので，現在はこれより若干多いかもしれない。

つぎに，単身赴任者について，より詳しくみておくことにしよう。単身勤労者世帯の男性に限定して，年齢階級別に単身赴任者の割合をみたものが，図表4-10である[16]。最も高いのが，50歳代の18.2％，次いで40歳代の10.6％となっている。単身赴任者の年齢別構成という観点からみると，やはり50歳代が全体の4割強（42.4％）を占め，あとは30歳未満と40歳代が約2割，30歳代が約1割となる。30歳未満は，独身者も実家からの「単身赴任」と回答している可能性が高い。これは本来の意味での「単身赴任」とは意味が異なるが，この点は確認できない[17]。先の図表4-5が示すように単身赴任は40歳代と50歳代が中心である。

つぎに，単身赴任者を送り出している世帯（2人以上世帯）から，単身赴任者の状況をみておこう。まず，2人以上世帯に占める割合は，1.2％である。平成22年国勢調査で単独世帯でない世帯は約3,500万世帯ある。その1.2％は約42万人となる。夫婦2人とも単身赴任しているケースは含まれないから，先ほどの50万人強という数字と大きな離齬はない。

世帯主（主として妻）の年齢階級別にみると，最も比率が高く3.4％となる

40歳代後半を中心に40歳代前半から50歳代前半が高くなっている。50歳代後半の比率がかなり下がるのは、夫と年齢差が少しあるためだと考えられる。やはり、子どもが中学生になるあたりから単身赴任が増えるようである。

この世帯（家計を主として支えている単身赴任者を送り出している世帯）の世帯主の就業状況を見たものが、図表4-11である。主として妻が該当する。

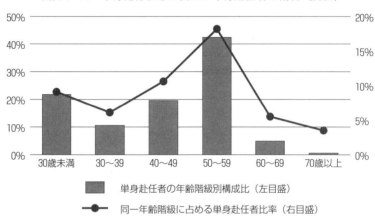

図表4-10　単身勤労世帯に占める単身赴任者の割合（男性）

出所：「平成26年全国消費実態調査」より筆者作成。

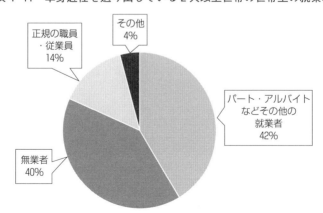

図表4-11　単身赴任を送り出している2人以上世帯の世帯主の就業状況

出所：総務省「平成26年全国消費実態調査」より筆者作成。

第4章 転勤と配置転換,そして昇進

これをみると,パート・アルバイトなどその他の勤労者と無業者(いわゆる専業主婦)がそれぞれ約4割を占めている。他方,正社員は14.2％にとどまっている[18]。男性片稼ぎ正社員モデルの典型といってよいかもしれない。無業者が多いことは,単身赴任が妻の就業のためというよりも子どもの教育のためという要因が大きいからだと思われる。つまり,転勤がある限り単身赴任はなくならないと考えたほうがよい。

(3) 厚生労働省「21世紀出生児縦断調査」

特定のコーホートに限られるが,父親の単身赴任状況について詳細にわかるのは,厚生労働省「21世紀出生児縦断調査」である。平成26年調査では,出生13年後の子どもの状況がわかる。ちょうど中学生にあたる。先の調査からわかるように,子どもが中学生くらいになると父親が単身赴任をしている割合が高い。この調査のよさは,「定期的に帰宅する単身赴任者」と「別居中の単身赴任者」が区分できることである。それをみたのが,図表4-12である。母と同居している子どもの85.4％は父親とも同居しているが,定期的に帰宅する単身赴任の父は4.6％,別居している単身赴任の父は1.7％であり,合計すると6.3％が父親が単身赴任している[19]。とくに,母親が無職(専業主婦)で兄姉のみがいる場合には,父親が単身赴任している割合は実に9.5％に達する。いかに,

図表4-12 母と同居する子どもの父との同居状況(平成13年出生児,平成26年調査)
構成比

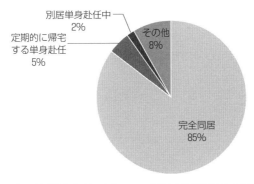

出所:厚生労働省「平成26年第13回 21世紀出生児縦断調査」より筆者作成。

119

単身赴任が一般化しているかがわかる。

さて，転勤とともに人々の関心事となるのが，「昇進」である。転勤は嫌でも，昇進し，給与を増やしたいと思う人は多い。昇進するために本当に転勤や配置転換が必要なのであろうか。つぎにこの点について検討することにしよう。

2　昇進と転勤・配置転換

2-1　転勤は昇進の必要要件ではない

通常，昇進のためには転勤が必要であると考えることが多いが，先にみたJILPT調査シリーズNo.106（2013年，340，341頁）の企業調査によれば，それは誤解であることがわかる。課長相当職昇進にあたって「転勤経験」が考慮されることは中小企業はもちろんのこと1,000人以上の大企業でもほとんどなく，わずか1.9％の企業にすぎない（図表4-13）。ある意味当然に「能力」「業績」が圧倒的に多く，ついで「課長相当職前の職・資格の経験年数」「勤務態度」となっている。もちろん，昇進の直接的な考慮事項ではないとしても，能力を高め，業績を出すには複数の仕事を経験することが必要かもしれないし，そのなかで転勤も必要とされているかもしれない。実際には多くの課長相当職には転勤経験がある可能性は低くない。これについての企業調査結果はつぎのようになっている（図表4-14，同342，343頁）。1,000人以上の大企業では，確かに複数回の転勤経験者が多いが，それでも12.7％と1割強にすぎない。課長クラスでは，複数回の転勤経験者ははるかに少数派であることがわかる。別に転勤しなくても課長相当職になることはごく普通のことである。また，300人以上40歳代前半層男性の管理職と一般社員を比較しても，転勤経験者は28.1％と24.0％と差が小さい。40歳代後半だと，26.3％と24.8％である。つまり，転勤の有無は昇進，少なくとも課長相当職までの昇進にはほとんど関係しないというのが企業の認識である。この数字は，先にみた管理職調査よりも低いようにみえる。1,000人以上企業では，3割程度の管理職が国内転勤を経験しているからである。ここでの違いは企業調査が「複数の転勤」となっているからである可能性がある。多くの管理職は1回しか転勤していないかもしれない。また，

企業調査は全般的な状況を尋ねているのであり，調査によって聞き方が違っている点も考慮すべきであろう。

こうした状況にもかかわらず，正社員は転勤を受け入れることが，管理職にならなくても前提，と一般には理解されている。不思議なことである。もちろん，入社間もない者は能力開発のために転居もやむを得ないかもしれない。しかし，世帯を持つ世代となると，少数のエリート社員を除いて，転勤は不可欠ではないことがわかる。ところが，わが国では，従業員にそうした強迫観念を与える考え方が一般に流布している。これは，キャリア官僚や一部の巨大企業の幹部候補社員やマスコミ関係者，さらには裁判官など，世論をリードする層にそうした人が多いからである。私たちは，こうした人たちの誤解を解かねばならない。

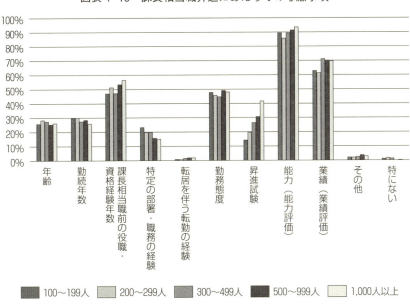

図表4-13　課長相当職昇進にあたっての考慮事項

出所：JILPT 調査 No.106-1 より筆者作成。

図表 4-14 課長相当職の状況

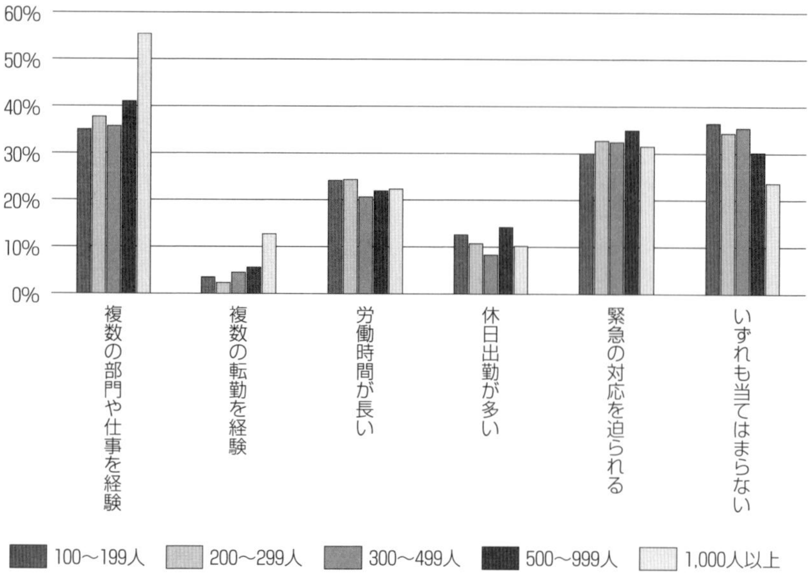

グラフの横軸項目：複数の部門や仕事を経験／複数の転勤を経験／労働時間が長い／休日出勤が多い／緊急の対応を迫られる／いずれも当てはまらない

凡例：100〜199人／200〜299人／300〜499人／500〜999人／1,000人以上

出所：JILPT 調査 No.106-1 より筆者作成。

2-2　配置転換は一般的だが，大企業でも経験のない人は少なくない

　転勤が必ずしも昇進に不可欠な要素とはいえなかった。しかし，配置転換はどうか。先にみたように，配置転換をおこなう企業は多い。配置転換は日本的雇用システムの主要な特徴であるといってもよいほどである。職務給を原則とする場合には配置転換は容易ではない。慣れない職務を担当すると職務給が下がりかねないからである。職能給制度[20]は配置転換を容易にするための仕組みなのである。

　むしろ，複数の職務・職場を経験しなければ昇進しないという仕組みをわが国では作ってきたと信じられている。それはどの程度の人々にあてはまることなのだろうか。

　先の図表 4-4 と図表 4-6 をみてほしい。まず，第 1 に注目すべきことは，300 人以上企業の一般従業員（男性）の 4 割から 5 割は事業所内配転を経験し

ているということである。この点は女性も差がない。つまり，事業所内配転は日本の労働者には一般的であるといってよい。もちろん，逆にいうと半数近くの一般従業員には配転経験がない。つまり，配転経験のない正社員のほうが多数派であるということも覚えておく必要がある。事業所内配転は管理職となると比率が上がる。とはいっても，1,000人以上の男性管理職でも6割弱にすぎない[21]。

「転居を伴わない事業所間の配置転換」についてはどうだろうか。1,000人以上企業の男性だけを取り上げておこう。管理職では44.3％，一般従業員では39.5％が経験している。管理職のほうが若干多い程度である。ほかに，関連会社への出向や海外勤務経験も管理職のほうが多いのは，ある意味当然のことであるが，その率はかなり低い。こうした異動をまったく経験していないのは管理職が11.8％，一般従業員が21.7％となっている。

以上のことから浮かび上がるのは，日本の大企業労働者の多くはなんらかの異動を経験することが少なくないということである。ただし，その多くは，事業所内配転や転居を伴わない事業所間配転である。必ずしも昇進との関係は強くない。

課長相当職になるには複数の部門や仕事を経験することが必要とされる場合が少なくない。その割合は，それぞれ転勤に比べると圧倒的に多い。キャリア形成を考えた場合，ある意味当然である。つぎに，制度としての勤務地限定正社員の現状についてみていくことにしよう。

3　制度としての「勤務地限定正社員」

今までの考察から明らかになったことは，勤務地限定正社員は主として大企業正社員にとっての問題であるということである。いわれてみれば当たり前のことではあるが。事実上の大企業の勤務地限定正社員としているのが，コース別人事管理における「一般職」である。女性比率が圧倒的に高い。

実際に転勤しない正社員は多数派であるが，転勤の可能性は少なくない。こうした企業では，個人の事情に配慮した人事労務管理施策が必要となるだろう。会社が転勤しない権利を認めた正社員を「勤務地限定正社員」と呼ぶことにし

よう。JILPT 報告 No.158（2013）と「多様研」調査を用いる。

(1)JILPT 報告 No.158
　「多様化調査」には「一般職」という範疇はなく，「職種限定」という聞き方をしている。しかし，勤務地限定という観点からすれば，「一般職」は明示的ではないにせよ，基本的には転勤を想定していない場合が多いと考えられる。JILPT 報告 No.158にはその項目があるので，それを用いることにしよう（図表4-15）。第1章がこの点を扱っている。
　ここでは，一般職社員と勤務限定社員がいるかどうかを尋ねた。単独事業所ではない事業所に限定しての問いである。なお，29人以下は企業数が非常に少ないので表記していないが，合計の欄に反映させている。1,000人以上の企業でも転勤を要しない企業は少なくない。その点を考慮しても，全体として約4割の企業には，制度上の勤務地限定の正社員がいることがわかる。「一般職」と区別された形での「勤務地限定」社員は，単に定形的にとどまらない仕事をこなしている可能性が高い。
　制度としての「勤務地限定社員」がいる事業所を100％として（サンプル数187），少なくとも1人がどの職位までいるのかを再集計するとつぎのようになった（図表は省略）。「現場のリーダー」56.1％，「主任・係長」49.2％，「課長クラス」32.1％，「部長クラス」22.5％，「役職者はいない」16.6％。複数回答なので，合計は100％を超えるが，役職者がいるのが普通であり，課長クラスはもちろん部長クラスでも決して珍しくない。制度としての勤務地限定社員もそれなりの昇進をしている。さらに，事業所規模を100人以上に限定するとそれぞれの比率は高くなり，たとえば「課長クラス」35.2％，「部長クラス」25.0％となる。
　この調査では，（勤務地）限定正社員は非正社員から正社員登用という流れと従来からの正社員の分化・あるいは再編成という流れに分けられている[22]。前者の場合には，①パート社員などの登用によるもの，②有期雇用社員の期限の定めのない雇用への転換によるもの，に分かれる。①は女性中心であるのに対して，②は男女にかかわりない。
　後者の流れも，労働力のタイプによって分けることができる。①事務職を中

心としたコース別人事管理およびその変種としての「一般職」「地域総合職」。これについては，女性が多いが，近年では男性も一部いる。②採用区分における「事業所採用」と「本社採用」に基づく，あるいはその変種としての製造業における生産労働者を中心とした「ローカル社員」の創設。これは男性社員が多い。一部営業職なども地域特性の重要性と本人の意向から「ローカル社員」とする場合も少なくない。

このように勤務地限定正社員の中身は実に多様であり，一括して論じることが容易ではない。勤務地限定正社員の多様性といってよい。非正規雇用の問題という観点からは前者の流れが重視されるが，「共稼ぎ正社員モデル」という本章の観点からは後者が重要である。

後者の流れの「勤務地限定正社員」の仕事のやりがいなどについて分析しているのが，この報告書の第2章である。ここでは，事業所調査と従業員調査をマッチングさせ，正社員登用制度のない企業における「勤務地限定正社員」などについて，計量分析により，つぎの結論を得ている。重要なのでそのまま引用しよう。

> 　非正社員から限定正社員への登用が行われていない事業所に限定するならば，職種に限定があることによるメリット，勤務地に限定があることによるメリットが具体的に確認できる。すなわち，職種限定正社員は，自分の希望する仕事を継続でき仕事にやりがいを見出せる，勤務地限定正社員は，転居をともなう転勤がないことにより仕事と生活を両立しやすい，といったメリットを享受できる。これらから，非正社員から限定正社員への登用が行われていない事業所に限定するならば，限定正社員区分は，正社員の働き方の多様化を促進する機能を果たしていると結論づけられる。
> 　……他方，非正社員から限定正社員への登用が行われている事業所においては，職場の繁忙状態という要因が背後にあるがゆえに，限定正社員が個性的な働き方を実現しにくいものと考えられる。すなわち，限定正社員区分が果たす機能は，非正社員からの登用が行われている場合とそうでない場合とで，かなり異なると言える（65頁）。

図表4-15　複数事業所をもつ企業における各種社員区分の存在率（％）

企業規模	一般職社員	勤務地限定社員	少なくともどちら一方	両方あり
1,000人以上	37.0	20.0	44.8	12.2
500〜999人	33.0	13.3	38.6	7.7
300〜499人	36.2	9.1	40.0	5.3
100〜299人	32.5	7.3	35.4	4.4
30〜99人	27.8	12.5	34.7	5.6
合　計	34.0	12.4	39.1	7.3

注：合計には，「29人以下」と無回答を含む。
出所：JILPT報告No.158および筆者の計算。

後者の流れについて言えば，

①「一般職」的働き方については，女性が多いことから，こうした働き方への男性の参入が不可欠となる。現在でも「一般職は女性」という既成概念が根強い。これを打破することが，多様な正社員を実現するために必要な1つの道ということになる。

②については，ある意味，当然の区分であるといってよいだろう。全国展開・あるいは全世界展開する企業にとって，転勤を前提とする正社員が必要不可欠であることはいうまでもない。そこには何の問題もない。しかし，こうした「総合職」は本当はそれほど必要ではない。したがって，まず転勤しない「総合職」が企業内に大量発生することになり，転勤しない「総合職」と「地域総合職」の処遇差・昇進差が職場の公正感をゆがめてしまう企業も少なくない。転勤可能性と現実の転勤が異なることは，先にみたとおりである。

(2)みずほ情報総研『「多様な形態による正社員」推進事業報告書』

　企業調査と従業員調査からわかる主要な点を以下に列挙しよう。

［A］企業調査

　原則として従業員300人以上の企業（回答には現在300人以下の企業も含む）を対象としたこの調査で，「本社から転居を要する事業所」をもつ企業（回答企業全体の58.8％）に限定してみると，勤務地限定社員制度をもつ企業は23.0％ある[23]。勤務地限定社員制度は一定の広がりを持っている。以下では，

制度としての勤務地限定正社員の現状についてみておくことにしよう[24]。
① 勤務地の限定度

　就業規則や労働協約で「まったく勤務地を動かない」39.2％，「転勤を要しない範囲で異動」60.8％であり，一定の地域内で異動を想定している場合のほうが多い。なお，「いわゆる正社員」[25]のうち，実際に転勤（転居をともなう地域への異動）がない企業は3分の1ある。

② 職　種

　最も多いのが「事務職」77.8％である。あとは「管理職」39.4％，「営業・販売職」37.4％，「技術職」36.2％，「専門職」35.0％，「生産技能職」20.6％，「サービス職」15.6％などとなっている。また，男女比でみると，「女性の方が多い」29.9％，「ほとんど女性26.1％」と女性のほうが多いが，他方「ほとんど男性」とする企業も13.5％，「男性の方が多い」21.2％と3分の1を占めており，必ずしも女性ばかりであるとはいえない。なお，男女「ほぼ同数」8.3％である。

　仕事範囲の限定については，「就業規則などで限定している」が44.8％，「実際には限定されている」25.3％，「実際にも限定されていない」29.5％と，実際に仕事範囲が限定されている場合が多数派である。

③ 全正社員に占める割合。少数派の企業が多い

　「10％未満」24.8％，「20％未満」15.4％，「30％未満」15.4％，「40％未満」7.9％，「50％未満」4.6％，「70％未満」7.0％，「90％未満」6.4％，「100％未満」3.6％，「100％」が11.1％，「不明」4.0％となっている。ここで，全員が勤務地限定というのは転勤を要する事業所がないからであろう。この種のサンプルは落とすべきであるが。いずれにしても，基本的には少数派であるが，多数派になっている企業も少なくない。

④ 労働時間

　制度については，「いわゆる正社員」と違いはほとんどなく，時間外労働・休日労働について相当あるとする企業は「いわゆる正社員」では3割強であるのに対して，約2割となっている。勤務地限定正社員は「いわゆる正社員」よりも，残業させる企業はやや少ない。

⑤ 給　与

　いわゆる正社員と比べて，「100％以上」9.6％，「90％～100％未満」22.4％，

「80〜90％未満」29.1％，「70〜80％未満」15.5％，「70％未満」142.6％，「不明」10.8％となっている。1割ないし2割の給与格差を設けている企業が多い。

⑥ 昇　進

上限があるとする企業の割合は，「いわゆる正社員」24.3％に対して，「勤務地限定正社員」は61.0％と差がある。

⑦ 転換制度

他の正社員区分への転換制度である。正社員内に区分がある企業について，いわゆる正社員で「企業の申し出による転換」「本人の希望に基づく転換」を持つ企業はともに35％程度であり，「いずれの制度もない」も3割強ある。勤務地限定正社員に限ると，企業希望4割，本人希望5割強，いずれの制度もない企業が2割強となっている。また，制度のある企業の場合，過去3年間に転換実績がある企業は7割強となっており，実際に転換することが例外ではないことがわかる。転換には上司の推薦が必要とされる場合が多い（約4割）。

［B］従業員調査

調査対象が，企業調査経由とWEB調査を合わせたものであり，サンプルが全国の平均を意味するわけではないが，回収数が約1万人の大規模調査であり，「いわゆる正社員」と「勤務地限定正社員」の違いをある程度客観的に示すものといってよいだろう。もちろん基本的には300人以上の企業で働く人々である。

① 属　性

ⓐ男女比に大差はない。43.2％：56.7％とやや女性が多い程度で，男性も少なくない。「いわゆる正社員」の男女比は7：3程度なので，相対的には女性が多い。ⓑ年齢もいわゆる正社員とあまり変わらない。ⓒ最終学歴は，「高卒」23.4％，「短大・高専卒」20.3％，「大卒」51.4％，「大学院卒」3.1％であり，「いわゆる正社員」よりも若干大卒・大学院卒が少ないが，総じて高学歴である。ⓓ勤続年数は，「いわゆる正社員」より若干短いが，大差ない。性別差を反映しているにすぎないように思える。

② 給　与

年収は「200〜400万円未満」49.6％，「400〜600万円未満」31.2％，「600〜800万円未満」9.6％，「800万円以上」2.4％。「いわゆる正社員」より若干低い。

性別構成を考えると，大差ではない。遠方への転勤がありうる正社員と比べて，「自分の方が低い」22.5％，「同じ」21.7％，「わからない」50.8％，「不明」4.3％となっており，低いと感じる者と同じと感じる者が伯仲(はくちゅう)している。
③昇　進
　昇進・昇格の上限差について，「ない」28.6％，「ある」17.2％，「わからない」51.0％。どちらかというと「ない」とする者が多い。
④異　動
　「転居を伴わない転勤がありうる」54.9％，「転勤はない」44.8％。転居を伴う転勤経験については，「ある」3.6％，「ない」83.1％，「不明」13.3％。(「いわゆる正社員」では，「ある」28.5％，「ない」68.6％，「不明」2.9％)
⑤残業時間は「いわゆる正社員」より若干短いが，大差ない。これも性別差を反映しているように思える。
⑥勤務地限定正社員についての相場観
　ここでは，同じ「多様化調査」から，仮の話としている項目をみておくことにしよう。これは現状とは異なり，制度を導入していない企業やいわゆる正社員にも聞くという，ある種の相場観を尋ねたものである。図表4-16に示すとおり，勤務地限定正社員として働く場合，賃金と昇進昇格格差については半数が容認するが，教育訓練機会と雇用保障については差をつけることは容認しない。逆にいうと，5割強の「いわゆる正社員」はそもそも勤務地限定正社員で働くつもりがないということを示している。今の働き方を選んだ理由をみると，図表4-17のようになる。転勤の有無を除けば，まずは予想どおりの結果である。

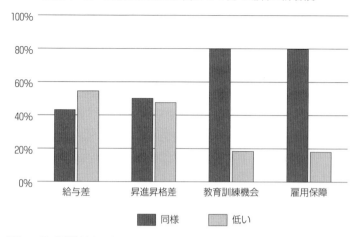

図表4-16　勤務地限定正社員として働く場合の許容度

出所：みずほ情報総研（2012）

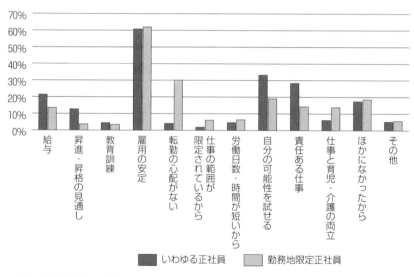

図表4-17　今の働き方を選んだ理由（3つまで）

出所：みずほ情報総研（2012）

小 括

　この章では，共稼ぎ正社員モデルにとって重要な転勤を主たるテーマとした。転勤があると共稼ぎ正社員モデルは安定的には成立しない。確認できる点は，以下のとおりである。

1　転勤する正社員は少数派であり，1～2割に過ぎない。つまり，正社員の基本は転勤しない。したがって，ともに転勤のない正社員として働く共稼ぎ正社員モデルは存立基盤がある。仮に正社員の2割が転勤し8割が転勤しないとしよう。0.8×0.8＝0.64，約3分の2の人々にとっては，共稼ぎ正社員モデルは可能ということになる。

2　しかし，逆にいうと約3分の1の人々にとって，共稼ぎ正社員モデルは「転勤」という観点だけで困難が生じるということを意味する。とくに，大卒・大学院卒の大企業労働者にとって事態は深刻である。彼らにとって転勤は決して例外ではない。むしろ可能性としては日常である。家族形成・維持にとって決定的に重要と思われる30歳代に限定してみると，1,000人以上企業では，男性の約7割が転勤を覚悟しており，女性も3分の1強が覚悟している。もし，こうした人々が職場結婚するとすれば，一方（多くは依然として女性であろう）が退職するか，結婚はしても別居が日常となるわけである。もちろん，職場結婚の場合，企業が従業員夫婦に一定の配慮をすることはあるが，配慮にも限界があり，それが主流となる理由になることはないであろう。ここでは片稼ぎ正社員モデル，あるいは1.2共稼ぎモデル（夫は正社員，妻はパートというタイプの共稼ぎモデル，年収が夫500万円，妻100万円というイメージである）が主流であり続けるであろう。

　従来であれば，片稼ぎ正社員モデルの男性は比較的給与水準が高く雇用も安定していることから配偶者を見つけることが最も容易な人々であったが，今後そうでなくなるかもしれない。彼らは忙しすぎる。また稼得労働思考の強い女性が増えており，男女共同参画社会の実現という観点からそれが望ましいとされている現在，適切な配偶者を見つけることは片稼ぎ正社員モデルの男性であっても容易でなくなりつつある。専業主夫が非常に少ないため，

女性の困難はより大きい。片稼ぎ正社員モデルのなかでも非婚化が進んでいる可能性は低くない[26]。そもそも「片稼ぎ正社員モデル」の収入をえる人々が減少している。

3　勤務地限定正社員には女性だけでなく男性も多い。賃金水準も差は比較的少ない。また，昇進についても，想定されるほど差は大きくない。課長級までならばそうした人々は少なくない。もちろん，大企業の部長や役員にまで出世しようと考える人々にとっては，勤務地限定正社員という働き方は難しいであろうが。

4　制度としての勤務地限定正社員には2つの流れがあり，正社員のなかでの分化という観点からすれば，共稼ぎ正社員モデルの1つのあり方として重要であるということである。ただ，勤務地限定正社員の労働時間の長さは，そうでない正社員と比べて短いということはなく，もう1つのネックである労働時間の問題を解決するには至らないということも明らかになった。

ともあれ，共稼ぎ正社員モデルの主流化にとって，転勤を必要最小限にする取り組みが重要となっている。転勤は継続就業にとって最大の障害であり，家族形成を著しく困難にしているのである。次の章では，わが国のキャリア形成においてとくに重視されてきた「昇進」の結果としての管理職クラスの問題を扱うことにしよう。

■注
1　本章の一部は，久本（2013a）に基づいている。
2　転勤について注目すべき研究として，佐藤／武石（2017）「第Ⅰ部　新しい課題としての転勤問題」参照。
3　調査により定義は完全に同じというわけではないが，本論では，以後「転勤」を，転居を伴う企業内異動と定義する。
4　企業を通じて配布が依頼されており，25～54歳のホワイトカラー職種に限定されている。明示されていないが，事実上正社員限定である。300人以上企業の男性管理職の最終学歴は大卒・大学院卒が63.8％，男性一般従業員が69％と，日本全体の正社員構成からすれば，転勤や異動が多い人々がサンプルになっていることに注意が必要である。
5　JILPT調査No.106-2（2013），71頁。
6　平成24年就業構造基本調査の個票を使えば，個人ベースであるが同様の分析が可能となる。
7　論点がややずれるが，配置転換をしない企業で働く労働者は特定の職務・仕事につくのであって「ジョブ型正社員」ということになる。
8　ふつう転勤は想定していないが，もしもの時のためにその権利は保持したいという企業の願望は

根強い。
9 　工場や支所の閉鎖や大規模縮小など，雇用調整による転勤は別の問題である。人員調整をスムーズにするために転勤が必要となる局面はある。勤務地限定とすると，こうした場合移動が困難となるという意見を聞くことがある。これはいわば非常時であり，そうした場合には，従業員は転勤に応じるか退職するかの選択を迫られることになる。勤務地限定正社員を賃金コスト削減のためだとしか考えず，従業員に対して勤務地での雇用保障の代わりに賃下げを認めた企業もある。こうした場合，実際に職場がなくなる場合，従業員は話が違うと怒るであろう。当然である。企業である以上，雇用調整の可能性はどこにでもある。できない約束をしてはいけない。
10 　みずほ情報総研株式会社のご厚意により，みずほ情報総研（2015）「大卒正社員の就業意識に関する調査」の個票を利用させていただいた。謝意を表したい。
11 　調査対象は全国20歳以上の者で，当該回答は被用者に対するものである。
12 　調査対象の被用者のうち「正社員」の占める割合は73.2%なので，正社員でない者全員が転勤に否定的であると仮定しても，「どこへでも行く」派は18%に留まる。
13 　「全国消費実態調査」では「世帯主」に当てはまらないのは「3か月以上不在の家族」であるので，たとえば，単身赴任でも週に1～2回帰宅する場合にはこの調査では「単身赴任」とはしない（総務省統計局「平成26年全国消費実態調査世帯票の記入のしかた」を参照。http://www.stat.go.jp/data/zensho/2014/pdf/kinyu_setai.pdf）。月に1回帰宅する単身赴任者も「単身赴任」とみなされない可能性が高い。
　なお，インターネット上では，国勢調査の「世帯主が有配偶男の単独世帯数」が時々「単身赴任者」数とあげられていることがある。ただ，この数字は，単身赴任なのか単に夫婦仲が悪いために別居しているのかを区別することはできない。さらに，総務省「就業構造基本調査」の「単身者で配偶者あり，有業者のうち仕事が主な者」の数を上げるものもあるが，これも国勢調査と同様に問題がある。ただ，中長期的な傾向を知る上では，参考になる。
14 　ほかに，労務行政研究所（2005）「国内転勤をめぐる最新実態」も参考になる。
15 　厚生労働省「国民生活基礎調査」にも単身赴任についての設問があるが，残念ながら公表されていない。
16 　女性の単身赴任者が，女性の単身勤労世帯に占める割合は，わずか0.7%にすぎず非常に少ない。なお，「平成26年全国消費実態調査」では，企業等の命令による「単身赴任」と単なる就労のための自発的な「出稼ぎ」は区別されている。
17 　調査票には「配偶者の有無」という設問があるので，再集計できればこの点は明らかになる。
18 　なお，妻の収入が夫と同等あるいはそれ以上の場合には調査設計上「家計を主に支える人」にならず，「その他の人」となるが，その場合，理由も「その他」とならざるをえないがその数は多くない。
19 　先ほどの単身赴任者数は「3か月以上別居する単身赴任者」であったから，「定期的に帰宅する単身赴任者」を加えると人数は約3.7倍（=6.3%÷1.7%）として，200万人弱となる。
20 　純粋に職務遂行能力による賃金であれば同じく問題となるが，属人的な賃金であれば，配置転換で賃金を下げなくて済む。
21 　「ジョブ型正社員」あるいは「完全職務給」社員は，配置転換を困難にし，能力開発上の問題を孕むだけに，慎重に考える必要がある。ただ，配置転換しない正社員は少なくない。賃金としては習熟昇給と1年限りの査定による手当を除けば，同一職務の仕事をする限りは（ベースアップを除けば）賃金は上がらない正社員ということになる。
22 　正社員への登用については補論1を参照。
23 　みずほ情報総研株式会社（2012）『「多様な形態による正社員」推進事業報告書』の集計表から筆者算出。以下の記述は本報告書に拠る。
24 　細かい定義については，厚生労働省（2012）を参照されたい。

25 本報告書で,各種の限定がまったくついていない正社員を指す。
26 たしかに「片稼ぎ正社員モデル」の働き方に嫌気がさして,専業主婦を夢見る(?)女性も少ないため,男性については,高学歴者ほど高収入者が多く結婚しやすいという傾向があるが,女性はそうではない。大卒女性の非婚率は上昇している。こうした女性の増加は,結果として男性の非婚化も一層促進させる。

第 5 章
管理職という存在

　わが国のマスコミがいう画一的な正社員の働き方でイメージされるのは，「管理職クラス」の働き方である。管理職クラスでなくても管理職クラスのように働くことが将来の管理職として，幹部候補生としての当然のあり方であると思われていた節がある。たとえ賃金が高くなくても，昇進しなくても，である。

　多くの正社員は管理職を目指して昇進競争すると考えられており，管理職という言葉もよく使われるが，定義は必ずしも明確ではない。何となく，昇進して残業手当の出なくなった人々という感覚ではないだろうか。本章では，この管理職について検討することしたい。以下では，まず「管理職」の定義について検討する。具体的には職業分類上の区分，企業内職位，「管理監督者」との関係である。ついで，管理職の仕事と処遇についてみる。最後に，共稼ぎ正社員モデルの存立可能性についてみるために，管理職とその家族形成について検討する。

1　管理職の捉え方

1-1　「管理的職業従事者」としての管理職……2010年国勢調査

　多くの用語と同じように，「管理職」の定義は必ずしも1つではない（公務員は除く）。ただ，まさかモノを管理する人を管理職とはいわないだろうから，

ヒトを管理する人が管理職であろう[1]。ここでは，いくつかの観点から管理職という存在を検討しておくことにしよう。国際比較する場合に，わが国の管理職数として提示されるのが，管理的職業従事者としての管理職である。図表5-1にみるように，管理職が非常に多いアメリカなどに比べると，管理職数は韓国と並んで著しく少ない。これは定義の違いによるものであると考えられるが，ここでは諸外国の統計の取り方については踏み込まない[2]。

さて，このように国際比較上数の少ない管理監督者数をより細かくみることにしよう。平成22年の国勢調査抽出詳細集計によれば，就業者5,960万7,700人のうち，「管理的職業従事者」143万9,180人，うち公務員が5万9,010人，法人・団体役員が111万1,600人であり，経営者（雇人のある業主）8万3,760人とされている。公務員や経営者，役員ではない，残りの雇用者である「法人・団体管理的職業従事者」はわずか18万4,120人にすぎない。日本の管理的職業従事者の多くは会社役員，つまり取締役など広義の経営者なのである。会社役員などを除く雇用者のみを「管理職」（公務員を除く）とすると，日本の雇用者（公務員除く）（4,282万4,010人（4,627万9,010人－345万5,000人[3]）人中，0.43％しかいないことになる。「管理的職業従事者」としての「管理職」（経営者や会社役員を除く）は，日本の民間企業の労働者のなかでは，きわめて例外的な存在であるといってよい。

同様の定義にもとづいた調査に「労働力調査」がある。この2014年の詳細集計によれば，つぎのようになる。

> 雇用者5,586万人－うち官公498万人＝5,088万人
> 役員346万人－うち官公0万人＝346万人
> 役員を除く雇用者5,240万人－うち官公498万人＝4,742万人
> 正規の職員・従業員3,278万人－うち官公373万人＝2,905万人
> 管理的職業従事者138万人－うち官公8万人＝130万人
> うち，役員を除く雇用者36万人－うち官公8万人＝28万人
> うち，かつ，正規の職員・従業員33万人－うち官公7万人＝26万人

民間の「管理的職業従事者」は「役員を除く雇用者ベース」で0.6％，正規

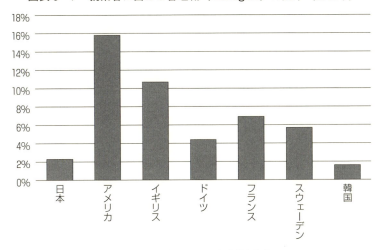

図表5-1　就業者に占める管理職（Managers）の比率（2013年）

出所：JILPT『データブック国際労働比較2015』115頁より筆者作成。

の職員・従業員ベースで0.9％であり，平成22年の国勢調査の抽出集計よりは高くなっているが，それでも30万人はいない。いずれにせよ，国勢調査や労働力調査などが定義する「管理的職業従事者」は私たちがふつう考える管理職とはずいぶん異なったものであることは確かである。また，こうした数字は過去と比較すると，減少傾向にある（大井，2005）。

このようにみると，管理的職業従事者としての管理職は，私たちの日常用語の管理職とは，大きく異なるといってよい。むしろ，つぎにみる「企業内職位」として管理職（あるいは管理職クラス）こそが管理職として理解されていることが多い[4]。

1-2　「企業内職位」としての管理職（部長級や課長級など）

一般に管理職といえば，企業内職位としての「管理職クラス」を指すことが多い。管理職クラスの一部である「課長級」「部長級」の人数がわかるのは，「賃金構造基本統計調査」である[5]。従業員100人以上について役職者の数を調べている。平成26年調査によれば，100人以上の民営企業について，非役職者986万人に対して，役職者は325万人，その内訳は部長級39万人，課長級96万人，

係長級83万人，その他の役職者106万人である。役職者比率は実に24.8％に達する。4人に1人が役職者ということである。そのうち，部長級と課長級だけを「管理職」とすれば，その数は135万人となる。役職者と非役職者の合計を分母とし，部長級と課長級の合計を分子とすると10.3％となる。もちろん，ほかに支店長級や次長級などもいるから，企業内職位でみた場合の管理職が1割以上いるのは確かだといってよいだろう[6]。なお，管理職を単なる職位とすれば，10人以上企業であれば管理職がいても不思議ではない。「労働力調査」の2014年平均によれば，100人以上企業で働く正社員1,601万人に対して，10～99人企業で働く正社員は1,163万人いる。管理職比率が同じとすれば，日本には役職者が約560万人，部長級と課長級が合わせて約233万人いる計算になる[7]。

つぎに，年齢階級別大卒の管理職比率（100人以上企業）をみたのが，図表5-2a，5-2bである[8]。高学歴化にともないそれぞれの学歴で昇進している人の割合は大幅に低下している。1990年には大卒50歳代前半層の3分の1は部長級であったが，2013年には半減している。50歳代後半層でも2割を切っている。今後もこの傾向は続くだろうから，現在の大卒20歳代で部長級になるのは1割くらいにまでなるかもしれない。課長級についても同じことがいえる。1990年は40歳代前半層のやはり3分の1が課長級になっており，遅れて課長になる者もいるから，半数近くは定年までには課長級になっていたように思われる。しかし，2013年時点でみると，課長級のピークは40歳代後半になっており，それも2割近くに低下している。50歳代後半で課長級が増えているのは，定年を課長級で迎える人が増えているだけであり，今後はこの比率も低下するであろう。図表5-2cは両者を合計したものであり，ピークの50歳代前半層の部長＋課長比率は，1990年の52.4％が2013年には36.5％と16ポイント低下している。この傾向が今後も続くのはほぼ確実である。つまり，大卒でも今の20歳代や30歳代の7割くらいは管理職にならない可能性が高い。これは大卒においても，共稼ぎ正社員モデルの主流化が起こりやすい雇用状況と既になっていることを意味する。

第5章 管理職という存在

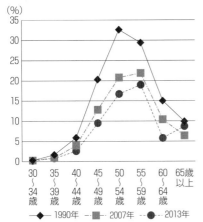

図表5-2a 大卒・大学院卒の部長級比率

図表5-2c 大卒・大学院卒の部長級＋課長級比率

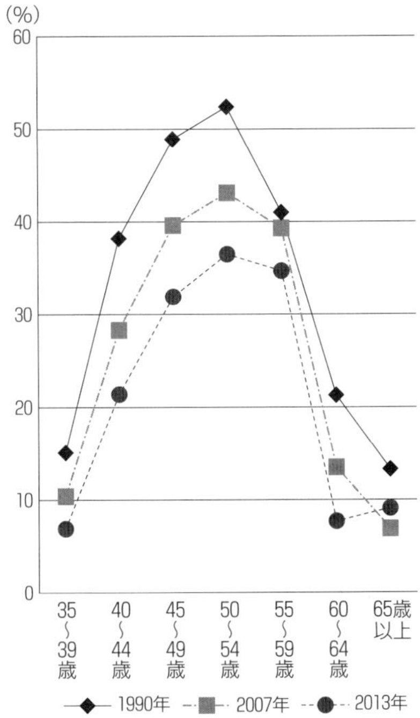

図表5-2b 大卒・大学院卒の課長級比率

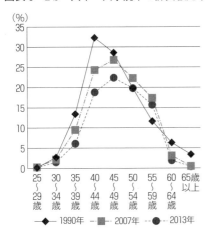

出所：JILPT「ユースフル労働統計」各年版の数値より筆者作成。元資料は「賃金構造基本統計調査」。

1-3 「管理監督者」としての管理職

　管理職になると，よく残業手当が出なくなるといわれることがある。これは，多くの企業では，管理職を労働基準法41条2号前半の「管理監督者」として労働時間規制から外す運用をしているからである。外食産業などにおける「名ばかり管理職」が大きな社会問題とされたことは記憶に新しい。そこで，ここで

139

は管理職の第3の定義としての「管理監督者」について検討することにしたい。それは，先の定義である「企業内職位」としての管理職と実際どのように関係しているのであろうか。

1-3-1　法制度上の「管理監督者」としての管理職クラス……労働法上の解釈

ここでは通達と判例に基づいて整理しよう。まず厚生労働省の見解は以下のとおりである[9]。

---

①「法第41条第2号に定める「監督若しくは管理の地位にある者」とは，一般的には，部長，工場長等労働条件の決定その他労務管理について経営者と一体的な立場にある者の意であり，名称にとらわれず，実態に即して判断すべき。

(1)原　則
　法に規定する労働時間等の労働条件は最低基準を定めたものであり，この規制の枠を超えて労働させる場合には，法所定の割増賃金を支払うべきことは，すべての労働者に共通する基本原則であり，職制上の役付者すべてが管理監督者として例外的取扱いが認められるものではない。

(2)適用除外範囲の限定
　職制上の役付者のうち，労働時間，休憩，休日等に関する規制の枠を超えて活動することが要請されざるを得ない，重要な職務と責任を有し，現実の勤務態様も，労働時間等の規制になじまないような立場にある者に限って管理監督者として法第41条による適用の除外が認められる。したがって，その範囲はその限りに限定しなければならない。

(3)実態に基づく判断
　管理監督者の範囲を決めるに当たっては，（企業内の）資格及び職位の名称にとらわれることなく，職務内容，責任と権限，勤務態様に着目する必要がある。

(4)待遇に対する留意
　管理監督者であるかの判定に当たっては，上記のほか，賃金等の待遇面についても無視し得ない。この場合，定期給与である基本給，役付手当等において，そ

の地位にふさわしい待遇がなされているか否か，ボーナス等の一時金の支給率，その算定基礎賃金等についても役付者以外の一般労働者に比し優遇措置が講じられているか否か等について留意する必要がある。なお，一般労働者に比べ優遇措置が講じられているからといって，実態のない役付者が管理監督者に含まれるものではない。

(5)スタッフ職の取扱い
　いわゆるスタッフ職が，本社の企画，調査等の部門に多く配置されており，これらスタッフの企業内における処遇の程度によっては，管理監督者と同様に取扱い，法の規制外においても，これらの者の地位からして特に労働者の保護に欠けるおそれがないと考えられ，かつ，法が監督者のほかに，管理者も含めていることに着目して，一定の範囲の者については，同法41条第2号外該当者に含めて取り扱うことが妥当である。

　例示としては金融機関の例がある。それによれば，本社の課長や支店の支店長が管理監督者の下限とされる。
　もちろん，これは行政の解釈であり，より具体的には判例によって確定していく。「裁判例では，通常の就業期間に拘束されて出退勤の自由がなく，また，部下の人事や考課に関与せず，銀行の機密事項にも関与せず，経営者と一体となって銀行経営を左右する仕事にたずさわることもない銀行の支店長代理は管理監督者に該当しないとされた。また，時間管理を受けているファミリー・レストランの店長やカラオケ店の店長も，「管理監督者」と解することはできないとされた。さらに，自己を含む料理人の勤務割を決定していたホテルの料理長も，労務管理上の権限が不十分であり出退勤の自由もないとして，「管理監督者」ではないとされた」（菅野，2016，474頁）。
　最近の裁判例では，管理監督者につき，①職務内容が少なくともある部門全体の統括的な立場にあること，②部下に対する労務管理上の決定権限等につき一定の裁量権を有し，人事考課・機密事項に接していること，③管理職手当などで時間外手当が支給されていないことを十分に補っていること，④事故の出退勤を自ら決定する権限があること，という判断基準が提示されている[10]。
　ここで問題となるのは，先に見た(5)「スタッフ職」の扱いであろう。これは

ライン上の管理職と同様の待遇を受ける者である。ただ、本社の企画・調査等の部門で働くスタッフ職については、1998年の労働基準法改正で「企画業務型裁量労働制」が認められることになったから、ここから外れたとみるのが本来は妥当だが、実際にはあいまいなままに「ゆるく」運用されているように思われる。実際、本来管理監督職ではない者を大量に管理監督職として扱っている現行法には問題が多い。周知のように、その対策として高度専門職のホワイトカラー・イグゼンプションの議論が存在している。高賃金を前提とする労働時間規制の適用除外を求める議論である。これは賃金水準が高ければ問題は少ない。他方、後述するように低賃金（スタッフ）管理職に対する労働時間規制についての議論は残念ながらほとんど存在していない。

1-3-2　実態としての管理監督者

(1)「管理監督者に関する実態調査報告書」による推計

　誰が労働基準法上の管理監督者として処遇されているかを直接に調べた調査はほとんどない。「管理職クラス」とくに「課長クラス」以上は残業手当が出ない。つまり「管理監督者」として処遇している企業が多いように思われる。そのなかで、「管理監督者に関する実態調査報告書」がその一端を明らかにしている。これによれば、図表5-3のとおりとなる。部長クラスの8割強、部次長クラスの8割弱、課長クラスの7割強、課長代理の4割強が管理監督者として、事実上のホワイトカラー・イグゼンプトである。係長クラスを管理監督者としている企業も少なくない。一般社員クラスを管理監督者と回答している企業もある。誤記なのか「名ばかり管理職」なのかはよくわからない。実際に、パートやアルバイトを管理するとして、一般社員を「管理監督者」扱いする企業は存在するからである。もちろん、違法である。

図表 5-3　労働者に占める管理監督職の割合

	各職位の人数（人）		労働基準法41条2号の適用対象者の人数（人）		各職位の人数に占める労働基準法41条2号の適用対象者割合（％）	
	ライン職	スタッフ職	ライン職	スタッフ職	ライン職	スタッフ職
支店長等クラス	1.84	1.43	1.60	1.14	89.40%	87.60%
部長クラス	4.81	3.16	4.47	2.93	85.90%	82.70%
部次長クラス	3.43	2.79	2.94	2.34	79.00%	75.60%
課長クラス	10.59	7.47	8.36	6.15	73.70%	74.00%
課長代理クラス	9.19	7.67	3.21	1.97	42.40%	42.80%
係長クラス	17.10	10.20	1.18	1.25	13.60%	21.80%
一般社員クラス	89.91	31.80	7.52	3.45	6.10%	10.40%

出所：「管理監督者に関する実態調査報告」48頁。

(2) JILPT 報告 No.128

　先の調査は企業調査であったが，被用者調査からみたのが，JILPT 報告 No.128である。具体的には，管理職クラス（課長代理クラス以上）の残業支給の有無や支給事由から，管理職クラスのどの程度が企業内で管理監督者として処遇されているかをみる。

　どの程度「管理監督者」として処遇されているかについては，図表 5-4 が参考になる。「管理監督者」扱いである（残業が支払われない理由として，管理職またはみなし労働時間の対象者だから）。部長クラス，課長クラスとも 8 割弱，課長代理でも約 6 割が該当する。他方，「固定残業制」（定額支給）なのは，部長クラス，課長クラス，課長代理とも 3 割弱である[11]。

　つまり，管理職クラスは，主として「管理監督者」として扱われているか，固定残業制のもとに残業が処理されているかどちらかなのである[12]。その点，課長代理クラスは中間的な存在であることがわかる。これら比率は，先にみた「管理監督者に関する実態調査報告」の結果と整合的である。

図表5-4　役職別残業手当等の支払われない理由（2つまで多重回答）

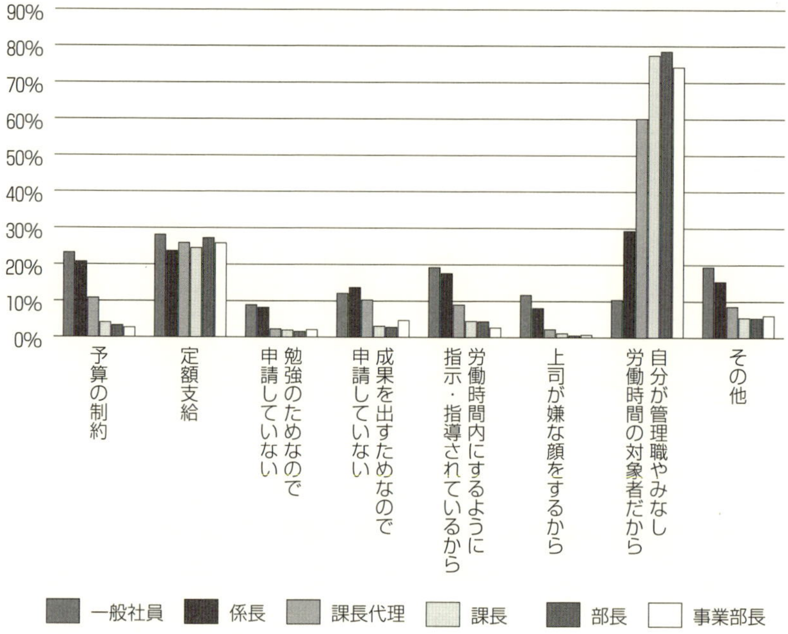

凡例：一般社員　係長　課長代理　課長　部長　事業部長

出所：JILPT報告 No.128, 26頁より筆者作成。

2　管理職の仕事と処遇

　つぎに，管理職（クラス）が実際におこなっている仕事と処遇についてみておくことにしよう。

2-1　管理職の職種

　管理職と通常考えられる「管理的職業」についている管理職は非常に少ないことについては，すでにみたとおりである。では，管理職の多くは，どのような職種についていると自己理解しているのであろうか。ここでも，JILPT報告 No.128からみておくことにしよう[13]。

　多い順にみると，営業・販売職，ついで技術系専門職，総務・人事・経理等，

図表 5-5　職位別にみた仕事・職種

(単位：%)

	総務・人事・経理	一般事務・受付・秘書	営業・販売	接客サービス	事務系専門職	技術系専門職	医療・教育系専門職	現場管理・監督	製造・建設の作業	輸送・運転	警備・清掃	その他	無回答	N
一般社員	8.6	13.1	16.4	6.2	2.0	14.9	8.5	3.6	14.2	5.7	1.3	5.4	0.3	3117
係長	9.3	6.7	21.3	5.0	2.5	19.8	5.6	12.7	7.8	2.7	0.1	6.2	0.4	1382
課長代理	10.9	6.7	30.9	1.9	4.4	20.5	2.3	10.7	4.0	1.2	0.6	5.6	0.2	521
課長	13.5	5.5	30.3	2.6	3.3	21.9	2.1	11.2	3.1	0.7	0.4	5.3	0.2	1642
部長	17.5	2.1	32.6	1.5	4.8	19.1	2.3	11.9	1.7	0.2		6.2	0.2	926
事業部長	18.2	2.4	36.4	1.8	3.0	7.3	1.2	18.8	4.2	0.6		6.1		165

出所：JILPT 報告 No.128個票より筆者作成。

現場管理・監督となる（図表5-5）。調査票が「職場管理・監督」ではなく「現場管理・監督」なので明確にはいい切れないが，管理的職業従事者と意識していない管理職が多いことがわかる。つまり，わが国の管理職は職種ではなく，職位にすぎないといってよいだろう。

2-2　職制としての「管理職」

もちろん，いろいろな職種であるとしても管理職である以上，部下管理が基本である。そこで，管理職はどの程度部下がいるのかを推計してみることにしよう。部下数[14]の平均は，賃金構造基本統計調査から推計した「ユースフル労働統計2014」が使える[15]。これによれば（図表5-6），部長級は大企業では40.0人，中小企業では36.7人，課長級は大企業では14.8人，中小企業では16.3人となっている。しかし，これは全体の平均にすぎない。部長級には1,000人以上の部下を持つ人もいれば，たんにスタッフ管理職として部下のいない人もいる。つまり，分布がわからない。そこで，この点をNo.128を使ってみておくことにしたい。図表5-7がそれである。

まず課長クラスについてみておこう。統括する正社員数について，9,999人としたケースを除くと，平均部下数25.3人，中央値5人，最小値0人，最大値

9,000人である。図表 5 - 7 の区分で一番多いのは，正社員の部下 2 ～ 3 人で，2 割強を占める。正社員の部下が 9 人以上いる「課長クラス」（職場10人以上の職場の長）は 3 割に過ぎない（30.1％，479／1,590）。

部長クラスについてみると，統括する正社員数の平均は39.5人，中央値10人，最小値 0 人，最大値5,000人となっている。一番多いのは，10～19人であるが，

図表 5 - 6　平均部下の数

（単位：人）

	調査産業計	建設業	製造業	情報通信業	運輸業・郵便業	卸売業・小売業	金融業・保険業	不動産業・物品賃貸業	学術研究，専門・技術サービス業	宿泊業，飲食サービス業	生活関連サービス業，娯楽業	教育，学習支援業	医療，福祉	その他サービス業
部長級・大企業	40.0	19.0	35.3	20.0	138.9	38.8	38.8	40.5	24.3	87.7	43.0	68.2	55.0	76.8
部長級・中小企業	36.7	17.2	38.0	23.7	69.5	31.7	18.9	24.8	20.9	47.4	50.8	41.0	50.7	50.0
課長級・大企業	14.8	7.7	12.2	12.8	38.2	12.4	14.1	16.5	8.2	29.9	11.1	30.4	34.0	28.2
課長級・中小企業	16.3	6.5	15.6	12.9	32.1	11.3	9.7	10.4	10.5	19.0	24.1	22.6	28.8	24.3

出所：「ユースフル労働統計2014」より筆者作成。原資料は「平成25年賃金構造基本統計調査」。

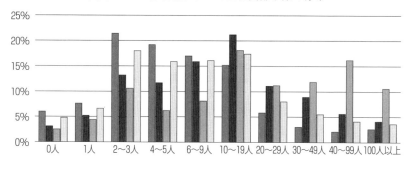

図表 5 - 7　管理職クラスの正社員部下数の分布

出所：JILPT 報告 No.128個票より筆者作成。

部下3人以下の部長も2割以上いる。正社員の部下が19人以上いるのもやはり約3割（29.9％）にとどまる。

つぎに非正規社員も含めた部下数をみることにしよう（図表5-8）。課長クラスについてみると，平均50.9人，中央値7人，最小値0人，最大値13,000人となる。非正規を含めて部下が9人以上いるのは，45.4％とある程度割合は高くなるが半数に満たない。ちなみに，図表5-7と比べて0人の割合が高くなっているのは，正社員の部下の人数しか回答していない人が少なくないからである。部長クラスについてみると，平均120.7人，中央値15人，最小値0人，最大値12,999人となっている。非正規を含めて部下が19人以上いるのは44.1％である。

課長クラスと部長クラスの平均像は，中央値でみるべきであろうから，課長クラスは正社員では5人，非正規を入れると7人の部下を持ち，部長クラスは正社員で10人，非正社員も含むと15人の部下がいるといえる。これは，「賃金構造基本統計調査」が想定する課長級や部長級の定義，部下数についていえば課長級は9人以上（本人を除くため），部長級は19人以上ということであるが，非正規社員を含めても中央値にははるかに及ばない。現実の課長クラスや部長クラスははるかに少ない部下しかいないのである。仮に，部下数でこれを満たしているのは，先にみたように，正社員の部下については，課長クラスも部長クラスも約3割，非正社員の部下を入れたとしてもほぼ45％となるに過ぎない。

図表5-8　管理職クラスの部下数の分布（非正社員を含む）

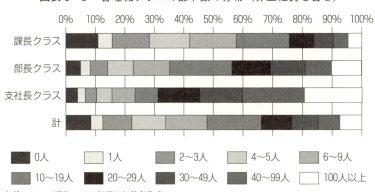

出所：JILPT報告No.128個票より筆者作成。

さて、先の「ユースフル労働統計2014」の平均部下数と比較するために、従業員規模を100人以上に限定すると課長クラスの平均正社員部下数は29.5人となり、賃金構造基本統計調査から推計される部下数の2倍程度となる。これはJILPT調査のサンプルがやや部下のいる人々が多めに出ている可能性があるとともに、最大値に代表されるような100人以上の「課長クラス」に平均が引っ張られている可能性もある。ちなみに、部下数1,000人以上の5サンプルを除くと、平均部下数は16.6人と賃金構造基本統計調査の数字に近づく。その場合、最大値は900人となる。これをみればわかるように、平均部下数はその真の姿を捉えているとはいいがたく、中央値と分布をみる必要があるといえるだろう。

職制として基準とされる「課長」「部長」などは、課長級、部長級の約3〜4割程度にすぎず、6〜7割は完全なスタッフか、わずかな部下しかいない管理職である。「プレーイング・マネジャー」といわれるゆえんである。その意味で、管理職という用語は本来適切ではなく、高職位社員とでもいったほうが学問的には正確である。企業内ランクが高いだけだからである。

2-3 マネジャー度(管理職としての仕事をどの程度おこなっているか)

ここでもJILPT報告No.128を用いて、管理職クラスの人々がどの程度管理職としての仕事をしているのかを確認することにしよう。図表5-9は非正社員を含む部下の人数別にみたマネジャー度[16]である。これによれば、100人以上を除くと部下の数とマネジャー度には明確な傾向が存在することがわかる。全体としていえば、管理職としての仕事を主とする管理職(マネジャー度80％以上)は全体の18.5％、広くみて60％以上とすると33.6％と約3分の1が該当する。他方、マネジャー度が30％未満の管理職は29.0％を占める。マネジャー度が40％以上60％未満は、24.9％である。このように、管理職はプレイヤーとマネジャーの双方の役割をしているのが多数派であり、言葉の本来の意味で管理職といってよいのは、2〜3割程度にすぎない。

図表 5-9　部下の人数別に見たマネジャー度

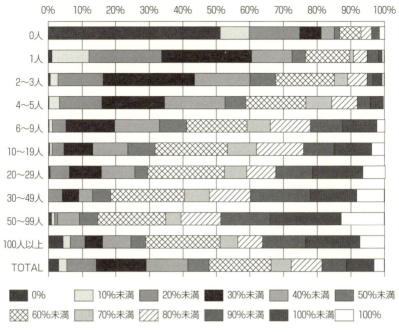

出所：JILPT 報告 No.128 個票より筆者作成。

2-4　勤務時間管理

　先にみたように、課長級以上の管理職の多くは労働基準法上の「管理監督者」として処遇されている。では、管理職クラスの多くは本当に労働時間を管理されていないのであろうか。この点をみたのが図表5-10である。JILPT報告No.128をみると、管理職クラスには、通常の勤務時間が採用されている者が過半数をしめており、「（管理職など）労働時間管理なし」の管理職クラスは2割程度にすぎない。ここでは図示しないが、「管理職だから残業手当などを支給されない部分がある」とした管理職クラスにサンプルを限定しても結果は大差ない。やはり通常勤務時間制度が過半数を占め、「労働時間管理なし」は2割強にすぎない。つまり、現実に管理監督者として処遇されている者のうち、「人事権」などの権限の側面を無視して、勤務時間体制と観点だけからみると、

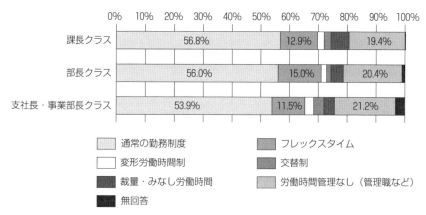

図表5-10 管理職クラスの勤務時間制度

出所：JILPT報告 No.128個票より筆者作成。

法が予定する者はせいぜい4人に1人にとどまる[16a]。

つぎに，マネジャー度と本人の勤務時間体制の関係をみておくことにしよう。常識的に考えれば，マネジャー度が高いほど，勤務時間体制に自由度が高いように思えるが，他方管理職クラスでプレイヤー度が高いほど，勤務時間の自由度が高いということも考えられる。

実際クロス集計表をみると，マネジャー度と勤務時間管理には明瞭な関係はみられない。これは，法的にいえば，管理職を「管理監督者」として労働時間規制から外す必然性がないことを意味する。つまり，労働基準法にいう「管理監督者」の規定は，「ホワイトカラー・イグゼンプション」制度として機能しているのであり，法律本来の意味とまったく異なる規定と化しているといってよい。この事実上の「ホワイトカラー・イグゼンプション」制度を廃止し，まっとうな「ホワイトカラー・イグゼンプション」制度を作る必要がある[17]。

2-5 労働時間

第3章で検討したように管理職クラスの人々は一般に労働時間が長い。勤務時間制度は管理職の労働時間とどのように関係しているのであろうか。労働時間規制が緩くなれば，労働時間は短くできるのであろうか。それとも規制がな

第5章 管理職という存在

いことによって長時間化するのであろうか。それとも両者には明確な関係はないのか。この点を確認することにしよう。

図表 5-11 はこれをみたものである。労働時間規制が緩い管理職クラスほど残業時間が長くなっている。一番残業時間が長いのが「労働時間管理なし」であり，ついで「裁量・みなし労働時間制」である。その他の制度は一長一短がある。「通常の勤務時間制度」をベースとしてみると，個人の自由が利く「フレックスタイム」は若干長くなっているが，大差ない。むしろ企業都合で労働時間帯や長さが変化する変形労働時間制と交替制では通常勤務と大差なく，変形労働時間制で長時間残業者が若干少ない程度である。

人によって違うが，一般的に個人にとって望ましい勤務時間制度という観点から判断すると，最も望ましいのが「フレックスタイム」，ついで「通常勤務」であり，自由度を重視すれば，ついで「裁量・みなし労働時間制」である。あとはそれぞれ問題がある。もちろん，とくに効率的に仕事ができる人にとっては，労働時間管理がないのが最適だし，ついで裁量・みなし労働制であろうが，

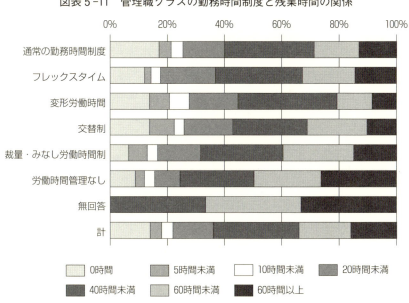

図表 5-11 管理職クラスの勤務時間制度と残業時間の関係

出所：JILPT 報告 No.128 個票より筆者作成。

全体としてみれば、労働時間規制が緩いほど、個人への業務量圧力が高まるという結果になっているようである。こうした点からみると、労働時間規制緩和は、個人への業務量圧力を弱くする仕組みを同時に組み込まない限り、長時間労働者を増やす政策であるといってよいだろう。

2-6　賃金水準

　管理職は賃金が高いのが取り柄である。どの程度高いのであろうか。事実上のホワイトカラー・イグゼンプトである管理職クラスの年収についてみたのが、図表5-12a、5-12bである。課長級の平均年収が824万円、部長級が1,028万円となっている。ただ、「平均年収」は、部下の数がそうであったように、最も多い年収というわけではない。よく知られているように、一部に高収入の人々がいるからである。そこで、中位数をみることにしよう。所定内給与額でみると、課長級、部長級で、所定内給与額の平均がそれぞれ、51万7,200円、65万3,200円に対して、所定内給与額の中位数は、49万1,500千円、60万8,000円となっている。その比率が賞与の違いにも同じく反映していると仮定すると、年収の中位数は課長級が783万円、部長級が957万円となる。年収が800万円程度あれば、片稼ぎでそれなりの水準の生活ができる。子どもの教育費がかかるという問題くらいであろう。なお、10年前の年収と比較すると、40歳代後半は横ばいか若干増加しているが、課長では30歳代後半が9.2％減収、部長では40歳代前半が7.5％の減収と比較的若い層での年収低下が顕著である（図表5-13a、5-13b）。これは、一般社員の年収の変化と軌を一とするものであり、いわゆる「成果主義化」の影響であると考えられる。また、同じ管理職でも収入にはかなりの幅がある。所定内給与額の分布をみたのが、図表5-14である。課長級についてみると、月収が30万円台から60万円台にわたって広く分布していることが分かる。部長級では40万円台から70万円台と10万円ずれている。月収20万円台は論外としても30万円程度の「低賃金ホワイトカラー・イグゼンプト」が少なくないことがわかる。「名ばかり管理職」といわれるゆえんである。とても「片稼ぎ正社員モデル」とはいえない人々である。

第5章　管理職という存在

図表5-12a　課長級と部長級の平均年収（学歴計）

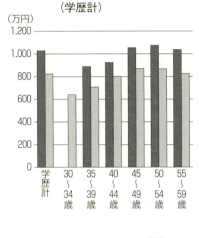

図表5-12b　課長級と部長級の平均年収（大卒・大学院卒）

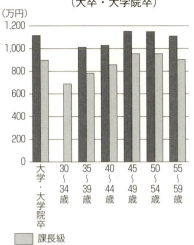

注：平均年収は調査時点6月の所定内給与額を12倍した金額と前年の年間賞与など特別給与額の合計であり、厳密にいえばその年の年収ではない。
出所：「平成26年賃金構造基本統計調査」より筆者作成。

図表5-13a　年齢階級別にみた10年間での年収上昇率（学歴計）

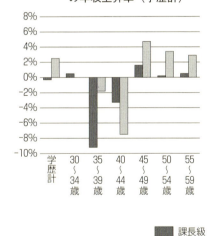

図表5-13b　年齢階級別にみた10年間の年収上昇率（大卒・大学院卒）

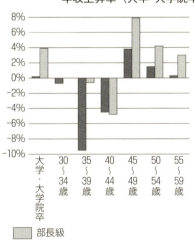

注：2004年と2014年の比較。
　　平均年収は調査時点6月の所定内給与額を12倍した金額と前年の年間賞与など特別給与額の合計であり、厳密にいえばその年の年収ではない。
出所：「賃金構造基本統計調査」より筆者作成。

153

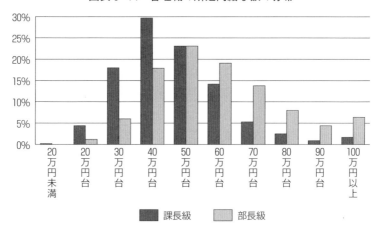

図表 5-14 管理職の所定内給与額の分布

出所:「平成26年賃金構造基本統計調査」より筆者作成。

3 管理職と家族

　先にみたように,管理職となる者が大卒を含めて減るとしても,なくなることはない。管理職という働き方は「男性稼ぎ手モデル」あるいは「片稼ぎ正社員モデル」の代表選手である。その家族は,専業主婦と子どもということになる。しかし,男女共同参画社会の実現や男女の雇用平等を前提とすれば,「女性稼ぎ手モデル」も同時に存在する必要がある。また,男女とも管理職という夫婦が一般的になってもよいはずである。

　ここでは,こうしたイメージがどの程度実態を反映しているのかを検討することにしよう。まず,「女性稼ぎ手」である女性管理職の比率をみたうえで,男性管理職と女性管理職の家族形成についてみていく。

3-1　女性管理職の比率

　男女雇用平等の指標として,女性管理職比率が取り上げられることが多い。これについても,まったく異なる2つの調査の数字が併用されている。1つは,「管理的職業従事者」に占める割合であり,国勢調査や労働力調査の数字であ

る。ただ，これではより細かい職位別の女性比率が出せないので，通常は賃金構造基本統計調査の「係長級」「課長級」「部長級」の女性の占める割合が提示される。先にみたように，2つの統計が示す「管理職」はまったく別物なので，区別しないと正確な議論はできない。もちろん，どちらも女性比率が低いため，政策的方向としては大きな問題になっていないが，しばしば混乱がみられる。

図表5-15は「平成27年国勢調査」（抽出速報集計）でみた，正規の職員・従業員である管理的職業従事者の人数と女性比率をみたものである。これによれば，30歳代前半では10％に達しているが，課長・部長が多いと思われる40歳代50歳代では6～8％程度にとどまっており，全体では6.8％である。なお，正規の職員・従業員の女性比率は32.2％である。また図表は省略するが，「労働力調査」（2014年平均）でみても，女性比率は6％程度である。

つぎに職位としての管理職比率をみよう。図表5-16は，「賃金構造基本統計調査」での管理職比率をみたものである。係長級15％，課長級8％，部長級5％程度となっている。よく知られているように，やはり管理職，それも上位職ほど女性比率が低い。ただ，その比率は少しずつではあるが高まっているのは間違いない。

最後に，「2013年度雇用均等基本調査」の結果をみておくことにしよう。図表5-17である。企業規模が大きくなるほど，女性役職者比率は低下していることがわかる。図表は省略するが，産業別にみると，「医療・福祉」で女性役職者比率が役員48.7％，部長相当職62.0％，課長相当職61.3％，係長相当職65.2％と非常に高くなっているが，それ以外，とくに，電気・ガス・熱供給・水道業がそれぞれ，5.4％，0.5％，1.4％，3.4％となっているのをはじめ，製造業，建設業などでは軒並み女性役員比率は低い。

図表5-15 正社員である管理的職業従事者の年齢階級別性別人数と女性比率

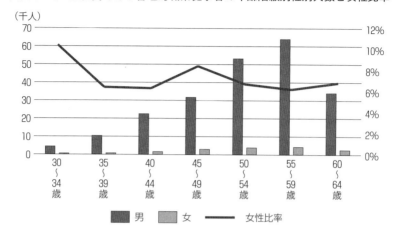

図表5-16 女性役職者割合

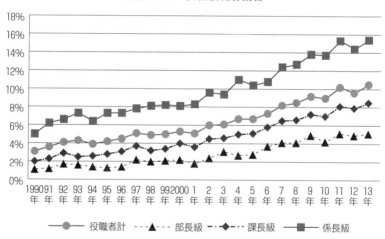

出所:「賃金構造基本統計調査」より筆者作成。

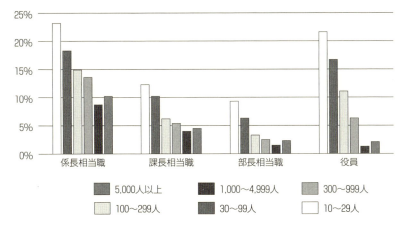

図表 5-17　企業規模別の女性役職者比率

出所：厚生労働省「2013年度雇用均等基本調査」より筆者作成。

3-2　家族形成

　管理職の家族形成について，以下では，JILPT調査シリーズ『男女正社員のキャリアと両立支援に関する調査結果』(No.106-1・2, No.119) を用いてみておくことにしよう。以下では，特に断らない限り300人以上企業の管理職の家族形成について扱い，100〜299人企業の管理職については，追加的に言及する[18]。

　管理職の婚姻状況についてみたものが図表5-18である。男性管理職は未婚や離・死別が少ないのに対して，女性管理職は多い。まず，「片稼ぎ正社員モデル」の代表と思われる男性管理職についてみると，課長クラス，部長クラスともに約8割に配偶者と子どもがいる。未婚率は課長クラス9.8％，部長クラス5.3％と低く，「有配偶・子供なし」，「離・死別」を加えても2割程度にとどまっている。つぎに，配偶者の就業形態との関係をみたものが図表5-19である。ここでは課長クラスについてだけ言及することにしよう。最も多いのが「1.2共稼ぎモデル」である。4割弱を占める。ついで多いのが「片稼ぎ正社員モデル」で3割，そして「共稼ぎ正社員モデル」が15.6％いる。片稼ぎ正社員モデルの典型といわれる管理職クラスでさえ，部長クラスにおいてさえ，現代

の多数派は1.2共稼ぎモデルなのである。そして，共稼ぎ正社員モデルも決して例外的存在ではないこともわかる。図表は省略するが，男性の管理職クラス全体（課長クラス以上）で配偶者と同居しているのは87.8%である[19]。逆にみれば，結婚している男性管理職の12.2%は配偶者と同居していない。1割強となる。多くはいわゆる単身赴任であろう。

　つぎに，女性管理職クラスについてみることにしよう。再び図表5-18をみてほしい。女性課長の過半数は独身である[20]。未婚率44.1%，離・死別率11.2%と独身率は55.3%に達する。有配偶で子どものいない14.5%を加えると69.8%になる。なお，子どもがいるのは3分の1強の36.3%に過ぎない[21]。図表5-19が示すように，女性課長クラスで有配偶者の場合には，正社員（公務員含む）32.1%，非正社員3.0%，自営・自由業7.2%であり，「現在は働いていない」（＝専業主夫）1.6%などとなっている。「独身・ひとり親」が過半数を占め，共稼ぎ正社員モデルが3分の1を占める。配偶者に自営業・自由業が比較的多い点が目に付く。それに対して，1.2共稼ぎモデルや片稼ぎ正社員モデルはごくわずかである。女性の管理職クラス全体でみると，6歳以下の子どもがいる場合は100%夫と同居しているが，7歳以上となると夫との同居率は68.0%に下がる。夫が単身赴任している可能性が高い。なお，そもそも子ども

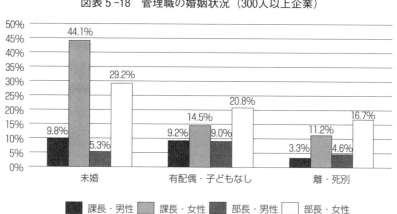

図表5-18　管理職の婚姻状況（300人以上企業）

出所：JILPT調査No.119「男女正社員のキャリアと両立支援に関する調査結果(2)―分析編―」より筆者作成。

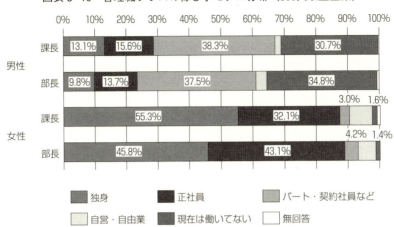

図表5-19　管理職クラスの稼ぎ手モデル分布（300人以上企業）

注：「正社員」は公務員を含む。公務員は全員が正社員とは限らないが，その割合は小さい。
出所：JILPT調査No.106-2より筆者作成。

がいない場合には76.5％となる。管理職DINKSの4人に1人は別居している計算となる[22]。

　さて，女性管理職に独身が非常に多いことは，管理職の働き方が「片稼ぎ正社員モデル」であり，女性管理職が家族形成することに大きな困難を抱えていることを示唆する。つまり，管理職の働き方を現在のままにしておいて，単に数合わせ的に女性管理職を増やそうとする政策は，場当たり的なものにすぎず，より大きな問題があることを示している。男女共同参画社会の実現のためには，共稼ぎ正社員がふつうにできる管理職の働き方が必要なのであり，それは男女問わず私たちが求めていくべきものであろう。

3-3　末子年齢と労働時間

　第3章で検討したように，管理職クラスの労働時間は長い。ここでは，子どもの有無・年齢と管理職の通常の週労働時間の関係をみることにしよう。図表5-20a，5-20bである。男性管理職については，子どもの有無や末子年齢との関係はほとんどない。つまり，通常の労働時間について，企業は男性の子育てに配慮していないことがわかる。それに対して，女性管理職の場合には，明

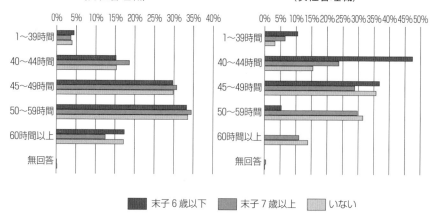

図表5-20a 末子年齢と週平均労働時間（男性管理職）　図表5-20b 末子年齢と週平均労働時間（女性管理職）

出所：JILPT調査No.106-2より筆者作成。

らかな違いがある。特に末子年齢6歳までは週労働時間が44時間までに収まっている。2通りの見方ができる。1つは，企業は女性管理職には男性とは違って，子育てについては配慮しているということであり，もう1つは，週労働時間が44時間までに収まる企業だから管理職になれるということである。末子年齢7歳以上と比べると前者の説に説得力がありそうである。それは逆にいえば，そうした配慮のない企業では女性管理職は子どもを産み育てることが極めてむつかしいということを意味する。

3-4　女性管理職の転勤……男性化傾向

　転居を伴う国内転勤の経験についてみると，100～299人企業では，男性・女性の課長で14.8％，3.4％といずれも例外的であり，300人以上企業でも25.4％，11.8％にとどまっている。つまり，課長で転居をともなう転勤をしている人は少ない。また，これは経験であるから，未婚の時に経験していた可能性は高い。そこで，女性25～34歳，35～39歳の転居を伴う転勤経験率をみると，100～299人企業で0％，8.8％であるのに対して，300人以上企業では，25.9％，18.8％となっている。つまり，30歳代で管理職になっている女性に限ると，転居を伴う転勤をする300人以上企業では，転居を伴う転勤は例外とはいえなくなって

きているのである。これは40〜44歳の11.7％と比べると転勤経験が倍以上であり，近年企業は女性管理職を「育成」するために男性管理職と同様の「片稼ぎモデル」による人事政策をとってきていることが窺える。家事育児に専念しつつ自由業をする男性がもっと増えればよいのであるが，なかなかそうもいかないのかもしれない。

　もっとも，女性管理職でも転勤を伴う転勤をしていないほうが多数派であるのも事実である。

小　括

　管理職は人数的には少数であるが，多くの労働者がそこへの昇進を希望するという意味では，重要な存在である。とくに大卒者にとっては，かなり多くが課長クラス以上になってきた現実がある。つまり，管理職は多様な正社員の1つの重要なモデルである。そこで，その働き方の現状について分析してみた。明らかになったことは，管理職といっても言葉の本来の意味での管理職は一部に過ぎず，勤務管理においても一般社員と大差ないこと。職場管理など本来の管理職としての仕事と勤務時間管理方式も関係もほとんどないこと。したがって，管理監督者の労働時間規制適用除外制度は法律が想定している意味はほとんどなく，事実上の「ホワイトカラー・イグゼンプション」制度として使われているにすぎないことである。

　他方，家族形成という観点からすると，問題が多いことも分かった。男性稼ぎ手モデルの代表選手だけのことはある。とはいえ，妻が正社員である人も決して少ないわけではない。つまり，管理職の働き方を見直すことによって，こうした家族を増やすことは可能であるし，望ましいといえるだろう。

■注
1　モノを管理することを仕事としている人は「管理者」あるいは「管理人」と呼ぶべきだろう。
2　日本のデータは「労働力調査」による。アメリカの企業では日本の約8倍の管理職がいることになるが，真の意味でアメリカに管理職があふれているわけではない。
3　人事院「平成22年度年次報告」の国家公務員と地方公務員の人数。この人数は予算ベースであり，非正規は含まれていない。

4 管理職が職種でないとすれば,彼らはどのような職種の人々だろうか。この点については後述する。

5 「平成25年雇用均等基本調査」は,男女別の数字(常用雇用,正社員,管理職クラス)を調べている。また,「就労条件総合調査」は「監視又は断続労働に従事する者,監督又は管理の地位にある者などで,労働時間の定めのない者」の人数を調べているが,これらの数字はともに公表されていない。

6 役職者と非役職者の合計は,「期限の定めのなき正社員」とは人数が異なるが大差はない。前者は1,310万人に対して,後者は1,274万人である。

7 なお,JILPT報告No.22のサンプル分布でみると,「課長クラス」と「部長クラス」の占める割合は11.9%(回収サンプル数から,その他役員等,無回答を除いたものを母数として)であった。

8 第2章参照。

9 昭和63年3月14日付け 基発150号「解釈例規」。

10 「ゲートウェイ21事件—東京地判平20・9・30労判977号74頁,東和システム事件—東京地判平21・3・9労判981号21頁」(菅野,475頁注25)

11 なお,この設問の前に,「支払われない残業はない」と回答した者は,課長代理クラス16.9%,課長クラス5.5%,部長クラス4.3%,支社長・事業部長クラス5.5%いるが,彼らは図表5-4のサンプルには入っていない。彼らが「支払われない残業はない」とした理由はこの調査からはわからない。すべて残業代が支払われている可能性もあるが,「管理職だから」か「定額支給だから」と考えた者も少なくないと思われる。

12 もちろん,所定労働時間よりも長い労働時間働くことを企業から期待され,それを役職手当などの名称で受け取っている場合,本人は「管理職(またはみなし労働時間)だから」でかつ「定額だから」と両方に回答することになる(2つまで回答可)。実際,前者を理由とした管理職クラス(課長クラス以上)のうち,16.9%(332/1964)が後者も理由に挙げている。

13 本章で個票を利用しているNo.128(57頁)は「管理職特性」として,①出退勤の自由の決定,②プレー度(マネジメント度),③統括する正社員数,④統括する非正社員数,⑤指導が必要な正社員比率でみており,それぞれに割合について分析している。

14 部下に含まれるのは「一般労働者(パートタイム労働者を除く)」であり,契約社員などを含んでいる。

15 ちなみに「平成27年度賃金構造基本統計調査」の調査票記入要領23頁によれば,部長級と課長級の定義はつぎのようになっている。部長級に含まれる役職は,本社(店),支社(店),工場,営業所などの事業所における総務,人事,営業,製造,技術,検査等の各部(局)長であり,部(局)長を兼ねない取締役,部(局)長代理,同補佐,部(局)次長は含まれない。また,仕事の概要としては,いわゆる部(局)長で,経営管理活動を行う営業,人事,会計,生産,研究,分析等の事務的,技術的な組織を統制,調整,監督し,所轄部門を運営する業務に従事する者及びこれらと同程度の責任と重要度を持つ職務に従事する者をいう。

具体的には,「部長級」とは,①事業所で通常「部長」又は「局長」と呼ばれている者であって,その組織が2課以上からなり,又は,その構成員が20人以上(部(局)長を含む。)のものの長をいう。②同一事業所において,部(局)長のほかに,呼称,構成員に関係なく,その職務の内容及び責任の程度が「部長級」に相当する者がいる場合には,これらの者は,「部長級」に含む。ただし,通常「部長代理」,「課長」,「係長」等と呼ばれている者は「部長級」としない。③取締役,理事等であっても,一定の仕事に従事し,一般の職員と同じような給与を受けている者であって,かつ,部(局)長を兼ねている場合には,「部長級」に含め,部(局)長を兼ねていない場合には「部長級」としない。

課長級に含まれる役職は,本社(店),支社(店),工場,営業所などの事業所における総務,人事,営業,製造,技術,検査等の各課長であり,課長代理,同補佐,課次長は含まない。また,仕

事の概要としては，いわゆる課長で，経営管理活動を行う営業，人事，会計，生産，研究，分析等の事務的，技術的な組織を統制，調整，監督し，所轄部門を運営する業務に従事する者及びこれらと同程度の責任と重要度を持つ職務に従事する者をいう。

　具体的には，①「課長級」とは，事業所で通常「課長」と呼ばれている者であって，その組織が2係以上からなり，又は，その構成員が10人以上（課長を含む。）のものの長をいう。②同一事業所において，課長のほかに，呼称，構成員に関係なく，その職務の内容及び責任の程度が「課長級」に相当する者がいる場合には，これらの者は，「課長級」に含む。ただし，通常「課長代理」，「係長」等と呼ばれている者は「課長級」としない。

16　No.128は「マネジメント度」と表現しているが，本書では「マネジャー度」とした。また，「プレー度」も本書では「プレイヤー度」とした。

16a　もちろん，管理監督者にも深夜労働の割増規程が適用されることになっているが，それが実際に履行されているのかは疑わしい。さらにいえば，労働安全衛生の観点（過労死・過労自殺防止の観点）から管理監督者を含めた勤務間インターバル制の導入が急がれる。

17　これについては，久本（2003c）参照。

18　この調査で「管理職」とは「課長・課長相当職」と「部長・部長相当職」，つまり「管理職クラス」のことである。以下では単に「課長」「部長」という。なお，以下の数値は，JILPT調査No.106-2の基礎集計表から筆者が計算したものがあり，個票からの数値ではない。そのため，若干の数値の違いがあるかもしれないが，大勢には影響ないだろう。

19　筆者の計算では，配偶者のいるサンプルは2,478，配偶者と同居しているのは2,175サンプル。

20　100～299人企業では女性課長の独身率は49.5％とほぼ半数である。なお，サンプル数は少ないがJILPT報告No.128では，男女とも管理職の独身者比率は低い。有配偶者は男性管理職96.0％（95.7％）に対して，女性管理職は64.9％（65.3％）であった。No.128はサンプルに中小零細企業も含まれているからかもしれない。

21　有配偶の子どものいる課長クラスは男性で77.7％，女性で30.2％，無配偶で子どもがいる課長クラスは男性で2.2％，女性で6.1％である。

22　JILPT調査No.106-2の197, 199頁の表からの筆者の試算による。6歳以下の子どもがいるサンプルはわずか19しかないので注意が必要である。

第6章

ワーク・ライフ・バランス実現に向けた改革案
――長時間労働促進法制の改革と実効性のある公正な労働市場ルールの確立を

1 なぜ，職場の知恵や工夫が生かされないのか

　よく，日本的な働き方（正確には，働かせ方・働かされ方）が問題だという。しかし，不思議なことに，それを支える経済的インセンティブについて語られることは多くない。実は，企業は経済合理的な行動をしているにすぎない。問題なのは，日本の法制度が長労働時間を促進する各種のインセンティブを内包したままだという点にある。

　石田光男［石田／寺井（2012）］が正しく見抜いたように，「無規律な労働時間管理，あるいは人的資源の時間的活用には制限がないという事情が，結局は経営管理の惰性を呼び込む」（同上，244頁）。「生産性向上の阻害要因は労働の側ではなく，経営の側に，具体的には，労働力活用の時間的無制限がもたらす経営の機会主義的行動に求められるようになっている」（同上，249頁）「問題は『働く側の本音を踏まえた』『業務量の調整』が可能なような雇用関係は，この日本でいかにして可能になるのか」（同上，10頁）である。つまり，労働生産性を上げるために労働時間規制が必要となっているように思われる。これは，共稼ぎ正社員モデルにとっても極めて重要な指摘である。

　こうした「経営の怠慢」あるいは「経営の機会主義」による労働生産性の低下を防ぐためには，経営者を規制する社会的（法的・行政的・労働組合的）な仕組みや日常活動が必要である。しかし，労働組合的・労使関係的な規制には

4つの意味で限界がある。

まず，電通事件に代表されるように，労働組合で労働時間問題にしっかりと取り組んでいるところが残念ながら多くない。第2に，労働組合そのものの組織率が低下し続けている。第3に36協定などを結ぶ当事者である「従業員の過半数代表」の選出方法やその実効性については長年にわたって疑念があり，真の意味での規制力を発揮しているとは言い難い。むしろ，現実には長時間労働を表面的に正当化する機能しか果たしていないというのは言い過ぎであろうか。第4に，労働時間問題にしっかりと取り組んでいる労働組合でさえ，片稼ぎ正社員モデルを前提としているために，一定の残業は前提であり，残業をまったくしないのが正常であるという認識に立っている組合はほとんどない。そのため，労働組合の存在は必ずしも残業時間を短くしない。優良企業の労働組合においても片稼ぎ正社員モデルが前提となっており，そのため，残業そのものをなくすというようにはなっていない。

では，なぜ「経営の怠慢」あるいは「経営の機会主義」が起こるのか。企業が労働時間を短縮して労働生産性を上げようと本気で取り組まないのは，それが短期的にはコスト削減をほとんどもたらさないからであり，中長期な問題として過労死やうつとなる従業員の増加というコストに無自覚なためである。より正確にいえば，無自覚なのではない。わかっていても，職場の上司は上からくる業績圧力をこなすために，コストがかからないように部下に過度の仕事をふることになる。本来，裁量労働や事業所外みなし労働などは労働生産性を上げるはずであり，仕事量が同一であれば，その分労働時間が短くなるはずであるが，第3章でみたように，実際は必ずしもそうはなっていない。むしろ「経営の怠慢」を強化するように働いてしまっている。

日本では，現在においても「片稼ぎ正社員モデル」が幅を利かせている。そして，WLBの掛け声とは対照的に，企業が従業員に長時間労働させることを経済合理的なものとする労働法制が手つかずのままに放置されている。企業に強い残業インセンティブや有給休暇未消化インセンティブを与え続けている現在の労働法制を放置したままで，WLBの促進を語ることは欺瞞といってよい。そして，建前だけが日々虚しく語られ続けている。

以下では，従業員に長時間労働させることを企業にとって経済合理的なもの

にしている日本の法的な各種の長時間労働インセンティブと制度的な仕組みについて列挙したうえで，その改革案を提起することにしたい。

2 各種の長時間労働インセンティブ

(1) 有給休暇未消化インセンティブ

　日本では，長い間有給休暇取得率が低いことが本質的な点に触れられることなく問題視されて続けている。図表6-1はその傾向をみたものであるが，何十年も前から有給休暇の取得率の低さが問題視されてきたにもかかわらず，一向に改善の傾向はみられない。それは，当然のことである。なぜならば，日本の労働法制では，有給休暇を未消化にさせることが企業にとって経済合理的だからである。

　賃金が未払いの場合には，それを従業員が請求するのは当然だし，賃金が要らないという従業員はほとんどいない。したがって，法的な請求権が2年で時効になる（労働基準法115条）のは，とくに問題となっていない。権利の行使を長期間にわたって怠っている者を法律は保護する必要がないというロジックであろう。

　問題なのは，年次有給休暇にもこのロジックあるいはこの原則が適用されていることである。雇用関係において，年次有給休暇を完全取得すると人事考課で低い評価がされるとすれば，多くの従業員は実質的に年次有給休暇を完全取得することができない。日本では企業に大幅な指揮命令権を与えているためこうした事態が日常化している。有給休暇など不要だから取得しないのではなくて，日常的な仕事量が有給休暇を取得できないほど多いのが主たる原因であろう。この点についての1つの調査結果が図表6-2である。病気休暇制度などが一般的でないこと以外では，基本的には職場の人手不足に原因があるといってよい。

　とすれば，「権利行使を怠っている」のではなく「権利行使できないようにされている」あるいは「事実上，権利が与えられていない」のである。つまり，現在の日本では，時効についてのこのロジック・原則は有給休暇の取得に関しては当てはまらないのである。

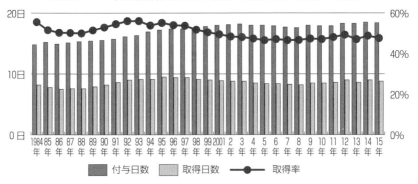

図表6-1　年次有給休暇の付与日数・取得日数・取得率の推移

注：付与日数，取得日数は左の目盛，取得率は右の目盛。
出所：http://db2.jil.go.jp/tokei/html/W2402002.htm より筆者作成。
　　　原資料は，厚生労働省「就労条件総合調査（旧賃金労働時間制度等総合調査）」。

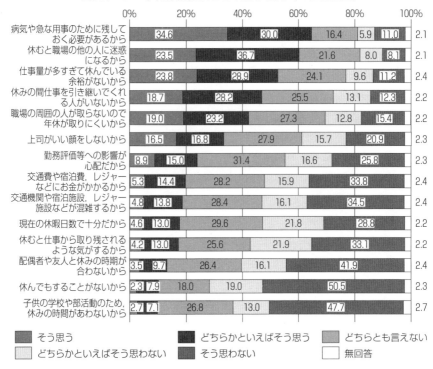

図表6-2　年次有給休暇をとり残す理由〔正社員調査〕

出所：JILPT 調査 No.85「年次有給休暇の取得に関する調査」。

(2) 強い残業促進インセンティブ

　第3章で論じたように，日本では，今でも従業員が定時で帰れる人員を確保するよりも，従業員数を少なくして，超過勤務させるほうがはるかに人件費を節約できるという残業促進インセンティブを労働法制は与え続けている。そのインセンティブは賞与（ボーナス・一時金）が多く，賃金以外の各種制度が充実しているほど強い。こうした強い残業促進インセンティブを企業に与えながら，長時間労働や残業を減らすように企業に求めるのは，政策としてまったく矛盾している。それを批判しないマスコミにも大きな責任がある。

(3) 空洞化している36協定

　最初から空洞化していたといわれそうだが，36協定を結んで残業を合法化するのがふつうである。企業は上限最長の36協定を結ぼうとする。経営の裁量権を最大にしたいからである。それはある意味当然のことであり，非難されるべきことではない。問題なのは，36協定があまりにも安易に締結されることである。圧倒的に多くの企業には労働組合がないが，そこでの従業員の過半数代表者の選出と権限の形骸化は非常に大きな問題である。過半数従業員代表の法的権利が形式的に拡大する一方，それを実質化する努力はまったくおこなわれていない。つまり，形式的な手続だけがおこなわれている場合が多い。

(4) 固定残業制の広がり

　日常的な残業を前提としているしくみとして，固定残業制（定額残業制）がある。第3章でできるだけその状況を明らかにしようと試みた。残業手当をあらかじめ月例賃金に組み込むという固定残業制も，中小企業ホワイトカラーを中心に広がっている。労働基準法の改正による週労働時間短縮のときに広がった可能性があるが，この制度には問題が多い。例外であるはずの残業が前提とされているからである。

(5) 管理監督者の濫用……低賃金管理監督者の一般化

　残業手当を支払わなくてもよい管理監督者という地位は企業にとって都合のよいものである。労働時間規制の適用除外となるからである。その結果，低賃

金管理監督者が一般化することとなった。なぜそうした状況が今まで放置され続けているのであろうか。それは管理監督者か否かは企業内でしかわからないからである。そのため「経営者の機会主義的行動」が起こりやすい。それを阻止するのは，集団的行動か退職であろうが，低い組合組織率と有名無実の過半数代表者から前者に期待をかけることはできない。後者についてもよい転社先があればよいであろうが，そうそうみつかるものではない。とすれば，違法状態に耐えるしかない。個人的に退職しても，後任がみつかれば事態は改善しない。現状を踏まえたうえでの公正な適用除外制度にする必要がある。

3　片稼ぎモデル重視の労働組合と企業，そして裁判所（昔の正義，現代の不公正）

　第1章でみたように，各種の法律で，現在では「ワーク・ライフ・バランス」の実現に国・地方自治体・事業主・国民が協力しなければならないとされている。しかし，それを実効化する仕組みはまだ作られていない。つまり，「昔の正義」が生き続けている。
　優良企業で強い労働組合の存在するケースでも，労働時間規制の基本は，過労死防止にあり，残業を基本的にゼロにするという発想はほとんどない。それは，かつて家事労働が膨大であった時代の賃金思想である生活給思想を現代まで引きずっているからである。「まっとうな生活ができる賃金をよこせ」というまっとうな賃金思想は，その時代的背景からして「片稼ぎ」を前提とした思想である。単身者賃金から家族賃金への要求である。それは第二次世界大戦直後としては，労働供給者としての当然の要求であった。労働市場においてそれが容易に実現するほど現実は生やさしくない。それだけの賃金水準を保証できる企業は限られていた。労働組合は必死にそれを求め，第二次世界大戦後の「労使妥協形式」として「片稼ぎ正社員モデル」を作り上げていった。家族を養える賃金とその前提としての雇用保障への強いこだわり，その対価としての異動のフレキシビリティ（配置転換や転勤）の容認，さらには残業への協力。それらは多くの人々にとって理想であったし，現在でもかなりの人々にとって理想である。女性のなかにある根強い専業主婦志向，かなりの男性の中にある

第6章　ワーク・ライフ・バランス実現に向けた改革案

片稼ぎで成り立つ労働者への願望（家族を扶養する十分な収入を得てこそ一人前の男性であるという思い）は，なくなっていない。とくに家事は別としても子育てに手間暇をかけることの重要性については何ら変化がないどころか，ますます強く認識されているようにさえ思える。これらの願望が実現しないのであれば，結婚したり子どもをもったりしたくないと考えるわけである。こうした「片稼ぎ正社員モデル」への強いこだわりが日本的雇用システムの根幹をなしてきたといっても過言ではない。

すでにみたように，片稼ぎモデルを前提とする企業とそれを容認する組合によって，「経営の怠慢」が日常化している。追加労働は多くのコストがかかるにもかかわらず，それを経営者は認識せず，従業員に転嫁している。これは公的機関においてもよく当てはまることであるが，それが民間企業でも広がっている。こうした仕事の効率性に対する鈍感さは，一般的にいえば，「労働生産性」[1]の向上を妨げ，その低下を蔓延させている。

新しい正義の実現のためには何が必要であろうか。それは大きく2つに分けられる。1つは各種の共稼ぎ正社員モデルの主流化を阻害する制度的しくみの除去と主流化を促進するしくみの創造であり，もう1つは公正な労働市場ルールの実効性を高めるようなしくみの強化である。まず，前者についてみておこう。

4　共稼ぎ正社員主流化に向けた方策[2]

今の労働法制では，労働時間が無限にあるような，そして残業や有給休暇を取らせないことが企業にとっての短期的な・即物的な利益をもたらすために，こうした試みを本気になってしてこなかった。日本では職場で仕事のやり方を工夫する風土があるだけに，まことに残念なことである。しかし，長時間労働促進社会を変えるのは容易ではない。今まであげた要因をできるだけなくしていくことが必要である。具体的には，つぎの6つの施策を提案する。

(1) 労働時間口座への積立

労働時間の問題を夫婦単位で考えると，従来とまったく違った感覚を持つこ

とができる。正社員共稼ぎモデルでは，現金よりも時間のほうが稀少性がはるかに高い。家族単位で労働時間を考えると，週40時間の稼ぎ手が2人いると家族単位では週80時間労働に相当する。残業や年次有給休暇などを「手当＝お金」ではなく，銀行預金のように預けるという発想が必要である。第一義的には残業などはそのまま積み立て，例外的に残業の金銭換算を認めるとするのが，まっとうなあり方だろう。積み立てた労働時間口座の有効期限あるいは計算単位は退職までの長期とするのがよい。日本の現実からみれば，1年や2年ではほとんど意味がない。ドイツでも長期の労働時間口座が一定の広がりをもっている[3]。

(2) 年次有給休暇の時効の廃止

　年次有給休暇を完全取得する最もよい方法は労働組合を含む従業員集団が企業に対して正しい規制力を発揮させることであろう。しかし，実際にはそうした労働組合は残念ながら少数にとどまる。そもそも労働組合のない企業が日本の多数派である。

　労使自治がうまく機能しないとすれば，法的に時効インセンティブをなくすのが政策的には有効である。労働基準法は，実質的に年次有給休暇を取得させなければ，その分だけ従業員を事実上ただ働きさせられるという非常に強い経済的インセンティブを企業に付与しているのである。つまり，年次有給休暇の時効消滅という企業にとっての短期的な経済合理性を塞ぐことが必要である。労働時間口座を用いて，完全取得できなかった年次有給休暇を毎年積み立てればよい。たとえば，独身時代に年次有給休暇を少しずつ積み立て，子育て期に使う（下ろす）ということも考えられる。それは，企業がいたずらに従業員に有給休暇を使わせないというインセンティブを封じることになる。個人の事情に応じて年次有給休暇を使えるとなれば，WLBの観点からも望ましいし，中長期的にみれば，企業にとっても人材の離職を防ぐという意味でも利点がある。何よりも人間的である。私には，なぜ今までこの問題が本格的に論じられてこなかったのか，不思議でならない。時効を不可侵とする発想が日本人にあるのだろうか。企業が悪いのではない。年次有給休暇を従業員が使わないことが人件費の節約になるという強い経済的インセンティブを企業に与え続けている日

本の労働法制が悪いのである。

　未消化部分の年次有給休暇が「消え去る」のではなく，「貯蓄」できるとすれば，企業にとっては，年次有給休暇を消化させない経済的利益がなくなる。これは個人にとって年次有給休暇が使いやすくなることを意味するし，それを毎年，たとえば15日分ずつためれば，10年で150日は休めることになる。2年間で時効により消失してしまうという制度は直ちにやめるべきである。

　もちろん，民法改正によって時効は5年に統一されたから，さしあたっての最低ラインとして有給休暇の時効も5年にするということがまず考えられる。しかし，今回の民法改正では，労働時間に関する社会的無関心（！）から，残業や有給休暇の時効は取り残された。これは政府が有給休暇を含む労働時間問題に，実はいかに無関心かを示すだけでなく，そもそもマスコミがこの問題にいかに無関心なのかを示している。

　さて，時効廃止を前提とした場合，年次有給休暇の時季指定権の扱いが問題となる。企業からすればまともに取らないから従業員が任意に使えるのを容認しているが，完全取得が前提となると話は違ってくる。いつ従業員が年次有給休暇をとるかは企業経営の観点からはかなり重要となる。ドイツでは，有給休暇をとる時季（時期）については，重大な経営上の理由や社会的に見て優先させるべき事情のある他の従業員がいない場合には，本人の事情を使用者は尊重しなければならないとしており（Mindesturlaubsgesetz für Arbeitnehmer (Bundesurlaubsgesetz) 7条1項），使用者が決定できる。ただし従業員代表制のもとで，従業員代表委員会（事業所委員会）が狭義の共同決定権をもっている[4]。つまり使用者は独断で有給休暇を付与する時期を決定することはできない。

　日本の場合では病気休暇制度が充実していないことからみて，病気や何らかの急な用事のために年次有給休暇を取っておきたいという希望を労働者はもつ[5]。事前にすべての年次有給休暇を決めておくことに対しては労働者の反対も少なくないだろう。したがって，たとえば，5分の4は年度初めに企業と相談して決めておき，残り5分の1を本人の意思で直前にでも取れるようにしておくということが考えられる。全体の調整のために，過半数代表制の実質化が確保できれば，5分の4については集団的に決めることがよいだろう。

なお，ドイツでは年次有給休暇は原則として当該年に消化することが前提とされており，原則として次年には引き継げない（Bundesurlaubsgesetz 7条3項）。しかし，年次有給休暇をほとんど消化するドイツと異なり，日本では，繰り返し述べているように時効が大きな経済的な意味を持っている。

(3) 割増残業化の実現

先に指摘したように，「25％の割増」はフィクションであり，企業にとってみると，超過勤務手当の基準となる「1時間当たり賃金」には，人件費の多くを占める「ボーナス」や「社会保険料の企業負担部分」「退職金」などが含まれていないため，人を雇用するよりも残業させた方が，はるかにコスト安である（不払い残業は含まず）。なぜ，日本の労働法制は残業促進的であり続けているのに，マスコミは論じないのだろうか。

政策としては，当然ながら残業時間を真の「割増賃金」にする必要がある。1時間当たりの超過勤務手当の分母を狭義の「賃金」から，賞与や社会保険料の企業負担部分などを含めた「人件費」に変更すればよい。より望ましいのは残業も割増率込みで労働時間口座に積み立てることである。たとえば10時間残業したとすれば，労働時間口座には25％増の12.5時間貯蓄することになる。そうすれば，企業は，人件費が余分にかかる残業をさせる経済的インセンティブがなくなり，残業は自然と減少するであろう。

社会的に公正な労働市場を実現するためには，こうした労働市場ルールの設定が必要なのである。激しい競争をしている個別企業労使にそれを期待してもそれはできない。「公正競争」のためにすべての企業に適用されるルールとして長時間労働促進法制を改め，そろそろ長時間労働削減法制へと転換すべき時である。

(4) 例外としての残業の明確化，36協定締結条件の厳格化と固定残業制の原則禁止

職務給にすれば，あるいはジョブ型正社員にすれば長時間問題が解決するかの言説もないわけではないが，職務給にしても，仕事量の増加を防ぐことはできない。「仕事量」に関する職務分析・仕事量分析をおこなわない「職務」そ

のものに，仕事量規制の仕組みは存在しないからである。ジョブ型は仕事量の制限についてはごくわずかな意味しかない。それは自分の仕事の範囲に若干の制限がかかるだけである。実際，ジョブ型正社員に近いと考えられる職種限定正社員[6]と「いわゆる正社員」とで残業時間の分布は図表6-3のようになっている。なお，サンプルのいわゆる正社員と職種限定正社員では，前者のほうが大卒・大学院比率（74.3％：50.4％），男性比率（72.1％：61.0％）がともに高くなっており，これら属性をコントロールすれば，この差は小さくなるかほとんどなくなるものと予想される。問題は，あくまで仕事量なのである。

　残業を要しない最適仕事量の決定は非常にむつかしい。古典的な流れ作業であれば，動作研究や時間研究によって測定可能であるが，多くの仕事は測定可能ではない。課業の確定や職務分析，職務評価などは容易ではないし，ましてや最適仕事量の確定が客観的にできると考えるのはあまり現実的とはいえない。「ふつうの人がふつうのスピードや集中度で定時に終了できる仕事量」の確定ができず，少しでも多く・濃く仕事をすることが求められる職場があるとすれば，労働時間や非労働時間で制限をかけるしかない。要員管理は長時間労働ドライブを労働者に課しかねないからである。仕事量管理は「特段に優れた労働者」ではなく「ふつうの労働者」が，「所定内労働時間」で働ける仕事量でなければならない。では，それはどのような道筋で実現すべきか。

　まずは，実効性は外から枠をはめることによって確保するほかない。基本的に残業がないのか，日常的に残業しているかということは外からわかる。残業が例外であることを明確化するのである。それは具体的にいえば，36協定締結要件の厳格化である。今の36協定はあまりにも安易に締結されているのではないだろうか。残業するには，一時的な経営上の重要な理由など一定の条件が必要であるとするのである。

　企業は本当に残業が安直には許されないとなれば必死になって，そのために方策を考える。こうした職場の知恵を集めることは日本企業の得意芸である。実際のところは職場でしかわからない。つまり，外からの規制を前提として職場で仕事の効率を上げる工夫をすることが求められているのである。これによって時間当たり労働生産性を引き上げることができる。

　これと直接関連するのが，固定残業制の存在である。これは原則禁止すべき

である。現在でも，固定残業代を超える残業時間部分については残業手当を支給することになっている。もし本当に企業がその部分を正当に従業員に支払っているのであれば，残業の有無にかかわらず固定残業代を支払う必要はない。人件費の無駄遣いである。固定残業制は週40時間の労働時間規制の網をくぐり抜けるための方策となっている可能性が高い。

　もし，固定残業代を超える残業をしてもその残業代を支払っていないとすると，それは不払い残業ということになる。つまり不払い残業の温床にもなりかねない。固定残業制を認める根拠は基本的にないといってよい。

図表6-3　いわゆる正社員と職種限定正社員の週残業時間分布

(単位：％)

週平均残業時間	1時間未満	3時間未満	5時間未満	10時間未満	20時間未満	20時間以上	不明
いわゆる正社員	17.2	15.6	10.7	27.7	22.0	3.4	3.5
職種限定正社員	29.4	20.7	6.3	16.8	16.8	3.0	6.9

出所：みずほ情報総研株式会社（2012）『「多様な形態による正社員」推進事業報告書』（平成23年度厚生労働省委託事業）258頁，より筆者作成。

(5) 労働時間規制が緩いほど残業が長時間化する現状への対策……適用除外制度改革

　よく創造的な仕事というが，睡眠時間や休息時間を削って創造的な発想が浮かぶとでもいうのであろうか。成果主義化＝モーレツ社員化という古典的なメカニズムが現代日本に働いている。むしろ，ドライブ・システム（駆り立てシステム）の復活といってよいであろう。先の労使協議とも密接に関係するが，しっかりした労働組合は残念ながら多くない。また「管理監督職」は多くは非組合員である。労働組合に過度の期待をかけるわけにはいかない。多くの労働者は労働組合のない企業で働いている。

　裁量労働など労働時間規制のゆるい働き方は個人にとっても，もし労働時間が長くならないのであれば，望ましい働き方である。仕事の効率が上がるとすれば，すべての労働者は労働時間が短くなるはずである。実際，そうした人もいる。しかし，第3章でみたように，労働時間規制のゆるい多くの労働者では

長時間労働者の割合が高い。管理監督者はよりそうなりがちである。理由は明白である。企業は従業員により多くの業務をこなしてほしいと考える。もし，それが人件費の増加なしでできるとすれば当然であろう。長時間労働促進インセンティブが強く働くからである。

職場には1人当たりの付加価値を最大化しようとする圧力が常に上層部からかかる。上層部の人々はあたかもそうした仕事が「タダ」だと誤解しているかのようである。それを規制する術を私たちは残念ながら持っていない。労働時間規制の緩和が長時間労働化につながってしまう残念な現実をいかに変えていくのか。個人の労働時間規制を緩くする政策は，労働時間の長期化を防ぐ対策と同時に実施しなければならない。仕事量の規制は，実際には個別企業，もっといえば個別の職場でしか容易に実現しない。それは職場の労使関係に最終的に任せざるをえない。ただ，社会的に外的な仕組みを考えることはできる。労働時間規制を緩和するために，どのような仕組みがあればドライブ・システムを抑制できるのであろうか。

それを外から担保する方法は，年収の高さと労働安全衛生法的な規定しかないように思われる。仕事の内容は不明確であるために，「専門的」とか「管理職的」などというあいまいな概念を使うことは極めて危険である。第5章でみたように，低賃金専門職や低賃金管理職クラスが多くいるわが国の現状をみれば，それはわかる。

前者については，現時点では年収1,000万円を1つの目安とする。正社員の平均年収の2倍〜3倍の賃金をもらっている労働者は単純な指揮命令による仕事をしているとは思えないからである。こうした高賃金労働者は「専門的労働者」と呼んでよいだろう。これを特定の金額で決定すると，インフレとなると形骸化してしまう。そこで，客観的な基準で線引きするのがよいだろう。具体的にいえば，賃金構造基本統計調査の「正規の職員・従業員」の月収の12倍＋前年の賞与を年収とみなし，その平均の2倍〜3倍の年収を労働時間規制の適用除外とするのである。企業が高賃金を支払う労働者を真に「専門的」あるいは「管理職的」労働者とするのである。こうした客観的な基準を提示することによって，低賃金管理監督者や低賃金裁量労働者などの増加を防ぐことができる。単純な仕事をさせて高賃金を払う企業はない。逆に，「専門職」「管理

職」という名称だけで労働時間規制を外すのは極めて危険である。

　もちろん，労働時間規制の適用除外者を過労死させてはならない。長年にわたって創造的な仕事をするのであるから，十分な睡眠時間と余暇が必要である。勤務間インターバル制度はその１つの方法である[7]。十分な睡眠時間も与えられない労働者に創造的な仕事をせよというのは非現実的である。未だに体力任せにモーレツ社員を求める一部の業界は，表向きとは異なり，本当は社員に創造性を求めていないことがわかる。お節介といわれるかもしれないが，そういう企業を存続させてはならないと思う。企業は，労働時間ではなく能力・成果に応じた処遇化を進めればよい。優秀者は定時で仕事をするものであり，残業する者は有能ではないという認識を，経営者は強くもつ必要がある。

　所定労働時間内であれば，フレックスタイム制を用いて勤務時間帯の柔軟化を図ることはむつかしくないし，何よりも労働時間口座制度を活用すればよい。

(6)転勤拒否権の容認

　第４章でみたように，昇進昇格にとって転勤はそれほど重要な要素ではない。もちろん，それによって昇進に対しては不利になることはありうるとしても，雇用を失わないことは当然の権利である。それを日常化することが必要だろう。少なくとも，転勤は基本的に昇進・昇格が前提であろう。それ以外では雇用調整局面しかない。高度経済成長期はそうしたものであったが今ではそうではなくなった。残業と同じく，転勤という家族にとって大きな負担を企業は「タダ」だと認識しているようだ。こうした現状は改められねばならない。つまり，転勤を例外的なものに変えていくことが必要である。転勤については従業員に拒否権を認めることが必要だろう。次世代育成対策推進法も，子ども・子育て支援法，そして労働契約法も，職業生活と家庭生活の両立支援を事業主の責務としているのである。企業はこうした「新しい正義」の実現のために従業員の家庭生活に配慮する必要がある。いまでも「東亜ペイント事件」の判例から転勤は拒否できないとされることが多い[8]。とくに大卒についてはその傾向が強い。しかし，共稼ぎ正社員という家族形成をする人々にとって，転勤を拒否することが解雇につながるのはおかしくないか。高度経済成長期の「片稼ぎ正社員モデル」を前提とした判例は，現代の正義に反するものとなっているといっ

てよい。
　もちろん，第1章でみたように，職業生活と家族生活の両立は事業主にとっても責務となっている。近い将来に，転勤拒否権が一般化することを望む。夫婦それぞれが稼得労働しながら同居し子どもを育てるという家族生活が人間としてふつうだという感覚をもつ経営者や裁判官が増えていくことを信じたい。

5　公正な労働市場ルールの実効性を高める

　第1章でみたように，ワーク・ライフ・バランスの尊重ということが法律に書き込まれるようになってきた。しかし，残業や転勤などに対する片稼ぎ正社員を前提とした判例が生き続けている。さらに問題なのは，労働市場ルールの実効性である。労働市場がうまく機能するためには，ルールを守らない企業が利益を得ることを何としても防がねばならない。企業は，人事考課によって従業員の働き方をコントロールする権限をもっている。従業員に対する指揮命令権の範囲の広さは，企業経営にとってある程度は必要なものである。しかし，当然ながら，それは違法なものであってはならない。

5-1　集団的実効化

(1) 従業員の過半数代表の実質化
　近年，従業員の過半数代表者の権限の範囲が拡大している。しかし，その正当性について実際の検討はほとんど進んでいない[9]。単なる形式要件にとどまっている点に最大の問題がある。たとえば，残業は本来例外的なものである。したがって，特段の事情がないかぎり，残業する必要はない。しかし，現実には残業は日常化している。それは36協定があまりにも安易に締結されているという現実がある。本来，重大な経営上の必要がある場合にかぎり残業するということにすべきであろう。残業例外化への道は残念ながら遠い。重大な経営上の必要がない場合には，残業は拒否できるとすべきであろう。子育て期の親には若干こうした規定が入っているが，現状の残業促進インセンティブを保持したままでは，その実効性は非常に心もとない。36協定の締結者である従業員の過半数代表制の実質化が不可欠である。

36協定をはじめ，従業員の過半数代表には多くの権利が付与されているが，肝腎(かんじん)の過半数代表が形式的にとどまったまま放置されている。労働組合組織率が低下し，中小企業ではほとんど労働組合が存在しないという現状を踏まえるならば，この過半数代表制の果たすべき役割は非常に大きい。にもかかわらず，現実にはこの制度はほとんど機能していないように思える。この問題について詳しくは補論2を読んでほしいが，ここで要点のみを示すとすれば，従業員の過半数代表の選出にいい加減な企業（より正確には，事業所）が少なくなく，予算や対応時間に対する規定もなく，1人だけで企業と対峙する必要があるなど，事実上，企業に対する単なる免罪符と化している。これを真の従業員を代表する制度に転換する必要がある。

(2) 共稼ぎ正社員モデルを前提とした新たな労使関係の創出

子育てしやすくするような労働条件を求める労働組合運動を作っていく必要があるだろうが，多くの大企業労組の組合員は片稼ぎ正社員が主流であるため，なかなかそうしたことが方針となりにくい。徐々にしか変わらないであろうが，一部優良企業の組合員でない限り，配偶者も労働者として働いているし，今後その比率は高まる（独身者も増え続けるかもしれないが）と考えると，徐々に共稼ぎ正社員モデルを求めるようになるように思われる。そうしないと，わが国の少子化がますます加速することになってしまう。

経営者は，無規律な労働時間管理が経営管理の惰性とならないように，業務を指示するときに，指示コストを意識化する必要がある。「ダダの業務はない」ことを経営者は肝に銘じておくべきであるし，労働組合も，無理のない真の労働生産性向上実現のために積極的な労働生産性向上運動を展開する必要がある。

日本では労使で生産性向上運動が1950年代から展開された。それは製造業の生産性向上に寄与したといわれている。しかし，先に述べたように，今やその活力が失われつつある。今や，労使で残業時間撲滅のための「労働生産性向上運動の再構築」を図ることで，日本の雇用システムの向上を図る時である。労使が一体として撲滅活動をする素地はある。今までそうした協力体制を組んできた。今や共稼ぎ正社員モデルを前提とした雇用モデルが必要となっている。労使とも片稼ぎ正社員モデルから共稼ぎ正社員モデルに転換する時期に来てい

る。積極的な労使の話し合い・職場展開によって，世界で最も優れた共稼ぎ正社員モデルを作り上げてほしいものである。

5-2　個人的実効化

公正な労働市場ルールの実効性を高めるものとして，集団的な実効性以外に，個人単位での実効化も必要である。それにはいくつか考えられる。

(1) 違法行為に対する内部告発

不払い残業の摘発についてはこれが一定の効果を発揮しているように思われる。公益通報者保護法に基づき徐々にではあれ整備されていることは望ましい傾向である。雇用関係にある以上，内部告発は非常に勇気のいる行為である。それは本人の正義感と就業上の不利のバランスの上に成り立っている。通報者の匿名性の担保や社内外の通報窓口の整備など，不利益な扱いの禁止に向けた一層の法的整備によって，公正な労働市場ルールを作っていく必要がある。

(2) 労働審判制の充実[10]

労働審判制は一定の効果をもたらしている。しかし，雇用契約には紛争がつきものである。それを抑圧することは望ましくない。簡易に素早く解決するのがよい。そのための相場づくりが求められる。

5-3　行政による実効化

労働基準監督署は，実効化を担う重要な行政機関である。監督する事業所数に対して人員が大幅に少ないことはよく知られた事実である。大幅な増員が必要であるが，公務員を増員することはそれほど容易なことではない。

もう１つの大きな問題は，法令違反が実に多数に及ぶことである。「平成26年労働基準監督年報（第67回）」（22頁）によれば，2014年中に，労働基準監督官が事業場に赴き，監督を実施した件数は，約16.6万件であり，そのうち定期監督等が約13.0万件，申告監督（労働者等からの申告に基づいて実施する監督）が約2.2万件，再監督（定期監督，申告監督の際に法違反を指摘した事業場のうち，一定のものについて法違反の是正の有無を確認するために行う監督）が

約1.4万件となっている。定期監督等の法違反件数は約9万件で違反率は69.4%となっている。内容をみると，労働時間に関する違反率30.4%，安全基準28.4%，割増賃金22.1%，健康診断20.8%，労働条件の明示16.8%，就業規則12.7%の順になっている。申告監督よりも申告件数は多く，2014年中の申告件数は約3.2万件であった。新規に受理した申告を内容でみると賃金不払いが圧倒的に多く，ついで解雇となっている。賃金不払いの詳細は明らかではない。もちろん，純粋の賃金不払いもあるだろうが，多くは不払い残業（サービス残業）だと考えられる。

　調査に入ると法令違反が約7割というのは，法治国家としていかがなものかと思う。労働基準法や労働安全衛生法などを守らなくても大丈夫という感覚を経営者に植え付けてしまっているのではないだろうか。また，法令違反をしても，見つかった時に是正すればよいという安易な考えを蔓延させているのではないか。違反に対する実効性のある罰則規定が必要だろう。さらに，公正な労働市場ルールの実効性を高めるには，先に挙げた形式要件だけではない，過半数代表者の選出方法の適法性のチェックも必要だろう。

　もちろん，合法性の担保だけでは，望ましい労働市場とはいえない。行政は，公正な労働市場ルールの維持のために，企業との意思疎通を密とすること，そのために，使用者団体や商工会議所などと日常的な連携を強化することもきわめて重要である[11]。労働市場ルールをきちんと守る企業を優遇し，守らない企業・守れない企業を市場から排除する勇気をもつことが私たちには必要であろう。

小　括

　今や，社会的公正や正義の基準は変化した。「片稼ぎ正社員モデル」から「共稼ぎ正社員モデル」を前提とした雇用システムへの移行が必要とされている。日本的雇用システムには，長期安定雇用主義や能力開発主義，企業内労使協議主義など望ましい特性がたくさんあり，一概に否定すべきではない。しかし，共稼ぎ正社員モデルの主流化という本書の観点からすれば，修正すべき点は少なくない。労働時間の社会的な枠組みさえしっかりしておけば，具体的な

企業内での適用については労使自治（労働組合や従業員代表），あるいは職場の工夫にまかせるべきであろう。

いろいろな点を指摘したが，最も容易でかつ効果的なのは，長時間労働を促進している経済的インセンティブをなくすことである。また，安易な配置転換，とくに家族生活に多大な影響を与える転勤の抑制が必要である。つぎに，労働市場ルールの公正化（法律を守らない企業が得をしないような仕組みづくり）のための，集団的・個人的実効性の高い政策を打つことである。そのなかで特に重要なのは，形式的にとどまっている「従業員代表制の実質化」と内部告発における労働者保護の充実である。

共稼ぎ正社員として子どもを無理なく産み育て，かつ働けることが必要である。そのためには，各種の実効性のある施策を実施すること，そして法律を守る優良な企業が決して不利益とならず，法律を守らなかったり脱法行為を繰り返したりする企業が経済的利益を得ることがないこと，そうした真に公正な労働市場ルールのもとで，企業は市場競争を繰り広げることが社会的に求められているのである。それが日本社会にとって最も健全な姿なのではないだろうか。

■注
1　正確な意味においては効率性を意味する「物的労働生産性」である。それは生産組織の仕事である。企業にとっては「付加価値労働生産性」が重要であるが，それは生産物市場条件に大きく左右される。それにうまく対応するのは経営者の仕事である。
2　ここで挙げる共稼ぎ正社員モデル主流化にとって必要な諸施策以外に，過労死や過労自殺など，総じて不健全な長時間労働を規制する施策に対してでさえ反発が強いのが日本である。勤務間インターバル規制や36協定の上限規制などへの反論は，価値創造的な労働に対する否定的な見解であるといわざるをえない。残業が日常的には存在すべきではないとすれば，残業拒否権は少なくとも労働者個人の当然の権利ではないだろうか。
3　ドイツの労働時間口座の近年の普及状況については，Ellguth, P. u.a., Vielfalt und Dynamik bei den Arbeitszeitkonten（*IAB-Kurzbericht* 3/2013），また，JILPT 資料シリーズ No.41（2008）第3章，田中（2012）も参照。また近年のフランスについては，清水（2010）を参照。なお，労働時間口座には不況期に雇用を守る機能もあり，雇用の安定化にも寄与している。
4　経営組織法（Betriebsverfassungsgesetz，事業所組織法）は87条で，従業員代表委員会に狭義の共同決定権（使用者が単独では意思決定できず，従業員代表会の同意を必要とすること）のある事項を定めている。そのうち，87条1項5号は「休暇の一般的原則および年間休暇計画の確定，ならびに，使用者と個々の労働者の間で合意が成立しない場合には，当該労働者に対する休暇の時期の確定」となっている。
5　なお近年，育児・介護休業法16条の2，3において，子どもの看護休暇が認められるようになったのは大きな前進である。

6 職務と職種は厳密にいえば同じではないが,現実には大差ないと考えた。
7 もちろん,特段の事情がある場合には限定的に適用除外制度をつくる必要はあるだろうが,適用除外を安易に認めない仕組みづくりが決定的に重要である。有名無実な現在の従業員の過半数代表の承認だけで認めてはいけない。緊急性と例外性を客観的に証明できることを要し,労働基準監督署か第三者機関が検査し嘘やごまかしがないかを確認し,責任をもって認める必要があろう。行政の責任も問われる。
8 富永晃一(2016)「配転──東亜ペイント事件」,村中/荒木編(2016)所収。
9 村田毅之(2016)を参照。
10 東京大学(2011)を参照。
11 もちろん,労働組合とも日常的な連携が必要である。

補論1

初職非正社員の増加と正社員への転換

1 初職からみた正社員と非正社員

1-1 初職正社員の減少

　新卒採用中心主義をとるわが国企業の採用政策の結果，ほかの国々と比べれば若年失業はそれほど深刻ではなく，正社員として採用されれば，職務の選択が企業にゆだねられる一方，能力開発については企業が責任を持つという一面がある[1]。職務能力に乏しい学生たちが当初から比較的安定的な雇用の場を見つけることができるのは，若年失業の深刻化が抑えられている大きな制度的な成果である。特定の仕事の職業能力ではなく，優良企業においては訓練可能性で評価するためであり，そうでない企業にとっては，日本のいわゆる「年功賃金」のために，ある程度優秀な人材であっても初任給が高くないために，低賃金で雇用するメリットが高いからである。そのため，新卒者の労働市場は希望さえ高くなければ，なんとかなる。

　とはいえ，20世紀末以来，大多数の若者たちが最初から正社員採用されるという時代ではなくなりつつある。最近の好況により，人手不足という事態が久しぶりに表れているが，正社員の増加と非正社員の減少になるかどうかは予断をゆるさない。少なくとも，この20年以上にわたって，正社員の削減と非正社員の増加というプロセスがつづいてきた。そのなかで，それに抗うように，非正社員の正規化が政策課題として登場して久しい。正社員の非正規化はもちろん，直接雇用の間接雇用化も進んでいる。こうしたなかで，間接雇用の直接雇用化施策もとられることになる。

　本書では，正社員登用の段階としての多様な正社員ではなく，正社員のなかでの多様化という側面を重視している。しかし，雇用構造における非正規化の流れのなかで，とくに若年者は最初から正社員になれない人々が増えている。補論1では，この問題を考えていくことにする。非正社員が正社員化するプロセスは，非正社員が転職（転社）[2]によって，最初から別の企業の正社員になるケース（転職型）と企業のなかで正社員登用によって正社員化するケース（登用型）の2つがある。まず，初職正社員の減少という点をみておこう。

　かつて，初職が正社員であった者は圧倒的に多かった。ところが，それが低下し続けている。第2章でみたように正社員が減少し非正社員が増加するという傾向は基本的に継続しており，「初職は正社員」いうかつての日本の雇用のあり方がかなり変化している。「平成24年就業構造基本調査」からこの点をみたのが，図表補1-1である[3]。1990年代半ばまで男性の

8割強,女性でも8割弱が初職正社員であったが,世紀転換期から一貫して初職が正社員である比率が低下し,非正社員が増加していった。2012年に初職に就いた者のうち正社員であったのは,男性で6割強,女性では半数弱となった。今や女性の初職は非正社員のほうが多い。非正規の種類も男女別に大きく異なる(図表補1-2a,補1-2b)。男性ではアルバイトが最も多く,ついで契約社員であるのに対して,女性はパートが圧倒的に多く,ついでアルバイトと契約社員となっている。アルバイトと契約社員では男女差はあまりなく,正社員・非正社員の比率の差の大部分はパートの差である。こうした初職が非正社員である場合,正社員になる道は容易ではない。本書で述べてきた共稼ぎ正社員モデルを絵に描いた餅にしないためにも,初職正社員を増やすとともに,転社や正社員登用によって正社員となることが大切である。

また,初職に正社員採用されたとしても,働き続けることが困難な企業も少なくないし,実際に就職してから,ミスマッチを認識する場合もある。また,職場上司との折り合いが悪い場合もある。その結果,退職して新しい職場を探すことも多い。これ自体,ジョブ・マッチング(適職探し)のプロセスだから何の問題もない。問題なのは,おそらくつぎの仕事に,アルバイトや有期雇用の仕事しかない場合であろう。

図表補1-1 初職の雇用形態の推移

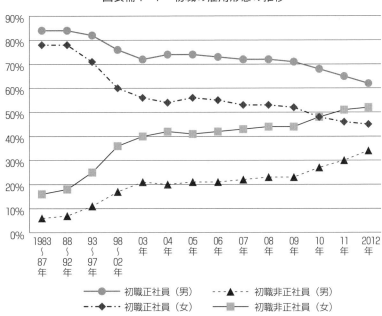

出所:総務省「平成24年就業構造基本調査」より筆者作成。

補論 1　初職非正社員の増加と正社員への転換

図表補 1-2a　初職非正規の推移（男性）　図表補 1-2b　初職非正規の推移（女性）

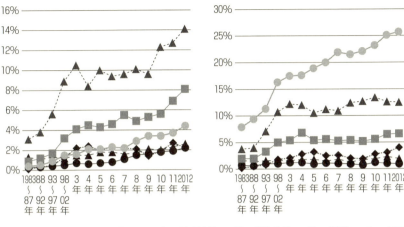

──●── パート　┈┈▲┈┈ アルバイト　─◆─ 派遣社員　──■── 契約社員　──●── 嘱託　─▲─ その他

出所：「平成24年就業構造基本調査」より筆者作成。

転職（「転社」）を正社員，非正社員，非労働力者間で区分すると，8パターンある（自営業，フリーランス，内職は除く）[4]。①正社員→正社員，②正社員→非正社員，③正社員→非労働力化，④非正社員→正社員，⑤非正社員→非正社員，⑥非正社員→非労働力化，⑦非労働力→正社員，⑧非労働力→非正社員である。

このうち，③⑥は労働市場からの退出であり，⑦⑧は労働市場への参入，つまり就職（就社）となる。これらについては婚姻別年齢階級別労働力率の推移を見ればわかるように既婚女性が比較的多い。ここでは雇用区分間の移動に焦点を絞るために，①②④⑤を取り上げる。ただ，まったく転職しない人も多い。とくに初職正社員の場合にはそうである。

1-2　初職正社員の現職

初職が正社員で現在も就業している者のうち，どの程度が正社員として働き続けており，どの程度が非正社員となっているのであろうか。また，逆に，初職が非正社員であった者で現在も就業している者のうち，どの程度が現在正社員として働いているのであろうか。以下では，年齢層を54歳までに限定してこの点をみておくことにしよう。54歳までに限定するのは，55歳以降では早期退職制度，とくに60歳以降では定年退職の影響が大きいからである。

初職が正社員で現職の雇用形態を年齢別にみたのが，図表補 1-3a，補 1-3b である。まず男性からみよう（図表補 1-3a）。現職も正社員であるのが圧倒的である。とくに一度も転職していない者が過半数いる。非正社員となっているのは 5 ％程度に過ぎない。もちろん，転職は一般的であり，35〜44歳では 5 割弱に達する。45〜54歳では転職経験者がむしろ

少ない。この世代は，主として安定成長期でバブル期以前に社会人となった層であり，日本では最も定着的な世代である。それよりも前の世代は，労働移動は激しかった高度経済成長期に社会人となった。

これに対して，女性は様相を異にする（図表補 1 - 3 b）。女性の場合には，初職正社員でも結婚や育児のために非労働力化する（いわゆる専業主婦）人も少なくないが，一度非労働力化しても子どもの成長とともに再び労働市場に参入する人が近年増えている。これをみると，初職正社員でも転職の結果非正社員となる人は多い。特に35歳以上では正社員と拮抗する。ただ，逆にいえば，初職正社員で非労働力化していない女性の半数は現職正社員である。また初職正社員で一度も転職しない人は 3 割程度存在しており，長期勤続女性正社員は少なくない。

なお，データの制約から，対象者は有業者であり，初職正社員として就職しながら，育児などのために調査時点で専業主婦など非労働力化している人々については年齢階級別に分析できない。特に女性については，そうした人は少なくない[5]。年齢階級別に女性の就業状況をみたのが図表補 1 - 4 である。これは初職が正社員なのか非正社員なのか，はたまた一度も就業しなかったのかはわからないが，専業主婦（無業で家事が主の女性）の全体に占める割合は，既婚者が増える30歳代で 3 割弱である。

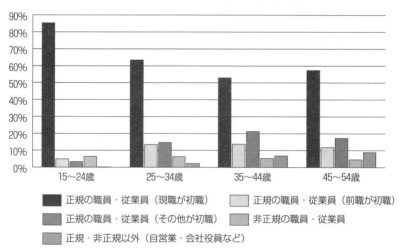

図表補 1 - 3 a　初職正社員の現職（男性）

出所：「平成24年就業構造基本調査」より筆者作成。

補論1　初職非正社員の増加と正社員への転換

図表補1-3b　初職正社員の現職（女性）

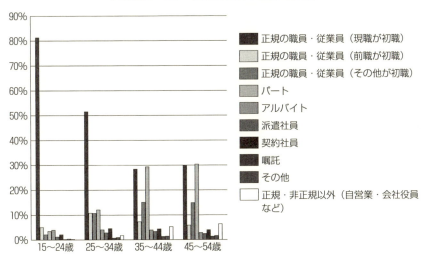

出所：「平成24年就業構造基本調査」より筆者作成。

図表補1-4　女性の年齢階級別就業状況（女性）

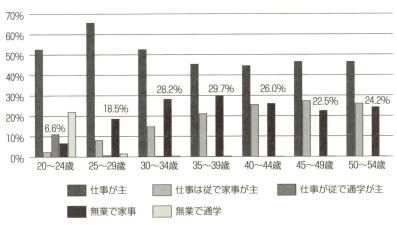

注：「仕事が従で、その他が主の者」「無業でその他が主の者」は人数比が小さいので図示していない。
出所：「平成24年就業構造基本調査」より筆者作成。

189

1-3　初職非正社員の現職

つぎに，今度は初職非正社員の現職についてみておこう。先の図表補1-2a，補1-2bでみたように，初職が非正社員である人は急激に増加している。初職非正社員の種類は，男性はアルバイトが最も多く，ついで契約社員であり，女性は初職パートが圧倒的に多く，ついでアルバイト，契約社員の順であった。こうした人々のうちどの程度が正社員に移行しているのであろうか。

まず，正社員になった率をみたのが図表補1-5aである。男性では，15〜24歳で16.3％，25〜34歳で38.8％，35〜44歳で46.3％，45〜54歳で38.8％と4割から5割が初職非正社員であっても正社員に移行している。とくに初職アルバイトの場合は35〜44歳では過半数が正社員になっている。人数的にみると，アルバイトから正社員というのが最大ルートであり，ついで多いのが契約社員から正社員への道である（図表省略）。ともに内部登用の場合と転職による移行とがあり，この調査では両者の区別はできないが，内部登用の場合であれば，古典的あるいは教科書的な企業の採用政策（アルバイトや契約社員のなかから適格者を正社員にするという人事政策）ということになる。この点については，あとで詳細を検討する。

つぎに，女性についてみたのが，図表補1-5bである。先にみたように，女性の場合には初職非正社員が多い。女性では，15〜24歳で12.2％，25〜34歳で19.1％，35〜44歳で14.4％，45〜54歳で7.8％と男性に比べて正社員移行率は大幅に低くなっている。比較的高いのは初職契約社員であり，約4分の1は正社員へ移行している。

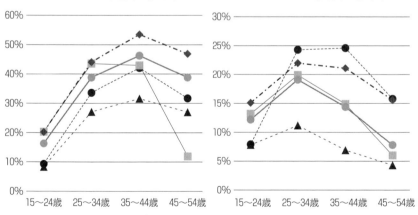

図表補1-5a　初職非正社員から正社員への移行率（男性）　　図表補1-5b　初職非正社員から正社員への移行率（女性）

凡例：非正規の職員・従業員計　- ▲ - パート　◆ アルバイト　■ 派遣社員　- ● - 契約社員

出所：「平成24年就業構造基本調査」より筆者作成。

2 現職正社員

2-1 現職正社員の転職（転社）

これまでは初職からみた現職との関係であったが，以下では現職正社員からみた前職との関係についてみておくことにしよう。同じ現象を逆からみることになる。

最初に入社した企業に働き続けている正社員が多数派であることが確認できる。1983年以降に初職に就いた人で現在正社員である人に限定して転社経験を尋ねたのが図表補1-6である。これによれば，現職正社員の45.2％（男性57.0％，女性31.3％）が一度も転職していない。

つぎに，転職を経験して，現在正社員になった場合も，最も多いのは，前職正社員である。この点をみたのが，図表補1-7a，補1-7bである。前職正社員が男性では74％，女性で

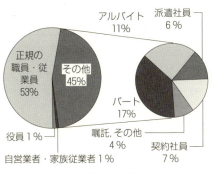

図表補1-6　正社員の転職割合

注：「正社員」は正式には「正規の職員・従業員」。昭和58年以降に初職に就いた者が対象である。
出所：「平成24年就業構造基本調査」より筆者作成。

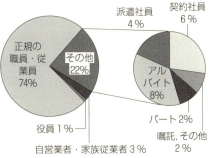

図表補1-7a　正社員転職者の前職の雇用形態（女性）

図表補1-7b　正社員転職者の前職の雇用形態（男性）

注：2007年10月以降に転職した者が対象。
出所：「平成24年就業構造基本調査」より筆者作成。

も53％がそうである。逆にいえば，前職が正社員ではなかった人が男性では22％，女性では45％もいる。前職非正社員についてやや細かくみると，男女でアルバイト，契約社員，派遣社員などでは大きな違いがないものの，パートだけが大幅に男女で異なる。

2-2　JILPT 調査 No.134

　JILPT 調査 No.134から，転社経験の有無やその構成についてみておこう。まず，40歳未満の正社員について，転職の有無と転職経験者については前の会社での雇用形態について尋ねた結果が，図表補1-8である。転社経験のない者が57.4％，正社員から転職した者が27.1％，パート・アルバイトからが7.3％，契約社員から3.6％，派遣社員から3.6％などとなっている。

　この調査では，転職者については，正社員以外の前職についても尋ねている。図表補1-9である。これによれば，正社員に転職した者の64％が前職正社員であり，パート・アルバイトが17％，契約社員8％，派遣社員7％となっている。前職が正社員でなかった者は約3分の1であり，就業構造基本調査とほぼ同じである。限定正社員に限定すると，前職契約社員が1.5倍の12％であるほかは，正社員全体とは大きな違いはない。前職正社員が6割弱を占める。現職契約社員の44％が前職正社員であり，24％が前職パート・アルバイトである。現職パート・アルバイトと，現職派遣社員の約3分の1は前職正社員である点も押さえておく必要がある。

図表補1-8　正社員の転職の有無と前会社での雇用形態（40歳未満）

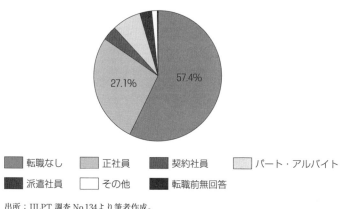

出所：JILPT 調査 No.134より筆者作成。

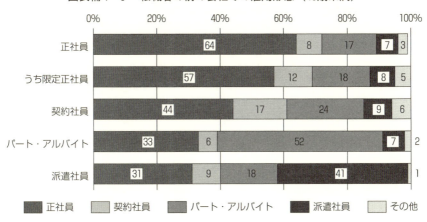

図表補1-9 転職者の前の会社での雇用形態（40歳未満）

出所：JILPT調査 No.134より筆者作成。

2-3　JILPT 報告 No.143

　JILPT多様就業実態調査データの二次分析であり、「第Ⅱ第3章正社員転換」で、正社員への移動を転職によるもの（外部転換）と登用によるもの（内部転換）に分けて検討している。ただ、正社員登用の前にどのような雇用形態であったのかはわからない。ここでは転職によるものに限定してみていくことにしよう（図表は省略）。外部転換について、まず転換時点の年齢についてみると、男性では、20歳代で転換したとする人が3分の2近くを占め、前半よりも後半の方がやや多い（29.6％と32.7％）。ついで30歳代前半17.1％となっている。早期の転社が多い。女性については、20歳代は4割程度であり、30歳代36.9％、40歳代19.8％と年齢に幅がある。なお、転換以外の正社員の入社年齢は、男性では20歳代前半が6割強、20歳代後半を合わせると8割近くに達する。女性では、3分の2程度が20歳代前半であり、男性よりも若い層の割合が高い。これは転社を経験していない者が多いためであると考えられる。なお、全正社員の9.3％が外部転換であり、企業規模別にみると、1,000人以上規模では外部転換者の割合は7.4％でやや少なく、それ以外ではおおむね10％程度で規模別の差はあまり見受けられない。

3　登用による正社員化

3-1　登用の意味とパターン

　正社員登用そのものは昔から存在しているが、量的把握は従来ほとんどおこなわれてこな

かった。しかし，この20年間ほど雇用状況の悪化のため，企業は当初から正社員を採用するのではなく，非正社員として採用し，そこでのスクリーニングを経て正社員を登用するという採用政策をとる企業が増えてきた。正社員登用にはいくつかのパターンが存在するように思われる。

正社員登用率からみると，非正社員から正社員への移行（登用）には，(1)全員転換型（揺れ戻し型），(2)大多数が移行する場合（試用型），(3)一定の評価を得た者だけが移行する場合（選抜登用型），(4)一部の意欲ある優秀者だけが移行する場合（優秀者選抜型）に分けられるだろう[6]。仮の数字を当てはめると，可能性として(1)はほぼ100％，(2)80％以上，(3)は20～30％，(4)は5％未満というイメージである。これらの数字の中間の登用率はそれぞれのタイプの中間として理解すればよいだろう。

(2)の場合，試用期間の実質化を図るために，一部の例外者を正社員としないという目的で利用する。(3)は厳格な試用期間という色彩を持つ。もちろん，正社員と非正社員に処遇差がほとんどない場合には，責任が重くなりがちな正社員になることを望まない者も多いだろう。人材のばらつきが大きく玉石混淆の企業がとる採用戦略である。(4)は，正社員になるのは非社員のなかで能力や意欲があり，かつ選ばれた少数者であり，多くの非正社員はそのままとどまる。こうした区分は，登用率からみたものにすぎないが，それには一定の異なった経営側の要請があることは確かである。

こうした正社員登用は実態が複雑であり，政府統計ではよくわからないので，以下でも主として労働政策研究・研修機構の各種調査にもとづいて，推測することにしよう。

3-2　JILPT調査 No.134

この調査によれば，正社員登用制度は約4割の事業所にあり，ごく一般的な制度であることがわかる。産業としては小売業や娯楽業，金融保険業がやや高くなっており，正社員比率の低い企業で制度が定められている割合が若干高いが，大差ではない。まんべんなくあるといったほうがよい。

実績については，過去1年以内に登用実績のある事業所も約4割である。娯楽業，医療・福祉，職業紹介・労働者派遣業で5割を超えている。前の雇用形態別にみると，契約社員が最も多く事業所数の49.1％，パート・アルバイトからが39.2％，派遣社員からが15.2％となっている[7]。平均人数も契約社員が最も多く，契約社員経由で正社員になることが一番多いことがわかる。なお，過去1年に登用実績のある事業所のうち，登用制度がある事業所が52％に対して，登用制度がない事業所が48％を占めており，登用制度の有無と実際の登用実態がかなりかい離していることがわかる。制度の有無にかかわらず，適切と企業が判断した時には正社員登用はふつうにおこなわれているわけである。

登用後の年収は「2割以上上がる」が38.4％，「1割程度上がる」40.4％と約8割が上がる一方で，17％は「ほとんど変わらない」と企業は回答している。月給は同じでも賞与分が増えるというケースが多いように推測される。登用者の年齢は，20歳代後半が最も多く37.4％，

あとは，30歳代前半，30歳代後半，40歳代前半が25％程度である。登用年齢は，20歳代前半から40歳代前半までかなりばらついている。登用後の雇用区分は「通常の正社員」が９割であり，限定正社員とするのはわずか6.8％の事業所にすぎない[8]。また配属部門も登用前後で基本的に変化はない。

　正社員登用の状況を正社員のほうからみると，40歳未満正社員（8,528人）のうち現在の会社で非正社員から正社員に登用された経験のある者が14.3％いる。男女比でみると，人数は男性が多いが，登用経験比率は男性12.8％，女性16.7％と女性のほうが高い。学歴でみると，大卒・大学院卒でも10.6％と約１割は非正社員から正社員に登用されている。企業を変わることで非正社員から正社員になる者は少なくないが，企業内部で正社員となる人も多い。

　では，どのように非正社員から正社員になったのであろうか。最も多いのは，やはり契約社員からの登用で，全体の45.8％を占める。ついで，パート・アルバイトからであり31.3％を占め，派遣社員からは12.7％である[9]（501頁）。事業所の回答と一致した傾向を示している。

　職種でみると，医療・福祉関係が産業としても急拡大しているためか，医療福祉・教育関係の専門職で登用者比率が最も高く，ついで接客・サービス職，運輸・通信職となっている。技術系専門職や営業職は登用者比率が低い。なお，事務職の登用比率は平均をやや下回る程度であるが，人数としては最も多く，医療福祉・教育関係の専門職がそれに続く。

　会社に採用されてから登用されるまでの年数は，１年未満21.8％，１年25.2％，２年16.4％，３年9.9％，４～５年9.5％，６～10年8.5％である。１年以内の正社員登用は，いわば試用期間として考えるべきであろう。つまり，そうした人々が全体の約半数を占めている（無回答が7.3％ある）。登用時の年齢も20～24歳28.0％，25～29歳33.6％，30～34歳21.6％，35～39歳5.9％，無回答7.5％である（20歳未満3.3％）。20歳代で正社員になった者が約３分の２を占めている。事業所調査と比べ20歳代の比率が高くなっているのは，配布対象を40歳未満に限定したからであろう。

　以上は，正社員に登用された者の状況であったが，非正社員で正社員登用を希望する者は，契約社員の55.5％，派遣社員の42.8％とパート・アルバイトを除くと希望する者は多い。ただ，登用される可能性について聞くと，契約社員21.9％，派遣社員7.7％，パート・アルバイト9.1％となっている[10]。登用可能性があると考えているのは営業職で34.8％，ついで医療福祉・教育関係の専門職23.1％が多くなっている。後者については実績からみても妥当であるが，営業職については実際に正社員になった者は少ない。この職種では試用型ではなく，選抜登用型の正社員登用がおこなわれている可能性がある。その他の職種では，一部の優秀者だけが登用されるタイプに属しているといえそうである。

　もっとも正社員登用の可能性が高いと思われる契約社員でさえ，その可能性を感じているのは２割に過ぎない。正社員登用の道は狭い。つぎに，登用前の雇用形態別に，もう少し細かくみていくことにしよう[11]。

3-3　有期雇用の期限の定めのない雇用への移行（契約社員から）

　契約社員から正社員への移行（登用）には，先にみた，(1)全員転換型（揺れ戻し型），(2)大多数が移行する場合（試用型），(3)一定の評価を得たものだけが移行する場合（選抜登用型），(4)一部の意欲ある優秀者だけが移行する場合（優秀者選抜）に分けられるだろう[12]。この問題について深い考察をおこなっているのが，高橋康二（2010）である。高橋は，職務の専門性と職務の基幹性という分析軸を用いて，契約社員の職域区分をおこない，それを契約社員の正社員化類型とむすびつけている（54頁）。

　第1に，契約社員の職域を分析すると，職務の専門性，職務の基幹性ともに正社員と完全に同じパターン（(a)一般的・同水準型），ごく一部，正社員と比べて職務の基幹性が低い部分があるが，基本的には同じ職務に従事するパターン（(b)一般的・部分同水準型），何らかの形で正社員と契約社員の職務の切り分けがなされており，職務の基幹性が正社員よりも明らかに低いパターン（(c)一般的・低水準型），職務の基幹性は同程度であるが，職務の専門性が正社員よりも高いパターン（(d)専門的・同水準型）の4つに類型化できる。

　第2に，契約社員の正社員化の実態を分析すると，ほぼ全員が正社員になることを希望している状況において，原則として希望者全員を正社員転換するパターン（(a)全員転換型），ほぼ全員が正社員になることを希望している状況において，人事評価と面接に基づいて大半を正社員登用するパターン（(b)評価登用型），正社員になることを希望する者が一部存在する状況において，人事評価，職場推薦，筆記試験，面接による選抜を施した上で正社員登用するパターン（(c)希望者選抜型），正社員登用・転換制度の導入の有無にかかわらず，そもそも正社員登用・転換を希望する者が相対的に少ないパターン（(d)契約社員一貫型）の4つに類型化できる。

　第3に，契約社員の職域の4つの類型と，その正社員化の実態の4つの類型とは，対応関係にある。具体的には，(a)一般的・同水準型と全員転換型，(b)一般的・部分同水準型と評価登用型，(c)一般的・低水準型と希望者選抜型，(d)専門的・同水準型と契約社員一貫型が対応している。

　ただ，本章の問題意識から(d)専門的・同水準型は正社員にならないので除外すると，3つの類型になる。また，この専門職型契約社員を除くと，分析軸は「職務の基幹性」だけでよくなるので，ここで取り上げるべきは，(a)(b)(c)の3類型ということになる。

　以下では，主として高橋がおこなったJILPT資料No.65（2010）「契約社員の人事管理―企業ヒヤリング調査から―」を利用しつつ，筆者なりに類型を言い換えあるいは組み換えし，以下の4つに分けてみていくことにしよう[13]。

(1)「全員転換型」(揺り戻し型) 100%タイプ。あるいは,契約社員の廃止と正社員への復帰

　基本的には,従来正社員採用していた職種を人件費削減の観点から,契約社員化したものの,モラールの低下や従来の正社員との格差,離職率の高まりなどの観点から,再び正社員化を図ったものである。多くは,人事処遇制度の変更を通じて,従来の正社員の処遇引下げと正社員化による契約社員の処遇引上げをセットにして,総額人件費の上昇をできるだけ抑えようとするものである。20世紀初頭の非正規化の揺り戻しといってよい。ただ,以前の処遇に戻ることはない。たとえば,卸売B社では,営業事務職に2002年に正社員採用から契約社員採用に変更したが,2009年に再び正社員採用に戻し,契約社員の全員正社員化しているが,賃金水準は地域の賃金相場に対応したものに変更している。

(2)「試用型」80%タイプ

　雇用状況の厳しいときに,企業が選択するものであり,買手市場の時に広がる。有期雇用の契約社員募集でも優秀な人材が獲得できるという市場条件が必要である。バブル崩壊後,とくに1997年以降,そうした状況が続き,契約社員採用が増加した。この場合には,正社員に登用されない契約社員は通常は退職することになる。高橋が「評価登用型」,渡辺が「試行雇用型」と呼ぶものである。法律上の試用期間後における労働契約解除が制約されていることから,その実質化を試みるものである。

　書店F社は,4年前(2005年)から営業部門で契約社員を活用し始めた。目的は正社員とすべき人材かどうかを見極めるためである。見極め期間はおよそ1~2年である。正社員登用を前提としているため,正社員登用に至らなかった者は契約を終了することにしている。情報通信E社では,中途採用者の一部に「正社員化を見込んだ契約社員」がいる。中途採用の募集時は正社員募集と区別せず,「正社員としての採用基準には一歩及ばない,あるいはE社の組織文化になじむかどうかすぐに判断できない」などの理由から試行的に雇用される契約社員のことである。彼らについては,1年後に正社員登用するのが基本であり,正社員登用できない場合には契約の終了を検討する。実態としては,仮に10人採用されたとすれば,1年後7~8人が正社員登用され,契約終了が1~2人,契約社員として雇用を継続する者が1~2人という割合である。

(3)「選抜登用型」

　20~30%のイメージである。意欲ある一定割合の契約社員が正社員に登用される。企業が選ぶという側面もあるし,個人が必ずしも正社員になりたいと思わないという場合もある。たとえば,書店F社の店舗部門の契約社員は前者のイメージに合う。営業部門と異なり,店舗部門では,勤務評定が基準以上で,部門長の推薦を前提として,筆記試験と2回の面接で選考し,取締役会で登用が決定される。実態としては毎年20人程度が応募し,5人程度が登用されている。これらの契約社員は基本的には,パート・アルバイトからの登用者である。つまり,パート・アルバイト→契約社員→正社員というルートである。どちらかといえば,

企業が選ぶという側面が強いように思える。

もう1つの例がコールセンターG社である。ここでは，正社員，契約社員，パート社員，派遣社員が働いている。一般オペレーターでは，正社員でも契約社員でも平均年収は300万円程度で大差ない。ただ，昇給しようと思えば，正社員になって昇進するしかない。正社員になるためには，転勤を受け入れ，深夜勤務やシフトの受け入れと正社員としてのミッションの受け入れが求められる。本人が希望し上司が適性を判断し，適性テスト・面接によって登用の可否が決まる。契約社員が700〜800人いるが，正社員登用の実績は年間100名程度である。この場合には，昇進しない限り賃金は大差なく，正社員になると転勤などの責務が重くなるので，正社員を希望する契約社員が限られている可能性が高い。

(4)「優秀者選抜型」

5％弱のイメージである。多くの契約社員のなかから，ごく一部の意欲があり優秀な者を正社員に登用する。百貨店D社がそれに当たる。大卒を正社員として新卒採用する以外に，主として短大卒を一般の契約社員として採用するようである。大卒2年目と短大卒4年目の一般の契約社員の年収格差は2割程度である。一般の契約社員で2年以上勤続し，一定の条件を満たしている者は，登用試験に合格することで，上位職の契約社員に登用される。直近の実績考課が一定以上で，会社指定の通信教育講座を受講し，部門長の推薦を受けた者が登用試験（筆記）を受けることができる。毎年，要件を満たす者は契約社員のうち30〜40人程度で，ほぼ全員が受験し，合格率は70％程度である。ちなみに，調査時点で200人の契約社員のうち上位職は約50人いた。上位職になると賃金が1割程度上がる。

正社員になるには，この上位職の契約社員として2年以上勤続し，直近の職能考課が一定以上であり，部門長の推薦を受けた者が登用試験をうける。試験は筆記試験，小論文，面接からなる。1998年に導入された契約社員制度であるが，正社員登用第1号が出たのは2006年である。例年の実態としては，受験資格のある者が3〜4人，実際に応募する者が2〜3人で合格率はほぼ100％である。2009年の調査時点では，6〜7名だとおもわれる。一部の意欲ある優秀者に正社員への道が開かれていることになる。

3-4 パート・アルバイトからの正社員

学生アルバイトから社長になった吉野家の例は極端としても，長期アルバイトのなかから正社員を登用することは外食産業などでは，昔からおこなわれてきた。先の調査では，正社員から登用される第2のルートは，パート・アルバイトからであり3割強（31.3％）を占めていた。「パートやアルバイト」には追加的仕事で，臨時的な雇用というニュアンスがただよう。労働時間も基本的にはフルタイムではない。そうした働き方から正社員への登用とは，どういうことであろうか。以下では，JILPT資料No.137「非正規雇用者の企業・職場における活用と正社員登用の可能性—事業所ヒヤリング調査からの分析—」にもとづいて，検討することにしよう。

補論1　初職非正社員の増加と正社員への転換

　JILPT 資料シリーズの事例でいえば，R 社，J 社，L 社がそれに当たる。R 社はリネンサプライ（クリーニング業）であり，実際の仕事の多くはパート・アルバイトが担当する。バブル崩壊後 8 年間新規採用を抑制していたために，30歳代のライン管理担当者が不足していた。そのため，企業が正社員転換候補をみつけて，打診している。男性 2 人は「パート」から正社員に転換したが，ほかの男性 2 人には断られたという。正社員転換した男性（37歳）の年収は社会人経験や年齢を配慮して，400万円台半ば程度である。

　J 社は信用金庫である。パート勤続 3 年以上で人事考課が高く，正社員の所定時間勤務が可能で所属長の推薦を受けた場合には，まずは契約社員になることができる。そのうえで，契約社員として 2 年以上働き，必要な資格を取得し，人事考課が高く，所属長の推薦があれば，正社員に登用される。過去 3 年間の実績ではパートから契約社員が 2 人，契約社員から正社員に転換した者が 8 人である。転換者の年齢は40歳代が多い。正社員転換後の年収は大卒者の初任給と同じ約305万円，契約社員の年収が254万円，フルタイムパートの年収が163万円（時給970円）である。

　L 社は，引っ越しの会社であり，正社員268人，契約社員32人，パート・アルバイト215人の会社であるが，直近 1 年間にアルバイトから契約社員に13人，契約社員から正社員に19人が登用されている。アルバイトから契約社員になるには，ドライバーの場合，中型免許をとることが必要である。勤務態度などが評価されるが，この企業で正社員になることはそれほど大変ではない。月給はドライバーが40万円程度，営業職が20万円程度である。ドライバーが足りないというのが課題である。

　J 社とL 社はパート・アルバイトから直接正社員に登用されるのではなく，まず契約社員になり，そこからさらに正社員に登用されていた。また，先にみた書店F 社でも，店舗の契約社員はパート・アルバイトからの登用であった。つまり，契約社員制度を持っているところでは，パート・アルバイトから直接正社員登用されるのではなく，契約社員を経て登用されるということが多いようである。

3-5　派遣社員の正社員化[14]

　派遣社員については，正社員になる前に，間接雇用から直接雇用への転換という流れがあり，その一部が正社員となる。以下にみるように，契約社員になるケースも多い。また，常用型派遣では，派遣企業での正社員あるいは正社員化という場合もあるが，ここでは一般派遣を念頭において議論を展開することにしたい。

　さて，厚生労働省「平成24年度労働者派遣事業報告書」によれば，2012年度に常用換算派遣労働者は約129万人である。では，このうちどの程度が派遣先で正社員になるのであろうか。JILPT 調査 No.134によれば，40歳未満正社員の14.3％が他の雇用形態からの転換であり，うち12.7％が派遣社員からであった。つまり，40歳未満正社員の1.8％は派遣労働者から正社員になったことになる。

　派遣労働者から派遣先企業での直接雇用化および正社員化については，JILPT 調査 No.78,

No.79 (2010) がある。派遣元調査である No.78によれば，直接雇用化で最も多いのは「通常派遣を経て転換（引き抜き）」で，一般派遣業の事業所の45％で実績があったとしている。ついで「自由化業務3年経過後転換」27.3％，紹介予定派遣の24.7％となっている。直接雇用に転換後最も多いのは，「引き抜き」では，正社員38.1％，契約社員47.1％，パート・アルバイト10.3％，「紹介予定派遣」では，正社員57.8％，契約社員34.4％，パート・アルバイト3.6％，「3年経過後」では，正社員20.3％，契約社員64.2％，パート・アルバイト12.3％という結果であった。

派遣先調査である JILPT 調査 No.79では，過去3年で何らかの形で正社員転換の実績がある事業所は全体の35％と約3分の1を占めており，派遣からの正社員転換が例外的ではないことを示している[15]。最も多いのはここでも「引き抜き」で24.9％の事業所が経験ありとしている。紹介予定による正社員転換は13.4％，3年経過後は3.5％の事業所で実績があるとされた。

正確な人数はわからないが，以上の調査結果から，紹介予定派遣による正社員転換の2倍程度が「引き抜き」などで正社員転換しているように思える。先の「平成24年度労働者派遣事業報告書」によれば，2012年度に紹介予定派遣で派遣された労働者は5.3万人，うち2.9万人が直接雇用に結びついたとされている[16]。JILPT 調査 No.78によれば，直接雇用のうち正社員になるのは57.8％であったから，1.7万人弱が紹介予定派遣によって正社員になったと推計される。その倍の人が「引き抜き」などで正社員化したとすれば，約5万人が毎年派遣労働者から正社員になっているものと考えられる。他方，派遣社員から契約社員となる人はこれよりもやや多いように思われる。先にみたように，常用換算の派遣労働者は約129万人いるから，正社員になるのは4％弱，契約社員になるのも4％程度と考えるのが妥当だろう。派遣社員で正社員になりたいと考える者は「平成22年就業形態の多様化調査」によれば，現在の会社で正社員として働きたい派遣労働者は約3割いるから，希望が実現するのは1割程度にとどまっているといえる。派遣社員から派遣先の正社員になる道はきびしい。この点を如実に示すのが派遣先企業による派遣労働者の正社員採用理由である。「仕事ぶりが良かったため」が78.4％と圧倒的であり，ついで「技能・能力が非常に高かったため」（44.8％）や「職場において必要不可欠な人材であったため」（34.1％）となっている。(4)「優秀者選抜型」による正社員登用であることを示している。

以上のことからわかることは，派遣社員から正社員への登用は，全体としては，本補論の類型でいえば，「(4)一部の優秀者だけが移行する場合」に限定される。ただ，紹介予定派遣では(2)と(3)の中間パターンとなる。

3-6　処遇と満足度

(1)処遇

当初から正社員であった者と登用されて正社員になった者の賃金分布は，図表補1-10のようになる[17]。図表は省略するが，年齢階級別にみると「当初から正社員」のほうが登用者

補論 1　初職非正社員の増加と正社員への転換

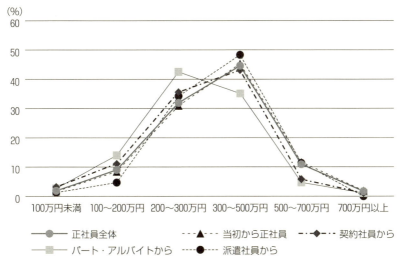

図表補 1-10　登用種類別正社員年収分布（40歳未満）

出所：JILPT 調査 No.134 より筆者作成。

よりも平均すると若干若いが，男性の割合が高い（64.2％：35.8％，契約社員からの登用では59.1％：40.9％，派遣社員からでは48.4％：51.6％）し，役職も上位者比率がやや高い点を考慮すると，パート・アルバイトからの登用を除けば，賃金差についてはほとんどないといってよいであろう。

(2) 満足度

　正社員のなかで，当初から正社員あるいは正社員間の転職をした人（「ずっと正社員」）と，外部転換した正社員，内部登用による正社員の3つ，もう一方に，正社員転換を希望するパート，契約社員，派遣労働者を区別して，仕事に関連する満足度を比較しているものがある。JILPT 報告 No.143（浅尾裕「論点10　正社員転換区分別満足度集計」）である。ここでは，満足＝2，やや満足＝1，どちらでもない＝0，やや不満＝-1，不満＝-2として，無回答を除いた構成割合で加重平均したスコアをとっている。まず，正社員のなかを比較したのが，図表補 1-11である。予想されるように，ずっと正社員である人の満足度が総じて最も高い。ついで，内部登用の正社員であり，外部転換の正社員の満足度が一番低くなっている。これは，外部転換の正社員の仕事がそれほどよくないことを示している。内部登用による正社員は基本的には両者の中間だが，「仕事内容・やりがい」については若干とはいえ，一番高くなっている。これは，選抜登用型などの登用方式にみられるように，仕事にやりがいを求めている人が比較的多いことを示している可能性が高い。

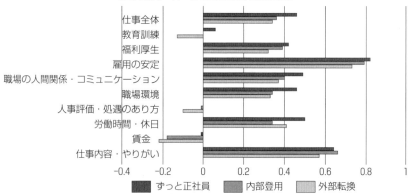

図表補1-11　正社員転換と満足度

出所：JILPT 報告 No.143, 284-5 頁より作成。

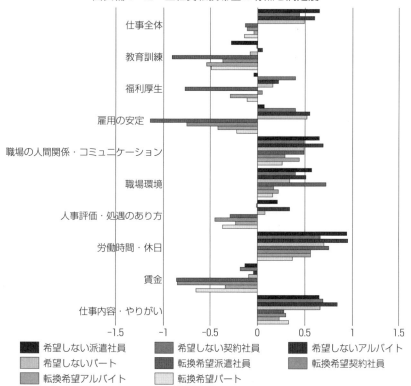

図表補1-12　正社員転換希望の有無と満足度

出所：JILPT 報告 No.143, 284-5 頁より作成。

つぎに，非正社員と比較したのが，図表補1-12である。常識的な結果ではあるが，正社員転換を希望する非正社員の満足度が圧倒的に低い。彼らは大きな不満をもっている。他方，パートやアルバイト，契約社員で正社員になりたいと思っていない人は，仕事のやりがいや人間関係で，とくに労働時間・休日に満足度が高い。これは，会社にしがみつく必要がない人々だからであろう。とくに，親や配偶者の収入を当てにできる人は，それなりに満足できる仕事をしていることになる。それは賃金の満足度などにはっきりと表れている。

小　括

正社員の一面として，正規化プロセスとしての正社員化を取り上げた。調査研究から浮かび上がる状況は，以下のとおりである。

(1) 初職の雇用形態は男女とも非正社員が増えており，女性では2010年以来初職非正社員が多数派となっている。
(2) 初職正社員であっても，いろいろな理由で非正社員になる人がいる。特に女性で多い。
(3) 初職非正社員であっても，現職正社員は男性では特に多い。アルバイトや契約社員を経て正社員となっている。それに比べて，女性の場合には契約社員を除けば正社員に移行している人の割合は低い。
(4) 非正社員から正社員への移行は，最初から正社員採用される場合と登用による場合とがある。前者は正社員の1割弱を後者は1割強を占めるように思われる。
(5) 登用された正社員のうちで「限定正社員」となる人は少数派である。多くは通常の正社員となる。
(6) 登用された正社員と当初からの正社員の賃金に大きな差はない。もちろん，昇進率は若干低い。パート・アルバイトから登用された正社員は賃金水準が高くないが，その多くはそうした業界が全体として賃金水準の低いところである可能性が高い。
(7) 1年以内に正社員に登用されるという意味で，試用型の非正社員が，登用者の約半数を占めている。多くは契約社員という雇用形態である。とはいえ，契約社員の多数派は正社員登用の可能性がないかほとんどない単なる有期雇用労働者である。
(8) 派遣社員の一部も「引き抜き」や紹介予定派遣の形で，正社員になる人は少なくないが，それは基本的には厳しい選抜があり，派遣先の正社員になることは容易ではない。
(9) 仕事に対する満足度は正社員のなかでは一貫型が最も高く，登用型がそれに続き，外部転換型が最も低い。
(10) 仕事に対する満足度は，正社員転換を希望する非正社員で極めて低く，強い不満が存在している。それに比べて，正社員を希望しない非正社員の仕事満足度は正社員と同じか，それ以上である。一定程度，生活にゆとりのある層がいることが示される。

■注

1 いうまでもなく，これは事実の一面に過ぎない。職務を企業にゆだねることをよいことに低労働条件で従業員を酷使する企業が存在しているのもいうまでもない。とくに，正社員採用が相対的に減少する中にあって，そうした企業が増えたという問題はある。
2 言葉の本来の意味で言えば「転職」（職業を変えること）ではなく「転社」（勤め先企業を変えること）であるが，統計調査が転職という用語を用いているので，引用については，これに従う。ここで「職」とは職業を意味するのではなく，「自営業を含む勤め先」という意味である。こうした用語法は，日本で職業概念がいかに希薄であるかを示している。ドイツにおける職業世界については，久本（2008）を参照。
3 正式には「（呼称による）正規の職員・従業員」であるが，煩雑さを避けるために，以下では単に「正社員」とする。この調査では，「勤め人が勤め先を変えた場合，変える前の仕事を別の仕事」としており，「同じ企業内での配置換えや勤務地が変わった場合は，別の仕事としない」，他方，学生時代にアルバイトとして入社し，その後正社員に登用された人は初職が「アルバイト」であり，現職が「正社員」となる。通学の傍らアルバイトをしていた学生が卒業後就職した場合，最初の仕事（初職）には，そのアルバイトは含まない。ただ，学生時代していたアルバイト先に卒業後，そのまま就職した場合には，そのアルバイトを最初の仕事（初職）とする。「平成24年就業構造基本調査　調査票の記入の仕方」参照。
4 これ以外に雇用労働者が失業者になったり，失業者が雇用労働者になったりする場合もあるが，ここでは扱わない。
5 なお，年齢階級別にはわからないが，初職正社員のうち調査時点で専業主婦なのは23.5％である。
6 ここでは，高度専門職としての契約社員は除外する。低賃金正社員が多い業界では，非中核的な技能をもつ人々を正社員よりも高く処遇することで足止めを図ろうとする。こうした人は多くない。なお，本書の関心に即した正社員登用の類型としては，渡辺木綿子（2009）がある。渡辺は，①揺り戻し型，②試行雇用型，③ステップ・バイ・ステップ型，その変種としての④連続型，⑤旧来（不連続）型の５つに分けている。類型を分かつ基準は「非正社員から正社員への人材確保の緊要度」であり，①が最も高く，⑤が最も低い。①は一過性のものであり，基本は②試行雇用型と③ステップ・バイ・ステップ型ということになる。契約社員については②ということになり，パートや長期アルバイトについては③が中心となるだろう。
7 複数の雇用形態からの登用があるために，合計は100％を超える。
8 つまり，限定正社員への登用は，そもそもそれほど多くない正社員登用のさらにその一部にとどまっている。ただ，非正社員の正社員化という文脈でいえば，その意味は小さくない。
9 設問では，最も長いものを尋ねているので，必ずしも直前の就業形態ではない。なお，「その他」が7.7％いる。
10 なお，JILPT調査No.86（296頁）では，パートとアルバイトを分けて，「しばらく働いていると正規の職員・従業員になれる」を選んだ割合は，パート3.7％に対して，アルバイトは9.5％となっている。ちなみに契約社員では20.9％，派遣社員9.3％とほぼ同様の数字である。
11 「JILPT多様就業実態調査」のデータを二次分析したJILPT報告No.143によれば，年齢は入社時であるが，登用者の年齢は，男性では20歳代が６割程度を占め，外部転換者（転職により正社員になった者）よりも若干若い。他方，外部転換に比べ登用者の入社年齢の方が，30歳代後半から40歳代の割合が相対的にやや高くなっており，こうした年齢では外部転換よりもいったん非正規で入社して正社員へ登用されるケースが相対的に多い。女性についても20歳代が６割程度を占めるが，30歳代後半から40歳代前半も合計２割以上を占め，男性よりもこうした年齢での入社がさらに高い割合を示している。なお，企業規模別にみても，大きな違いなく，全体で10.7％である。全正社員の9.3％が外部転換であり，内部登用のほうが若干多く，正社員全体の２割がこうした人々で占められている。

12 ここでは，高度専門職としての契約社員は除外する。職業別労働市場が発達した職種で働く労働者を，賃金水準の低い業界では，必要な高度専門職を正社員と同等水準，場合によっては，より高く処遇することで足止めを図ろうとするが，こうした人は多くない。
13 正社員登用類型については，渡辺（2009）を参照。
14 もう1つの間接雇用から正社員への道として，請負労働者（社外工）から正社員登用への道もないわけではないが，非常に少ないので，ここでは省略する。
15 もっとも，厚生労働省「平成24年派遣労働者実態調査」の事業所調査によれば，派遣労働者が現在就業している事業所のうち派遣労働者を正社員に採用したことがあるのは11.1％にとどまる。
16 なお，厚生労働省「平成24年派遣労働者実態調査」の個人調査によれば，派遣労働者の47.9％が紹介予定派遣制度を知っており，うち46.4％，つまり全体の22％が「利用したい」と答えている。周知率・希望率とも女性のほうが高く，女性では全体の3割の派遣労働者が利用したいと答えているのに対して，男性は1割に留まる。「利用したい」派遣労働者は28万人強となるから，実際の5倍強の希望があるということになる。
17 JILPT調査No.134のデータより作成した。

補論2

従業員代表をめぐる論点[1]
―過半数代表制の実質化を求めて―

1　問題の所在

　団塊の世代の引退や組合組織率の高い製造業の停滞など，労働組合が雇用労働者の組織化に成功することは容易ではない。パートなどの組合員化は徐々にではあれ成果を上げているが，中小企業の労働者の組織化には一向に明るさが見えない。「平成28年労働組合基礎調査（厚生労働省）」によれば，従業員規模100人未満の企業での推定組合組織率はわずか0.9％にすぎない。100人以上1,000人未満の中企業でも，12.2％に留まる。1,000人以上の大企業でさえ，44.3％と半数に満たない。雇用関係は，もっぱら個別化されてきたといってよいであろう。

　直近では，好景気を反映して落ち着きを見せているとはいえ，傾向としては個別労使紛争が増加している。近年は「いじめ・嫌がらせ」が増えている[2]。事後処理として，労働審判制などが整備されたが，事前予防としての制度はない。日本では，企業が就業規則を定め，それに対応した賃金処遇制度のもとで，個人が個別契約をするという形をとることが多くなっている。集団的な労使交渉は，中小企業では少なくなってきたといえよう。そのため，繰り返し従業員の経営参加をめぐって議論が展開された。だが，ドイツなどにみられる体系的な従業員代表制の導入については，経営側だけではなく労働組合も，従業員代表との競合を恐れて及び腰となっていたためか，残念ながら今一つ盛り上がらなかった。

　他方，よく知られているように，「過半数代表者」という制度がある。近年では，労働法制に留まらず，関連法制でも，その役割が規定されている。その意味で「過半数代表者」の役割はますます大きくなっているといってよいであろう[3]。たとえば，労働時間を中心に法的規制の柔軟化（規制解除）を企業と「過半数代表者」との協定にゆだねている[4]。その代表例が，残業を認めるいわゆる36協定（労働基準法36条）である。しかし，子細に過半数代表者の法的関与をみてみると，単に規制の解除だけでなく，就業規則における意見聴取や企業年金などでの関与など異なった観点から見なければならない権利も存在している。既存制度の実質化こそが重要であるというのが，本補論の基本的な主張である[5]。

2　役割の増加[6]

　従業員の過半数代表者は，36協定をはじめとする労働時間規制からの解除や就業規則における意見聴取の権利などを従来から与えられているが，現在ではこの代表者の同意や協議，

あるいは意見聴取などを求める局面が多くなっている。こうした権利を過半数代表者の法的権利の強さや権利の性格から整理するとつぎの4つにまとめることができるだろう。

(1) **同意権を有するもの**

　本来の労働規制の柔軟化（解除）を認める前提として，従業員の過半数代表者の同意を求めるものがかなりある。すべてを従業員にとって不利とみれば，単なる規制緩和であるが，従業員に有利なものもあると考えれば権利といってもよい。ただ，現時点では発議権（イニシアティブ）はすべて使用者にあり，過半数代表者にはない。その意味で，すべて受動的である。

① 　労働時間関係。36協定，1年単位の変形労働時間協定，裁量労働時間協定，休憩の一斉付与規制の解除，時間単位での年休所得，割増賃金相当部分の有休での付与，フレックスタイムの導入，計画年休などがある。

　　最も重要なのは，労働時間の延長，つまり36協定の締結である。これを締結しなければ企業は従業員に残業を強いることができない。現在のほとんどの企業は36協定を締結しており，その結果従業員が残業するのは当然のことと思われている。従業員も残業しなければ仕事が片付かないときはあり，残業手当を期待している人も少なくない。企業としても残業が違法となれば大問題である。したがって36協定は当然のように労使で締結されるのが通常である。しかし，これは法的にみれば解除なのであり，もし過半数代表者個人が36協定に同意しなければ，残業は違法となる。ほんとうに，こうした権利をたった1人の判断に任せてよいのであろうか。

　　ついで大きなテーマは労働時間の柔軟化である。変形労働時間協定や裁量労働時間協定，休憩の一斉付与規制の解除，計画年休の導入などがある。いずれも使用者が希望するテーマであり，従業員の利害に配慮するために，過半数代表者の同意を求めたものである。

　　ただ，従業員のほうが希望する可能性が高いテーマもある。たとえば時間単位での年休取得や割増賃金相当部分の有休での付与，フレックスタイムの導入などである。これらは，むしろ従業員の方が希望することのある項目である。こうした項目については，過半数代表者にも発議権を与えることが正当であると思われるが，現時点ではすべての発議は使用者が行うものとされており，過半数代表者は積極的に関わることができない。

② 　雇用調整助成金関係。各種の雇用に関する助成金を得るには，過半数代表との「書面による協定」が必要とされている[7]。助成金獲得のために企業内労使で対立することはあまりないように思われる。むしろ，それが不正請求である可能性をいかに減らすかということが大切である。つまり，不正請求でない責任を過半数代表者もともに持つ。

③ 　賃金関係。賃金は直接労働者に全額を支払わねばならない（労働基準法24条）。それを解除するには過半数代表者と「書面による協定」が必要である。「社内預金」や「財形貯蓄制度」なども，賃金支払についての過半数代表者との協定を前提としている[8]。

④ 　その他。「育児休業の例外者の設定」や「高齢者・育児・介護の申請手続の代理」もあ

る。
⑤　特定の過半数代表者。これは該当者が限定されることから，過半数代表の代表対象を限定したものである。たとえば，各種企業年金関係では「被用者年金被保険者の過半数代表」とされる。同種のものとして，寄宿舎規則がある。

(2) **意見聴取を求めるもの**[9]
　使用者が過半数代表の意見を聴かねばならないとする項目には次のものがある。
①　就業規則の作成・変更
②　安全衛生計画の作成
③　再就職援助計画の作成
④　事業内職業能力開発計画の作成
⑤　派遣労働者の派遣期間の決定・変更
⑥　高年齢者関係の諸施策
⑦　事業譲渡の許可
⑧　破産法・会社更生法・民事再生法（一部は通知のみ）

(3) **労使委員会方式・委員の推薦**
　委員会で話し合わねばならない場合には，そうした委員会の委員を推薦することができる。たとえば「企画業務型裁量労働時間」を導入する場合に設置される委員会の半数を，過半数代表が任期を定めて指名することとされている。また，安全委員会や衛生委員会の半数（第1号委員を除く）を推薦することができるし，事業者はその推薦にもとづいて指名しなければならない。

(4) **努力義務**
　労働契約承継法や苦情処理（雇用機会均等法，育児・介護休業法，パート労働法）において，事業主の代表者と当該事業所の代表者を構成員とする苦情処理機関を設置して苦情処理の自主的解決を図ることが努力義務として課せられている。

3　具体的な問題点

　このように，過半数代表が関係する領域は，現在ではかなり広がっている。にもかかわらず，それが十分に機能していないように思われる。なぜ，そうなっているのであろうか。問題点は，つぎの6点にまとめられるだろう。

(1) **選出手続が，いい加減な場合が少なくない**
　企業指名や懇親会の代表を自動的に過半数代表とするなど，その実質性が担保されていな

い場合が少なくない。JILPT調査No.5 (2005) によれば，「従業員の過半数を代表する者の意見を聴いた」とする企業のうち，過半数代表者を「選挙」で選んだのは16.9％にすぎない（うち，無記名投票は5割強，挙手が4割強）。これと，「全従業員が集まって話合いにより選出」14.8％，「信任」16.0％であり，これらすべて含めても5割に達しない。

「事業主（又は労務担当者）が指名」が13.1％，「社員会や親睦会等の代表が自動的に労働者代表となる慣行」が17.1％，「職場ごとの代表者等一定の従業員が集まって話合いにより選出」13.5％と，これらを合わせると4割強に達し，その代表性に疑念が持たれる企業が少なくない。

(2) 1人しか選ばない

1人のため相談相手もなく，労働法の知識もほとんどない場合が少なくなく，経営側の言いなりになる可能性が高い。事業所の全従業員に関係することをたった1人の責任で判断させるというのは，常識的にみて無理がある。本人にとっては，不安でしかたがない。会社に対して，しっかりとした主張ができるはずがない。

(3) 費用負担の規定がない

過半数代表者が代表としてまっとうに活動しようとすれば，時間やその他の負担が生じる。ところが，現在の立法は多様な仕事を過半数代表者に課しているにも関わらず，その費用負担については何らの規定もない。これでは，継続的にまともな活動などできるわけがない。

(4) 任期に明確な定めがない

JILPTの調査によれば，過半数代表者の選出は「就業規則の変更の都度」にする企業が最も多く，約5割を占める（無回答除く）。これは就業規則を変えない限り，過半数代表者を変えないことを意味しており，制度が有名無実化しているといってよい。

もちろん，任期を決めて選任している企業は約3分の1ある（無回答除く）。うち，「9か月超1年以下」が半数強である。36協定の事実上の有効期間を1年にすることが望ましいとされており[10]，その多くが1年任期と思われる。これに対して，1年を超える任期は半数弱である。今度は，逆に任期は短すぎるように思われる。いずれにしても任期を定めていないのは，制度の不備である。

(5) 従業員が知らない

締結した協定や意見具申の内容など過半数代表者が従業員に知らせる義務がないため，従業員に知らせない場合が多く，従業員にとって存在感がない。なお，使用者に周知義務はあるが，現実にはあまり守られていないように思える。

(6)過半数代表者が発議できない

同意権を持つ場合であっても，発議できるのは常に使用者であり，過半数代表者が発議することが予定されていないために，過半数代表者はどうしても受け身である。

4 過半数代表制の実質化が必要

4-1 実質化のための方策

では，過半数代表制を実質化するには，現状をどのように改善すればよいのであろうか。まず，その方策について考えてみよう。上記の問題点は，そのまま解決策を提示することにつながる。その具体的な方策としては，次のことが考えられる。

(1)選挙を原則とする

無記名秘密投票が王道だろう。ただし，小事業所ではその必要はないかもしれない。選挙は従業員30人以上の事業所とする。

(2)複数代表を原則とする

上記のような多くの点について，1人ですべてを意思決定するのは，いかにも不自然である。たとえば，ある過半数代表者が独断で36協定締結を拒否したらどうなるだろうか。影響は，その事業所の従業員全体に及ぶ。こうした問題は，最低3人程度で話し合うのが望ましいだろう。つまり，「過半数代表者」を「過半数代表委員会」とする。数人で話し合うということが決定的に重要である。意思決定をスムーズにするために人数は奇数のほうがよいだろう。もちろん，一定規模以上ということになるとすると，たとえば30人以上の事業所に3名以上の選出としたらどうだろうか。過半数代表者は「個人」から「集団」となる。なお，労働法（労働市場の法定ルール）の正しい知識を習得するために，新任の過半数代表者に研修を義務付ける必要があるだろう。

(3)活動にかかる費用を使用者負担として明記する

過半数代表者の活動は主として使用者が使用者のために必要とする活動であり，それは従業員の納得性も高めるだろう。

(4)任期を定める

過半数代表の仕事に慣れるには数年かかるだろう。任期は2年から4年の間で，統一的に設定するのがよいだろう。有期雇用の人の被選挙権への危惧から任期を1年として再任を妨げないという考えもあろうが，ここは使用者と交渉できる力量と職場の信頼という観点からみて，任期1年は短かすぎる。また，選挙の手間を考えると毎年の選挙は負担が大きい。選

出された代表者が事業所間異動の可能性がないわけではないから，その時のためのルール作りが必要である。信任投票でない場合には，次点者を任命することになるだろう。もちろん，立候補者数と当選者数が同じである信任投票の時には再選挙せざるをえないが，これは従来の毎年選挙に比べれば負担は少ないはずである。

(5) 過半数代表者の責任を明記する

　民主主義における代表は，選んだ人々に対して説明責任がある。たとえ選挙で選ばれたとしても国民に国会での審議事項を知らせないのであれば，到底，民主主義とはいえないであろう。過半数代表者も同様である。存在感を持たせるためには，使用者の周知義務が労働基準法106条で規定されているが[11]，過半数代表にも「説明をつけた周知」義務を課すべきである。そのための手段・時間を確保することはいうまでもない。使用者の周知義務の実質化も重要なポイントであるが，従業員代表の周知義務化は，代表者として必須の役割である。ただでさえ引き受け手がいないのに，責任を問われるようではますます引き受け手がいなくなるという危惧が聞こえてきそうである。しかし，実効性のある制度にするには不可欠である。しっかりとした処遇をする必要があることはいうまでもない。

(6) 過半数代表にも発議権を認める

　今後の過半数代表制度の交渉項目・範囲は，労働時間規制の柔軟化を中心としたものに限定し，拡大する必要はないだろう。ただ，過半数代表の実質化という観点からすれば，使用者にだけ，規制の柔軟化（規制解除）の発議権を認めているのはいかがなものであろうか。

　現在の法的規定は法的規制の柔軟化という観点から，すべてイニシアティブをもっているのは，使用者とされている。しかし，法的規制の柔軟化は従業員の側から発議してもおかしくない。たとえば，有給休暇の時間単位での付与などはむしろ従業員サイドから求めるのが自然であるし，フレックスタイム制の導入も従業員サイドから発議してもよいはずである。今までの過半数代表制度は，すべて受け身であったが，今後は積極的な法的規制の柔軟化への関与も認められるべきであろう。WLBの観点からしても望ましいだろう。規制の柔軟化は使用者だけが求めているわけではない。

4-2　実質化による不安への対処

　上記のような実質化をはかると，いくつかの問題や不安が発生する可能性がある。その対策も考えておく必要がある。使用者が危惧するのは権限と費用負担であり，労働組合が危惧するのは労働組合の権限との競合であろう。

(1) 使用者の危惧

① 経営者としては，形式的には変化がなくても，実質的に権限が削減されるのではないかと不安になるかもしれない。しかし，そもそも法律が法律どおりに機能するためのもので

あり，権限が削減されることはまったくない。
② 費用負担も心配となるかもしれない。もちろん，お金をかけない工夫が必要かもしれない。たとえば，場所は会社の会議室を使えばよいし，機器類も会社のものを使えばよい。ITの時代において消耗品の費用は，たかが知れている。周知も会社のイントラネットを使えばよい。選挙の手間がかかるが，これは任期を2～4年に定めることで低減できる。本当にかかるのは人件費だろう。とはいっても，過半数代表者の業務時間分の負担である。会社にとって重要な協定類に関するものであるという認識を持てば，負担はわずかである。一度試算してみたらよい。

(2) 労働組合の危惧

組合が最も恐れているのは，組合活動との競合である。過半数代表制度が実質化すると，過半数代表者と使用者がその他の労働条件についても話し合うようになり，組合組織化が困難になるのではないか。あるいは既存の組合組織では，組合員から組合費負担への批判が出るのではないか。そのため，既存組合組織が弱体化し，過半数代表制度が組合に取って代わるのではないかと心配しているのである。

こうした不安は，縮み志向の成せるわざである。賃上げや労働時間の短縮などの議論は労働組合の専権事項である。過半数代表の権限範囲については変更ない。むしろ，中小企業での絶望的といってもよい低組織率をみれば，企業内に労使関係を考える人々がいるということは，労働組合にとってはチャンスが拡大することになるはずである。いや，そもそも労働組合は労働者の利益を第一に考える団体である。こうした過半数代表の実質化を積極的に支援しないとすれば，労働組合の名がすたる。

(3) 過半数代表者の危惧[12]

選出される代表者の負担が重くなるので，立候補する人がいなくなると不安になるかもしれない。もちろん，責任だけを負わされて何の見返りもないのであれば，積極的に担おうとする気持ちになれないであろう。しかし，上記の実質化が実現したとすれば，企業内でのプレゼンスは大きくなるし，やりがいも出る。企業もその重要性に気づくだろう。誰も候補者がいないと困るのは企業である。従業員が立候補できるような環境を整えるに違いない。もちろん，公正な従業員による選挙をおこなうことが前提であり，それが実現しないときには，従業員が都道府県労働委員会に訴えられるようにすればよい。

小 括[13]

有名無実化している「過半数代表者」制度を実質化することが，組合組織率が低下している日本において，労働者の利益を守るために最低限必要である。企業にとっても，意見集約は個別に意見を聴取するよりも効率的である。たとえば，36協定と同様のものをすべての従

業員と毎年締結するという状況を考えると，企業にとっての過半数代表制の効率性は明らかである。

また，実質化によって労働市場のルールである労働法への教育ニーズが高まり，労働法の知識をもつ人々が増えることにつながることが期待される。それは，集団的な労働条件の確認であり，労使コミュニケーションの充実化にも寄与するであろう。

もちろん，過半数代表制には常に少数者への配慮という問題がある。とくに企業内における雇用形態の多様化は，雇用形態の異なる人々の利害をどう反映させるかという問題を生み出している。この点は法律を定めるまでもなく当然のことであるが，それを促進するために，条文に「関係する少数者の意見の聴取や配慮」を組み込むことは可能だろう。もちろん，法律に書いたことが実践されるかどうかは職場の労使関係に依存するのはいうまでもない。

■注
1 久本（2013b）「従業員代表をめぐる論点―過半数代表制の実質化を求めて」『Int'lecowk 国際経済労働研究』2013年4月号（通巻1029号）7～12頁に一部加筆修正したものである。
2 厚生労働省（2016）「平成27年度個別労働紛争解決制度の施行状況」（http://www.mhlw.go.jp/stf/houdou/0000126365.html　2017年3月1日アクセス）
3 よく知られているように，労働組合が事業場の過半数の従業員を組織化している場合，「過半数組合」と呼ばれ，「過半数組合」＝「過半数代表者」として取り扱うこととされている。従来，企業別組合の多くが「過半数組合」であったが，近年では，ユニオン・ショップ協定を結んでいる企業別組合でも，パートタイマーなど非正規労働者の増加に伴い，事業所単位で過半数を割り込むところが増え，そのため今まで必要ではなかった過半数代表者を別に選ぶことが必要となった。こうした事態を避けること，つまり，過半数を獲得することが，企業別組合がパートタイマーを組織化する原動力の1つになっている。
4 たとえば，変形労働時間制の導入など。
5 本補論では，過半数代表の複数化など新たな方策も提案しているが，これらは実質化を担保するものという位置づけである。なお，筆者は労働法を専門とする者ではないので，法的に厳密ではない点や言いすぎがあるかもしれない。詳しくは各種の労働法の教科書や法律に当たっていただきたい。
6 賃金交渉や労働時間短縮交渉など基本的な労使関係事項はすべて労働組合が果たすべき事項であり，「過半数代表者」はこうしたテーマには一切関与しない。また，注3で述べたように，労働組合は従業員の過半数を組織化すれば，自動的に「過半数代表者」となるのであり，実質化に反対する理由はまったくない。
7 各種奨励金の申請にも類似の条項がある。
8 賃金保全のためのものである。
9 「協議」を要するという規定はほとんどない。例外は企業分割や事業再生などの時である。
10 基発第169号（平成11年3月31日）。
11 今は，30万円以下の罰金（労働基準法120条1項）だが，本当に実践されているのだろうか。
12 身分保障については，「使用者は，労働者が過半数代表者であること若しくは過半数代表者になろうとしたこと又は過半数代表者として正当な行為をしたことを理由として不利益な扱いをしないようにしなければならない」（労働基準法施行規則6条の2の③）。
13 ここでは取り上げなかった論点も存在する。4つあげて，簡単にその方向性について示すことに

しよう。①多様な雇用形態の人々の代表性の問題。管理職を含む勤続 6 か月以上のすべての直接雇用従業員に選挙権と被選挙権を与える。現状では，管理監督者は「過半数代表者」になることができない（労働基準法施行規則 6 条の 2）が，JILPT 調査 No. 5（2005）のアンケート調査に回答した企業の約 4 割は課長以上が過半数代表者となっており，違法状態となっている。ただ，従業員である以上，選挙実施を前提として今後は被選挙権も認めてよいのではないだろうか。②企業単位か事業所単位か。過半数代表は従来どおり事業所単位がよいだろう。企業単位で交渉したほうがよい場合には，企業単位で合同の委員会を作ってもよいが，原則は従来どおりでよい。③選挙における不正など紛争が発生したときは，集団的労使関係であるので労働委員会で対応するのがふさわしい。

補論3

正社員の歴史[1]

　正社員という用語は雇用の世界では比較的新しい言葉である。第2章で正社員とは何であるかについて検討した。そこでの中心は現時点での正社員といわれる人々のあり方の検討であった。ここでは，事実上「正社員」という雇用のあり方がどのような雇用世界の歴史の中で形成されていったのかを検討する。

　「正社員性」という観点から考えると，歴史的には，それぞれの要素が一気に成立したとみることが容易ではないことに気づく。それぞれの項目ごとにその成立について考察したうえで，最終的に，その成立を確認することが必要であろう。だから，一部の要素で「正社員」の成立を語るとすれば，成立時点は異なるのが当然だということにもなる。

　さらに，日本の「正社員」を語るうえで忘れてならないのは，その量的側面である。第2章で論じたような処遇や働き方を少数の「エリート」の働き方と考えれば，洋の東西を問わずどこにでもある。日本で「正社員」の働き方が問われるのは，その対象者が少数のエリートだけではなく，多数の労働者にも（薄められつつも）及んでいるという点にある。したがって，こうした処遇と働き方が単に一部の大企業に存在していたというだけでなく，日本社会への普及・一般化というプロセスそのものを理解することが必要となる。もちろん，本書で述べてきたように，こうした正社員性が十分に強い正社員は決して多くない。しかし，典型的な正社員，あるいは明記していないが暗黙の了解として，こうした要素がある程度は満たされていることが正社員たることの意味であろう。以下では，まず，第二次世界大戦前の社員について簡単にみた後，正社員性処遇[2]の形成について検討することにしたい。

1　第二次世界大戦以前のエリートとしての社員

　どのような国にも，エリートとしての「社員」がいる。それは何ら日本の特徴ではない。入社当初から幹部社員として処遇される人々である。それを何と呼ぶかは，時代によって変化するだけでなく，企業により異なる。雇用関係の概念も，現実の使用法に応じて変えざるをえない。ホワイトカラーという用語は単に「白襟」だし，その用語に学問的な規定をするのは後付けでしかない。「正社員」概念もそうである。氏原（1968）はつぎのようにいう。

　「戦前の日本の巨大経営においては，次の4つの従業員のグループが存在したと考えられる。社員・準社員・工員・組夫が，これである。これらの名称を異にした従業員グループは，経営体内部の職能が非常にちがっていたばかりでなく，採用，解雇，昇進経路，給与なども，単に量的とはいいきれない，質的な差があった」

　「社員は，経営首脳部かそのスタッフ，またはその候補者である。だから，社員は，経営

を構成している特定の職務の事務または技術の詳細につうじ，その限りで責任をもち権限をもつが，それ以外には責任も権限ももたない専門家ではない。たとえ，その仕事が特定の部門に属していても，常に経営全体のことを考慮にいれて，判断することを必要とするような地位に立っていた，また，立つものと期待されていた。……こうした地位にある社員は，採用の初めから，他の従業員グループとはちがっていた。多くの事業所を全国的にもっている企業でも，これらの将来幹部となることを期待している従業員は一括本社で採用した。……だから，労働市場は，社員の場合には，全国的であった……配置や昇進も，一般的には，幹部となるために必要な知識と訓練をあたえるという観点から行なわれた。だから，地位も特定の専門分野に固定することなく，まんべんなく，経営の種々の部門をまわり歩いた。……給与・福利施設のような待遇についても，特別の扱いをうけた。給与は一般的に月給制であった。今日の月給制のように，給与は形式的には1ヶ月で計算するが，時間外労働をすれば割増賃金がつき，欠勤すれば時間割計算で月給がひかれるというような，事実上の時間給制である月給制ではなかった。言葉どおりの月給制であった。だから，割増賃金もつかなければ，欠勤しても時間割計算でひかれることもなかった」

これに対して，「準社員層は，社員と同じく，もっぱらデスク・ワークを行なうホワイト・カラー労働者であったが，企業との関係は社員よりははるかに薄いものであった。たとえば採用についても……多くは事業所の存在する地方労働市場から，事業所の責任で採用された。また，その仕事にしても，大部分は特定の分野での専門化・特殊化された職務であった。このグループは，特殊な分野における事務・技術に通暁し，それに徹することによって昇進の途が開かれた。そして，そのなかの恵まれた少数のものだけが社員グループに（は）いりこむことができた。そこで，このグループの待遇もまた，社員層とはいちじるしくちがっていた。そこで，このグループの待遇もまた，社員層とはいちじるしくちがっていた。たとえば給与形態からいうと，いわゆる日給月給制である。給与は1ヶ月単位できめられるが，欠勤すれば日割計算でさしひかれるのである。……だから準社員層の勤務は，労働力の時間ぎめの売買の傾向が強く，それだけ企業にとっては，疎遠な存在であった。……これが，工員になると，その差異は決定的である。……工員の採用・解雇についても，準社員とおなじように，主として地方労働市場から選抜されたが，準社員とちがっていた点は，……工員の親方が非常に大きな力をもっていたことである。古くは，工員は企業に雇用されるというよりは，親方に雇用されるというに，近かった。企業が工員の雇用・解雇について，画一的な管理を行なうことができるようになったのは，第一次大戦後のことである。……賃金は，日給制または請取制＝能率給であった。日給制といっても……事実上時間給に近いものであった。また，請取制の場合は……事実上，下請制に近いものであった。……このように，工員層は，企業経営にとっては，よそものであった。……

最後に，組夫がいる。工員層は，筋肉労働者ではあっても，工場のなかで機械・装置を操作して製品を製作する広い意味での機械労働者であった。たが，近代工場のなかにも，機械でなく簡単で安価な道具や簡単な機械だけで作業することのできる作業や工程が存在する。

……こういう工程や作業は，企業は自ら雇い入れた労働者を直接管理して行なう必要がない。……ここから，直接には企業に雇用されているわけではなく，下請会社に雇用されているのであるが，実際上は，企業に不可欠な生産工程の作業を工場の構内で行なっている組夫が発生することになる」

たとえば，伝統的な大企業である王子製紙の戦前の資格制度は，職員と職工[3]で分かれており，職員についてはつぎのようになっていた[4]。

「職員の資格制度は，正社員←准社員←雇員←准雇員←見習員の5段階があり，学歴を基礎に昇進年限を制約する昇格制であった。役務につけるのは全て正社員[5]以上であること，職工から職員への登格は全て最下位の准雇員への登格であった。

昇格基準は表6（本書では図表補3-1……引用者）のとおりであるがたとえば甲種の中等学校を卒業した者は，1年の見習員のあと雇員に4年，准社員に4年いた上で，9年目に（正）社員へ昇格した。高専卒の場合は社員になるのに官立で3年，私立で4年かかったわけである。この官立と私立の差は歴然としており，大学卒の場合も官立2年，私立3年であったが，その後この取り扱いの差は次第に縮小されていった。私が入社した頃の初任給は，事務系で官大で70円，私立は60円と10円開きであったが，昭和16年には5円開きとなり，早慶のみは官大と同一の取扱をうけることとなった」（田中，1984，25頁）

戦前の王子製紙は総資産額でみた鉱工業上位100社のランクで第3位の大企業であった（1940年下期）。総人員でみると，職員2,344名，職工1万3,802人であった（1936年5月末時点）。全体で，職員は14.5％を占めていた。職位別は，事業所単位でしか明らかではないが，本社の職員の構成比をみると，「課長」2.4％，「課長代理」1.8％，「係長」4.6％，「係長代理」0.5％，「正社員」41.2％，「准社員」26.3％，「雇員」8.8％，「准雇員」6.7％，「見習員」6.5％，「嘱託」1.2％となっていた（1940年5月末時点，総数は672人）。

「係長代理」以上が「役職者（現在の言葉でいえば，管理職）」であり，「正社員」以下の職員が，現在の一般社員である。「准社員」には2通りあり，1つは学卒が正社員になっていく過程で一定年数滞留する場合と，登格職員が長年かかって到達する場合である。「雇員」は事務系は甲種商業出身で給仕または見習員を経て昇進した者で年期の入った実務のベテランが多く，工務系は甲種工業卒の見習で入るか，職工より准雇員を経て昇格した者で，現場の実力者が多い。「准雇員」は3つのグループに分けられる。①工場工務の職工（工頭）よりの登格者で3年とどまり雇員に昇格していく者，②事務系の庶務，倉庫の下級事務職として職工より登格した者，③守衛職，である。③が最も多い。

工場では，おおよそ職員は従業員の1割程度であった。苫小牧工場のデータをみると，工務部門では相当数の職員が職工からの登格者であり過半数を超えていた。優秀な職工には職員への道は狭いながらも開かれていたといってよい。

田中は，戦前王子製紙の従業員管理の仕組みをつぎのようにまとめている。

「職員と職工という関係は本来的に職務の違いであり，諸外国にいうホワイトカラーとブルーカラーの違いに似ている。しかし日本の場合にはこれが身分的な上下関係として明確な

制度であることが基本的な違いである。

　職員制度は，内容的には学歴別初任給と昇格年限による年功序列的制度であり，その実態は二つの層に分断されていた。すなわち，高専卒以上の者と中等学校卒または職工からの登格者との違いは明らかであり，制度的に一本であるが実質的には大きな差を含んでいたといえよう」(田中，1984，26頁)

　こうした身分格差は，第二次世界大戦中にタガがゆるみ，第二次世界大戦後において崩壊したといってよい。また，従業員に占める「職員」の割合という観点から戦後をみると，1950年頃でも職員（ホワイトカラー）はせいぜい2割程度である。8割が現業労働者である。また，高等教育機関への進学率も戦前は概ね5％程度にとどまっていた（図表補3-2）。大企業では，「職員」はいまだエリートであった。図表補3-3は1950年ごろの労働者の学齢別構成をみたものであるが，当時旧制専門学校以上は5％程度に過ぎなかった[6]。

　このようにみていくと，確かに高学歴化やホワイトカラー比率の増大がかつての「エリートとしての社員像」の拡大をもたらしたという点は確かに存在するものの，現実にブルーカラーも含めて，「終身雇用」や「年功賃金」と呼ばれていた従業員の処遇についての説明としては弱いといわざるをえない。実際，多数の労働者に「エリートとしての処遇」を与えることはそもそも無理である。この「無理」が実現したようにみえる現実を理解するには，有名な「工職身分格差撤廃」という観点が重要となる。「エリートとしての処遇」は大いに薄められていくが，のちにみるように「エリートとしての働き方」は高学歴化と産業構造の高度化のなかで徐々に一般的な働き方として広がっていくことになる。

　つぎに，正社員性処遇の形成について順を追ってみておくことにしよう。それは，安定した雇用，一定水準の賃金，働き方・働かせ方である。まずは，長期安定雇用の形成とその範囲である。

図表補3-1　職員資格制度昇格内規（王子製紙・戦前）

学　歴	見習員	准雇員	雇　員	准社員	正社員
大学卒（官大）	1年			1年	
（私大）	1年			2年	
高専卒（官立）	1年			2年	
（私立）	1年			3年	
甲種中等卒	1年		4年	4年	
中学卒	(登格者)	2年	3年	4年	
高小卒	(登格者)	2年	4年	5年	
普通賞与支給率		0.57	0.68	0.92	1.3

出所：田中（1984）26頁。

補論3　正社員の歴史

図表補3-2　大学・短期大学の入学者数及び進学率の推移

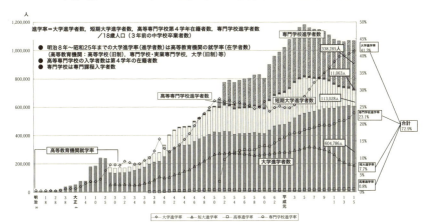

出所：文部科学省HP。
http://www.mext.go.jp/b_menu/shingi/chukyo/chukyo4/gijiroku/03090201/003/002.pdf

図表補3-3　学歴別労働者構成率（昭和24年11月）

(単位：%)

	小学校・新制中学校	旧制中学校・新制高等学校	旧制専門学校	旧制大学校（ママ）	不就学
総数	76.27	18.41	3.35	1.90	0.07
鉱業	86.09	10.37	1.96	1.23	0.35
製造工業	79.72	15.29	3.20	1.74	0.03
ガス・電気・水道業	50.35	39.11	7.15	3.31	0.08
商業	44.74	39.42	9.15	6.68	0.01
金融業	30.99	52.64	9.00	7.22	0.15
運輸通信業	77.91	19.22	2.04	0.80	0.03

出所：労働省「昭和24年個人別賃金調査」（労働省『労働統計調査年報』昭和24年版より）。

2　長期安定雇用の形成

　正社員性をはかる処遇のうち最も基本となるのは長期安定雇用である。これがなければ定期昇給賃金も昇進機会の存在も意味を持たない。長期安定雇用（しばしば，終身雇用と呼ばれるもの）が，第二次世界大戦前に一般的であったという者はいないであろう。一部の大企

業で第一次世界大戦時以降に定着化が進んだという程度である。もちろん，数が極めて少ない旧制大卒のエリート職員層の雇用は基本的に安定していたと思われる。

現在では雇用に関する基準，より正確には解雇に関する基準は2つある。1つは，いったん雇用した場合には，よほどのことがない限り解雇しないという，解雇権濫用の法理に代表される厳しい基準であり，もう1つは1か月前の解約告知で済むという緩い基準である。労働基準法が制定時に予定していたのは後者であり，現在でも同法20条はつぎのように規定している。

> 第二十条　使用者は，労働者を解雇しようとする場合においては，少なくとも三十日前にその予告をしなければならない。三十日前に予告をしない使用者は，三十日分以上の平均賃金を支払わなければならない。但し，天災事変その他やむを得ない事由のために事業の継続が不可能となった場合又は労働者の責に帰すべき事由に基いて解雇する場合においては，この限りでない。
> 2　前項の予告の日数は，一日について平均賃金を支払った場合においては，その日数を短縮することができる。(以下，省略)

つまり，1か月分の賃金を払えば，いつでも解雇できる。特段の解雇理由は不要である。前者の基準は，現在では労働契約法で定められているではないかというかもしれないが，その条文が労働基準法に定められたのは2003年のことであり，まだ10年強しか経っていない。労働契約法の条文は，現状を大きく変えないという前提で作られたという経緯を踏まえるならば，解雇権濫用の法理の確立[7]，あるいはそれが成り立つ前に，かつて終身雇用と呼ばれた制度がいつごろ日本社会に定着していったのかをみておく必要がある。

法的には，解雇自由の原則に基づく労働基準法が戦後すぐにつくられたが，それは戦後直後の日本の労働者にとっては受け入れがたいことであった。

2-1　長期安定雇用システムの生成1945-60[8]

現実には，この時期の労働運動は政治社会状況と密接に関連しているが，それは戦後史を跡付けることでもあり，本補論で扱えるテーマではない。以下では，労働争議のうちハードな人員削減措置に限定してみておくことにしよう。

(1)戦後混乱期（1945-1950）

1945年の敗戦から，6年間は戦後混乱期と呼んでよいだろう。戦後混乱期は，わずか6年程度であるが，歴史的には1945～47年と48年～50年に細分する必要がある。前半は労働組合からすれば「解放期」であり，後半は「弾圧期」である。

日本の労働者の観点からすれば，敗戦は労働運動にとって少なくとも当初は「解放」を意

補論3　正社員の歴史

味していた。労働組合運動は国家への「反逆」活動から新しい民主主義国家のための「建設」活動となった。アメリカを中心とする連合国占領軍は当初労働運動の保護と育成を図ろうとした。多くの大企業の経営者は占領軍にとってみれば，戦争犯罪人であり，排除されるべき人々であった。そのため，敗戦直後は，労働組合優位の労使関係状況にあった。

　しかし，東西冷戦の始まりとともに，連合軍の態度は一変する。左翼急進化する労働運動に対して，抑圧的な占領政策がとられ，一般労働者の大量解雇もかなり素朴な形で実践されていくようになる。労使における相互不信の時代であったといってよい。本補論で論じることはできないが，当時の世界的な政治状況を理解することなしに，この時期の労使関係を理解することは不可能である。

　さて，1948年の連合軍マッカーサー元帥の指示により公務員の争議行為が禁止され，1949年には労働組合法改正により，使用者による経費援助に強い規制がかけられ，労働協約の自動延長条項が無効化された。これらの事態は，労働組合にとって労使関係における交渉力の著しい低下を意味していた。そして1949から50年にかけては，大企業でも大規模な解雇が広範囲におこなわれた。労働省が把握しただけでも1949年だけで44万人近く，実際には100万人前後の労働者が解雇されたといわれている。ここでは，1950年の日立製作所における人員削減措置についてみておくことにしよう[9]。いい意味でも悪い意味でも，日立は，現在では「日本的雇用慣行」の代表例とされることが多い。

　1950年4月5日に賃上げ要求を日立の労働組合が会社に対しておこなった。この交渉過程のなか1か月後の5月8日（5回目）に至って，会社側が突然人員削減を提案した。約2割にあたる5,555人の指名解雇であった。選考基準は実に14項目におよび，「業務能率が低く成績の上がらない者，経営に不要と思われる者，職場の秩序または風紀をみだす者，上司同僚間の融和協力の程度の低い者，身体虚弱者，離職しても生活に影響する所が比較的少ない者」など，完全に企業経営判断によるものであった。また，退職金も「事業上の解雇」による退職金と解雇予告手当30日分と法的に定められた最低基準であった。

　組合は要求と全く異なる指名解雇提案に驚き，受け取りを拒否した。これに対して会社側は13日に「19日までに交渉をしたい」と組合に申し入れた。これに対して，組合は回答を保留して18日の中央代議員会で20日の交渉開始を会社に申し入れた。ところが，20日早朝に会社側は5,555人の人員整理に関する希望退職の募集を掲示した。20日午後の団体交渉はきわめて緊張し，翌21日午前に会社側の退場によって打ち切られた。

　会社は組合の団体交渉要求に応じず，24日に解雇者氏名の載った印刷物を配布・掲示したが，組合は直ちにそれを撤去した。しかし，会社は24日から25日にかけて整理該当者に「解雇通知書」を封書で送りつけた。内容は27日付で解雇するので，27日までに（つまり通知書を受け取ってから2，3日以内に）依願退職すれば特別餞別金（基本給の4か月分）を支給するというものであった。

　こうした会社側の行動が示すように，労働組合と協議して慎重な人員削減をおこなうという意識は，当時の多くの大企業にはなかったといってよい。指名解雇の提示から実施まで非

常に短期間であり，現代の大企業労使関係では考えられないようなものであった。それだけに労働組合，というよりも従業員の怒りには激しいものがあった。多くの工場で職制のつるしあげが頻発した。会社は解雇者の工場への立ち入り禁止をおこない，組合側は全員出勤操業という態度で臨んだ。これに対して，会社側はロックアウトで対抗した。

労使とも，法廷闘争を展開する。労働組合側は身分保障の仮処分を求め，会社側は「解雇者の工場立ち入り戦術」に対する立ち入り禁止の仮処分や，組合員の部課長に対する暴力行為の告訴などが工場ごとに数多くなされた。

労働争議は約2か月続いた。争議の長期化によって組合員の生活困窮，組合の闘争資金の枯渇が深刻化しただけでなく，当初組合は解雇通知の一括返上・受領拒否によって被解雇者と残留者の区分を不明確にすることに成功していたが，時とともに被解雇者の氏名が明らかになるにつれて，組合員の団結にひびがはいっていった。指名解雇を逃れた者にとっては争議を一刻も早く終了することが個人の利益にかなっているからである。

こうして組合の闘争力が弱まるにつれて退職金の受領者も増えていった。かくして，7月20日に団体交渉が再開され，27日に日立の争議は終結した。ほぼ全面的な組合の敗北であった。5月8日の会社案を組合は全面的に受け入れたうえで，終結時点で退職を申し入れた者に対しては5月27日付で退職した者として特別選別金（家族持ちは基本給の3か月分，単身者は2か月分）を支給することとなった。組合の全面敗北であり，会社の全面勝利であるが，この争議の残した傷跡は会社にとっても大きかった。

こうした事態は，当時の日本の大企業においては通例であった。たとえば，穏健な労使関係で知られたトヨタ自動車でさえ，1950年には従業員の2割の指名解雇を中心とした大規模な人員削減を実施し，深刻な労働争議を経験している。「終身雇用」や「長期安定雇用」は，まったく一般的とはいえなかったのである。

(2) 1950年代半ばの解雇撤廃闘争

1949年から50年のかけての企業による大規模な指名解雇を基本とする雇用調整ののち，さらに1950年に始まるレッドパージ[10]による共産党員ならびにシンパの追放により，共産主義的労働運動は壊滅的な打撃をうけた。

こうした労働運動にとって厳しい時代のなかで，1952年から54年にかけても大規模な人員削減が多くの企業でおこなわれた。労働運動にとっては不利な経済環境のなかにあるにもかかわらず，この時期にも経営者に一層反省を迫る争議が多発している。ここでは，代表例として「三井鉱山争議」「尼崎製鋼争議」，「日鋼室蘭争議」，「日亜製鋼争議」を手短に取り上げることにしよう。

[1] 三井鉱山争議

多くの企業で指名解雇による人員削減がおこなわれるなかにあって，解雇撤廃が実現したのが1953年の113日間に及ぶ三井鉱山争議である。8月7日に三井鉱山は6,739名に上る人員整理（従業員の約12％）を組合に提案した。組合の激しい抵抗にあって整理人員を縮小した

が，9月末に団体交渉は決裂し会社は指名解雇通告をおこなった。組合はストを決行した。経営側は予想外の組合の抵抗とそれに伴う経済的損害に愕然とし，11月に指名解雇を白紙撤回した。結局，希望退職した者1,024名，退職勧告に応じた者1,623名，自発的に退職した者1,215名であった。指名解雇撤回によって復職した者は1,841名であった。この争議は，「会社による指名解雇は撤回できない」という常識を打ち破ったという意味において画期的であった。しかし，それとは逆の結果となった事例が続いた。

[2] 尼崎製鋼争議

　経営不振に陥っていた尼崎製鋼（従業員約1,800人）は，54年3月期決算において赤字を出した。1953年8月に組合は会社から従来よりも不利な労働協約案を提示されていたが，組合は「首切り（解雇）と労働条件の切り下げはしない」という条件をつけて54年3月6日にこれを受け入れた。

　ところが3月29日，会社は突然15％の賃下げを含む企業再建案を非公式に提案した。正式の提示があった4月7日に，「10日までに1億6,000万円調達できないと不渡手形が出るので，9日中に回答してほしい」と付け加えた。この急な提案に対して組合は全員投票の結果，再建案を拒否しスト権を確立した。組合の動きに対して会社は12日から5日間の臨時休業を発表，ここに争議が発生することとなる。工場再開の前日である16日に，会社は臨時休業をさらに5日間延長するとともに，「再建案を受け入れないなら381人を人員整理する」と組合に申し込んだ。組合はこれに反発しストを続けることを決めた。会社も全面工場閉鎖を通告するとともに，5月3日は無期限工場閉鎖を通告し，381名に解雇通知を発送した。組合は，地域の各種団体の協力をえて，いわゆる「地域ぐるみ闘争」を展開していった。

　5月31日に地方労働委員会（労使関係を調整する国の機関）で和解の会合がおこなわれることなっていたが，急遽延期された。会社が不渡手形を出したのである。結局，企業は倒産し全員解雇されることとなった。この事例は会社をつぶした，行き過ぎた争議だといわれた。この争議の衝撃は労働組合運動にとっては非常に大きいものであった。解雇反対を叫んできた労働組合であるが，企業が倒産してしまえば雇用がすべて失われてしまうことを現実に見せつけられたからである。

　しかし，冷静に考えれば，わずか2か月の争議で倒産するというのは，もともと企業再建について経営者が対処できなかったということである。さらに重要なことは，労使の間での情報共有がまったくなく，労働組合には経営状況がまったく知らされていなかったことが大きい。組合が経営状況を事前に知らされていたならば，その対応は異なったものになっていたに違いない。この点について，使用者団体である日経連は，その機関誌で，この争議について，労働組合の闘争主義的傾向を批判しつつも，つぎのように認識している点は重要である。「大体こうした事態に至る過程においては，その責任は経営側にも組合側にもまた政府にもあるであろう。……経営者としてもかかる危険な経済下において生産縮小か労働条件の切下か馘首かというような威圧的な態度は当然慎むべきで経営の動向，今後の経済動向等について平素より組合と充分膝を交えて懇談し組合の協力を求めるべきであり，組合もまた日

共（日本共産党—引用者）や総評（労働組合のナショナルセンターのうちの最大組織—引用者）の如き単なる闘争主義に陥ることなく現実を直視し，相携えてこの危機を切抜けるべきである。尼鋼の二の舞を今後繰り返さざるよう，尼鋼の悲痛な経験にわれわれは学ばねばならない」（『日経連タイムス』7月8日号）

とはいえ，日本の大企業の経営者たちがすぐに日頃の労使協議に真剣に取り組んだとは言い難い。すぐ後に起こった日鋼室蘭争議は，中堅企業で元々経営の傾いていた尼鋼争議以上の衝撃を，企業経営者たちに与えた。

［3］日鋼室蘭争議

当時，日本製鋼所室蘭製作所（日鋼室蘭）は，4,000人近い従業員を有する同社の主力事業所であった。朝鮮戦争特需の終了に伴う需要の急減により，大幅な赤字に陥ったために大規模な人員整理に踏み切った。室蘭製作所だけで同年6月に915人の指名解雇であった。ここの労働組合は決して戦闘的な組合ではなくきわめて穏健な組合であった。1949年の日本製鋼所のほかの複数事業所での大量整理解雇の場合も，組合間の連帯感をみせず，他の事業所の組合からは「企業べったりの労働組合」とみられていた[11]。

したがって，指名解雇の発表に対しても，組合は「赤字解消のための合理化を行うことには全面的に賛意を表するが，人件費の節約即首切りには反対である。但し組合としては乏しきを分ち合うという立場に立って，現在6割に達する基準外賃金を規正して基準内のみの賃金として二交替制を三交替制，週休を完全に実施すれば，人件費の節約は勿論，首切りを行うことは不要である」と主張した。大幅な賃金カットやワークシェアリングの考えを示し，それによって整理解雇に対抗しようとした。ところが，このきわめて穏健派とみられていた組合提案に対して，経営側はこれを一蹴し，過剰人員をすべて解雇するとして企業体力を強化する必要を主張した。

交渉にほとんど応じず解雇を強行しようとする企業の姿勢に対して，組合は急激に態度を硬化させ，組合員たちは地域ぐるみの闘争を喚起し，全国的に大きな関心をよんだ。争議は会社側の強固な姿勢もあり紛糾し，従業員の約3分の1が第2組合を結成するなど激しさを増し，従業員間の対立まで引き起こし深刻な事態となっていく。ここで，第2組合とは，戦闘的な労働組合の活動に反発する組合員が経営側の支援を受けながら組織化した労働組合である。このケースでは，もともと組合指導部は穏健であったが経営側の対応によって組合内の強硬派が主導権をとることとなり，闘争が激化していったのである。激しい労働運動が戦わされた企業ではしばしば，組合分裂の結果，第2組合が結成された。

さて，日鋼室蘭争議に話をもどすと，最終的には中央労働委員会の調停により，解雇者を662名とすることやわずかな補償金の獲得などで終結した。争議は実に224日間に及んだ。結果だけをみれば，労働組合の敗北であり，経営側の勝利であったが，争議の企業経営者たちに与えた影響は実に大きかった。尼鋼の場合には，労働組合が当初から戦闘的であったが，日鋼室蘭の組合は労使協調的であり穏健派の労働組合であった。にもかかわらず，一方的な会社側の指名解雇は実に激しい労働争議を引き起こしたのであった。三井財閥に属す大企業

の日本製鋼所は倒産することはなかったが、その時の経営側の経済的損失は実に大きかった。先の『日経連タイムス』が述べた言葉が、多くの日本の企業経営者の心に響いたのである。

［4］日亜製鋼争議

この事例は争議といっても、指名解雇を回避しつつ人員削減をおこなった事例である。尼鋼と規模も大差なく、かつ同じ都市に立地していた日亜製鋼の場合は様相がやや異なる。ここでは、1954年の夏に組合が会社の再建について検討し、会社に対して雇用確保に関する再建案を提示している。会社は組合提案に対して労使協議を早急にする意向を伝え、8月25日の中央経営協議会の場で人員整理案を提示した。余剰人員506名のうち176名は他工場に転勤させること、それとは別として328人を整理するとした。希望退職によるとしているが、多くの企業が解雇基準としたものに対して「退職勧奨」するとした。いわゆる「肩たたき」である。これに対して、組合はこれを事実上の指名解雇であるとして拒否した。会社側は9月1日から予定通り希望退職を募集したが、組合の反対により退職勧奨はおこなわなかった。2～3か月分の特別慰労金を条件とする10日間の希望退職期間に予定数の8割の応募があったことから会社は応募を打ち切り、事実上争議は終息した。条件そのものはよいものではなかったが、労使交渉による妥協事例として注目される。なお、この程度の条件で希望退職に応じた従業員がかなり多かったという事実は、日本の中堅企業では「雇用保障が強い」とは思われていなかったことを示唆しているのかもしれない。

いずれにせよ、こうした歴史的な経験を通じて、企業経営者にとって、法律どおりに整理解雇することが賢い経営でないことはあきらかになった。その後、高度経済成長期に入ったのちもこの種の争議はときどき発生したが、いつも同じような結果であった。つまり、日本企業の経営者たちは「解雇」をすることが、企業経営にとって非常に大きなコストであることを学んだ。そのため、雇用保障を重視するようになっていった。高度経済成長期は、企業にとって雇用保障を重視することは一方では従業員の定着への魅力アップ策であるとともに、整理解雇の必要が少なくて済む時代であり雇用保障コストはあまりかからなくなっていった。

2-2　高度成長期から安定成長期での変化

(1)雇用調整の実践

景気変動による人員削減の必要は資本主義社会では不可避の現象である。これに対して、解雇をできるだけ回避し、指名解雇を発生させずに労働者が納得できる雇用調整のシステムは高度経済成長期の実践のなかにみることができる。

1つは、企業規模拡大による配置転換や転勤の一般化である。高度成長期は技術革新の時期であった。品質が高い製品をつくるには技術者だけでなく、現場の技能労働者やその知恵が不可欠である。企業の規模拡大期には、そうした人材が不足しがちであった。そのため企業はこうした人材が他社に移ってしまわないように各種の定着策を講じた。雇用保障（徐々に「終身雇用」と呼ばれるようになっていった）はもちろん、賃金上昇や定年退職金など老齢保障にも力を注ぐことになる。そのうえで、企業はそうした人材を配置転換や転勤させた

し，労働者たちもそれに応じていった。

　他方，高度成長期の前半においては，企業は従業員の採用に非常に慎重だった。会社都合解雇の困難さが身にしみていたからである。そのため，当初は臨時工など正規従業員以外の雇用で対応した。しかし，高度経済成長のなかで労働力不足が深刻化し，優秀な人材確保の観点から，臨時工は消え定期採用が一般化することになる。また，生産性向上の観点から従業員の能力開発の価値が強く認識されるようになった。つまり，決まった仕事しかできない人材であれば，多くの人々を雇用しなければならないが，複数の仕事ができる人材を育てることで，労働者数を減らすことができるだけでなく，日常的な市場の変化に対応できる人材の育成によって効率的な企業経営ができることに気付いたのである。

　雇用調整という観点からすれば，高度経済成長期においても繊維産業などの成熟産業や電機産業などでも景気変動のなかで雇用調整はしばしば発生していた。その場合，企業内労使協議体制の確立とともに，こうした問題が日常的に議論され解決されることになる。配置転換や転勤にとどまらず，雇用調整手段として「出向」というメカニズムが発明され，さらには，企業間関係にもとづく転社である「転籍」が徐々に普及していくことになるのも高度成長期のことである。当初，ほかの企業で働き他社から賃金を受け取る「出向」制度については，労働者の不安も大きく，深い労使協議のなかで，たとえば出向は「3年後」に復帰することを前提とするとか，出向先で仕事が大幅に変わったとしても賃金水準は従来のものを保障するということなどが労使合意の下に確認されていくのである。

　事例を1つあげよう。大手化学繊維メーカーのケースである[12]。

　大手化学繊維メーカーC社では，1950年代後半から大量異動が頻繁になる。そこで，出向制度の整備が必要となる。出向が労使の交渉対象となるのは，1960年のことである。同年の労働協約改定時に，組合員の異動項目に出向を加えることが，会社改定案の中で示されたのである。組合は出向制度について，①本人の同意を必要とすること，②出向者は出向先での課長級以上を非組合員とすること（課長級より下位の職位の者は組合員のままということ），③出向条件を協約にすること，を申し入れた。これに対して，会社は，①出向条件は覚書または確認事項で明確にする。②非組合員の件は出向先の職務を考えC社労使で決める，③出向先でストがあったときは原則としてC社に引き取り，給与は保障する。④大量の場合（同時に2名以上の場合。個別に対して大量という用語を使う）と組合役員の出向は転勤と同じに扱う，とした。結局同年（1960年）7月出向制度を認めることにし，「出向者に関する確認事項」として労使の調印をおこなった。

　第1次合繊不況は，この事前労使協議の深化に大きな影響をあたえた重要な事件であった。ナイロンとポリエステルの供給過剰による不振は，両製品を主力としていたC社には深刻であったし，他社に対する圧倒的優位がゆらいだ事件であった。まず，1965年2月に開催された中央生産委員会で，社長が組合に協力を要請するとともに，会社は業績改善の具体策を策定し実行するための労使による特別委員会の設置を提案した。組合はこれに喜んで応じ，この委員会で，操業短縮によって余剰となった要員の活用が最重点問題として取り上げられた。

対策として関係会社への応援，出向，一時休暇が実施された。

従来から技術指導などの目的で出向はおこなわれていたが，雇用調整手段としての出向は自ずと意味が異なる。組合の基本方針は①組合員の大量応援，出向は必ず労使事前協議の対象とする。②出向者の人選に当たっては本人の納得と理解を前提とし強制しない。③賃金その他の労働条件および復社後の処遇などについては一切不利な扱いはしない，ということだった。この方針のもとに大量異動に組合は積極的に協力していく。

この時期だけで，社内転勤，「転籍」（一般用語としては，配転のことであり，一般用語の「転籍」ではない）977名，社外への出向・応援は国内2,482名，海外18名にのぼった。主な出向・応援先は，関係会社，関連会社，プロダクションチームなどで，そのほとんどは繊維関係の業務であった。つまり，この時期は出向の量的拡大期であった。職種は同種のものに限られていた。職種をまたぐ出向は，個人としてはキャリアからみて不都合が多く，また企業としても生産性も低下するから，当時はまだほとんどおこなわれていなかったのである。とはいえ，それまでごく一部の従業員にかぎられていた出向や社外応援という異動が，一般組合員にまで本格的に広がったこと自体大変化であり，労働組合や組合員個人にとって，雇用やキャリアへの不安やとまどいは決して小さいものではなかったといえる。当時の状況について，『組合史』は記す。「現在でこそ（1977年10月現在……引用者），社外応援，出向は日常的になっているが，一部の管理者や技術者など特定の限られた人の問題として取り扱われていた制度が，一般組合員にも適用されることになると，その対応は，当時として非常にむずかしい問題であった」

(2)雇用調整システムの確立・一般化

このようにして，高度成長期に生まれた雇用調整システムは，できるかぎり会社都合解雇をしないためのしくみであり，1974年以降の安定成長期に大きな力を発揮することになる。しかし，当時このしくみが本当にうまくいくのかどうかは不明であった。高度成長期において「終身雇用」を唱えることは企業にとっては容易でありコストもかからなかった。いわば建前としての「終身雇用」であったといってよい。この建前が現実の経済的ショックによって，現実化するのかどうか当時は必ずしも明らかではなかったのである。この真価が問われるのは，高度経済成長期ではなく，それが終わったのちであった。現在からみれば，この時代は日本全体で「長期安定雇用」が建前から現実になった時代であったといってよい[13]。1980年の『労働年鑑』（大原社会問題研究所）は，1978年の状況をつぎのように語っている。

> 今日の「合理化」のうち，もっとも目立つのは，やはり雇用削減であり，それのひきつづく展開である。その場合，77年までは，本工のあからさまな解雇というかたちは，企業倒産の場合をのぞいては少なく，希望退職，出向，配転，新規採用削減などが主であった。……とくに最近では，「合理化」の内容が，自然減の不補充にはじま

り，出向，配転，一時帰休，希望退職募集，さらに賃金カットと，きわめて多様化し，かつきびしくなっていることが特徴で，中には2年半にわたる長期帰休にまで及んだケースもある。

しかし，ケースとしては「希望退職募集」という場合がかなり多いようで，政策推進労組会議が78年12月におこなった離職者追跡調査結果では，(1)希望退職の募集71.8％，(2)生産縮小10.8％，(3)倒産5.2％，(4)指名解雇1.5％，(5)その他10.7％となっている。

ところで，雇用変動状況をトータルに調べたものとして，労働省「雇用変動総合調査」がある。……製造業についてみると，75年から78年6月までの期間における離職者数は383万人となっている。内訳では，労働者都合・定年等が313万人と圧倒的に多いが，希望退職も55万人，指名解雇が14万6000人，配転・出向が66万人にのぼっている。とくに，78年に入って，経営上の理由による退職が増えている。

つぎに，そうした雇用削減の反面，残った労働者については，多能工化と作業範囲の拡大，「応援」などの日常化など，労働濃密化がいっそうおしすすめられている。この特徴にしろ，第1の特徴にしろ，賃金の極力抑制，つまり，すでに雇用していた労働者部分の削減，残った労働者の賃金抑制をつうじ，労務費総額の絶対的圧縮を結果している。これが，第3の特徴であり，コスト軽減の労務費版である。第4に，雇用・「合理化」は，本工，管理職までも巻きこみ，しかも産業・業種を問わずひろがっている。

この時期においても，かつてのような指名解雇をする企業がまったくなかったわけではないが，そういう企業では争議が発生しており，多くの企業ではそれを避けるようになっていた。大規模な人員削減が大規模な労働争議の連続ということにならず，多くの場合には大きな痛みを伴いつつも労使協議のなかで解決されていくのである。

労働組合は雇用確保の観点から，きわめて冷静に大幅賃上げを断念した。賃上げの範囲は労働生産性上昇の範囲内に収めるという経営側の「生産性整合性論」を受け入れる一方で深刻化する雇用状況を踏まえて，雇用保障を強く求めたのである。その結果，繊維産業などで実践されていた「出向」制度などがオイルショック後，鉄鋼業や造船業などでも広く用いられるようになった。今までは全く違った職場への異動やほかの企業への移動によって，原則的には賃金水準の維持と雇用保障という労働者にとって最も重要な労働条件の確保を図ることが日本の大企業の経営行動となった。これは当時の雇用調整給付金制度の成立などとも相まって，ほかの先進諸国で発生していた大量失業という事態の発生を防ぐとともに「終身雇用」という言葉を世界的に有名にしたのである。また，その後の良好な経済的パフォーマンスは，日本的経営ブームを世界に巻き起こしたのであった[14]。

以下では，造船業を例にしよう[15]。当時は，高度成長を前提とした企業経営から，安定成

長どころか鉄鋼業やとりわけ造船業にみられたように，激しい縮小を強制された産業も存在していた。造船業についていえば，1973年の石油危機後，世界的な海運市況の低迷による新造船の需要減退と急激な円高，韓国の台頭などの影響を強く受け，1977～78年以降極度の構造不況に至った。円・ドルレートについていえば，1ドル360円が308円，さらには変動相場制の移行後1978年末には1ドル180円を突破した。数年のうちに，2倍の円高になったのである[16]。

　1978年の竣工実績を2,500総トン以上の全船舶についてみると，対前年同月比で約50％に落ち込み，ピーク時である1973年に比べると約10％と激減した。新造船の手持工事量も同様であった。造船企業の企業収益は大きく減少した。このため，とくに1978年を中心に希望退職を含む合理化を大胆に実施した。造船業の労働組合でつくる産業別組織である造船重機労連は1978年12月の臨時中央委員会でつぎのような方針を決定した。

　「①労働条件の切り下げ，希望退職，解雇等の提案は，個別交渉段階では実施を認めず，産別（産業別組織—引用者）としての指導下で処する。②雇用をすべてに優先させ，応援，配転，出向，教育訓練，長期帰休制度を積極的に実施する。③1978年12月から79年3月にかけて，雇用確保キャンペーンを実施する」

　とくに②で応援，配転，出向などによる雇用確保政策を明記している点が注目される。

　ただ，実際こうした雇用確保政策を企業は実施したが，市場環境の急変は，それで雇用が確保されるには激しすぎた。大手企業すべてで希望退職の募集がおこなわれた。指名解雇が全く姿を消したわけではなかったが，人員削減の中心は希望退職へと移行していった。仕事がなくなる以上，多くの者が「希望退職」に応じていった。ここでは，2社の事例をあげることにしよう。

［1］川崎重工

　会社は1978年12月6・7日の中央生産協議会（企業レベルの公式労使協議の場）で，労働組合に対してつぎのような合理化提案をおこなった。

　「①特別退職優遇制度実施により（退職金を定年退職扱いとするほか，年齢に応じて基準内賃金の2～12か月分の特別加算金を支給），2,500人の人員削減をおこなう。②特別休職制度を新設する（30歳以上の者で転職，免許資格取得のための休暇，期間は3年として賃金20％を支給）。③一時休業，特別教育訓練制度を新設する。④定昇（定期昇給—引用者）は一時的に停止したい。ベア（ベースアップ—引用者）は実施できない。賞与は前年実績を大幅に削減したい」とするものであった。

　これに対して，組合は12月11日に「各事業部ごとに生産協議会を開催し，徹底論議をおこなう」ことを決定し，事業部ごとに団体交渉に入った。その結果，翌年に会社から「特別退職優遇制度・特別休業制度については自発的退職等を勧奨する目的で実施するが，堅調部門への人員吸収も可能な限り努力する。定昇・ベア，一時金（ボーナスのこと。通常，会社は賞与とよび，組合は一時金とよぶ—引用者）については，要求のあった時点で改めて協議する」との回答が示された。これを受けた組合は2月8日に中央委員会を開き，「特別退職優

遇制度・特別休暇制度については，会社側が経営姿勢を大幅に修正したものとして容認せざるをえない」ことを確認した。2月13日の交渉において，会社側は「特別退職制度については，定年退職扱いによる退職金を支給するほか，特別加算金として年齢に応じ，基準内賃金の2～12か月分を支給する。特別休職制度については，従業員の休職期間は2年以上3年未満として，期間中は月額賃金の25％を支給する。一時休業，特別教育訓練制度については1日につき80％，月間でも通常賃金の90％を下回らない」との修正回答をおこない，組合はこれを大筋了承した。その後，細部について会社と合意を図った上で，2月28日に組合は中央委員会を開き，3月12日から4月末まで希望退職の募集を認める等を決定し，最終的には3月5日に会社と合意した。約3か月にわたる労使交渉であった。希望退職の募集に対して，当初の予定を大幅に上回る3,766人がこれに応募した。予定の約1.5倍であった。

[2] 日本鋼管

　鉄鋼業と造船業を傘下にもつ日本鋼管は，1978年12月13日，同社造船重工労組に対し，全体で2,020人の人員削減計画を提案した。主たる内容は，「監督技能者（現業系）では①関連会社などへの出向，派遣，応援などで250人，②配転で400人，③55歳以上の定年退職者で再雇用している特別社員の解約で130人，④退職者措置による退職募集で970人で，計1,750人の人員削減をおこなう，また事務系技術者では出向50人，再契約解約10人，退職優遇措置により140人，女子の自然減で70人，計270人の人員削減をおこなう」であった。

　早期退職優遇制度は，定年退職率を適用して退職金を計算したうえ，35歳以上の者には協力金100万円と特別加算金として年齢により基準内賃金の6～9か月分を加算する。34歳以下の者には75万円の援助金と年齢により20万円から90万円の特別加算金を支給するというものであった。募集期間は1979年2月15日から2か月間とした。

　これに対して，組合は1979年1月13日に臨時中央委員会を開き，「退職優遇制度は認めるが募集枠を圧縮する。出向，派遣，応援はさらに要員増加を含め促進を求める。鉄鋼部門への配転は基本的に了承する。高齢者の再就職斡旋を早期に開始する」という方針を決定した。労使交渉は1月16，18，23，26日と続けられ，退職優遇措置による計1,110人の希望退職枠を870人に修正させた。さらに，その後の交渉で，35歳以上の特別加算金を基準内賃金7～10か月分に，34歳以下については10万円プラス基準内賃金の1か月分～40万円プラス同4か月分にそれぞれ引き上げることで合意した。最終的には3月10日の組合の臨時大会でこれを組合は受け入れた。やはり約3か月間をかけている。

　この合意にもとづいて3月15日から5月14日までの間に希望退職の募集をおこなったところ，当初の予定をはるかに超える2,323人の応募があった。この数は当時の在籍者の2割弱に達していた。その結果，日本鋼管は，「社外への出向・派遣は原則としておこなわない。鉄鋼部門への配転は約400人から約100人に減らす」など，当初の計画を大幅に修正した。

　上記の2事例は，希望退職者数が予定を超えるということによって問題は発生しなかったが，より大きなダメージを受けた企業では争議に至った事例もある。ただ，そうした事例は

もはや多くはなかった。

こうした労使関係の実践を強化したのが整理解雇に関する判例である。1975年の日本食塩製造事件に関する最高裁判決では「使用者の解雇権の行使も，それが客観的に合理的な理由を欠き社会通念上相当として是認することができない場合には，権利の濫用として無効になる」とするものである。これはのちに整理解雇における「解雇権濫用の法理」として確立していくこととなる。こうした判例が示すように，日本社会において，使用者の解雇権は高度経済成長期の現実を踏まえて制限されていくのであり，この判例そのものが労使関係における整理解雇の実践に大きな影響を与えることになるのである。

安定成長期は，長期安定雇用の絶頂期である。不況における慎重な雇用調整は，伝統的大企業の雇用へのこだわりを内外に示した。皮肉なことであるが，雇用不安が安定雇用の価値を強く印象付けることになったのである。その層は，いうまでもなく伝統的大企業やそれと同様の雇用慣行を持つ多くの組織であった。こうした雇用の安定性への認識，それは現実の雇用の安定性とは異なるが，この価値が労働組合にとって，賃金や労働時間，さらには転勤の負担などよりも強く認識されるのである。

つきに，新卒採用が圧倒的比率を占める定着化の歴史を知るために，採用と移動の状況をみておくことにしたい。

2-3 採用と移動

図表補3-4をみると，1935年（昭和10年）には，機械器具の工場では一定の長期勤続化が進んでいるが，1948年（昭和23年）にはまったくそうした状況は消え去っている。1935年が内閣統計局のものであるのに対して，1948年は大阪労働基準局の調査であり，正確な比較ではないが，第二次世界大戦直後には，労働者の勤続年数は大幅に減少していたのであり，「長期雇用」ましてや「終身雇用」などという現実はほとんどなかったといってよい。また，1950年代前半の多くの労働争議が解雇撤廃闘争であったことからもそれは窺われる。雇用調整速度に関する実証研究をみると，戦前の雇用調整速度はアメリカや旧西ドイツと大差ない[17]。つまり，戦前に長期雇用や安定雇用が存在したとはいえない。つづく高度経済成長期はつぎつぎと企業が叢生・成長したことから入職離職率はかなり高く，安定成長期以後は低くなっ

図表補3-4 平均勤続年数の比較

(単位：年)

	男		女	
	1935年	1948年	1935年	1948年
工場総計	9.4	4.4	4.4	1.7
機械器具	11.6	4.4	4.9	2.2
紡織工業	6.8	3.2	4.3	1.3

出所：労働省（1949）『戦後労働経済の分析』。

ており[18]．これに応じて平均勤続年数は伸び続け，近年の推移は安定的である[19]。

(1) 新卒採用中心主義（定期採用）[20]

　長期安定雇用と並んで，あるいはその一部と理解されるのが「新卒採用中心主義」である。「終身雇用」の定義として，「新卒者として入社して定年まで働き続けること」とする場合もある。正社員の典型的な雇用のあり方は会社を変わること（転社，一般的には「転職」と称する）がないというイメージである。こうした人々は社会的にみればかなり少数者であり，企業を移る正社員のほうが多いが，日本の「正社員像」としては強いインパクトを現在でも保持している。

　新卒採用中心主義は，実務経験を持たない学生たちが最初から安定雇用に入るというメカニズムであり，若年者失業を防ぐ，あるいは若年者に実務教育訓練をするという優れたシステムでもある。多くのヨーロッパ諸国やアメリカなどで問題の若年者失業問題に相対的にうまく対処している代表的な国として，ドイツと日本をあげることができる[21]。

　そもそも実務経験のない学生たちが，実務経験を積む方法は3つある。1つは，実務経験を公式の「職業教育訓練」としてシステム化することである。その代表例はドイツである[22]。ドイツには2つの労働市場があると理解すればわかりやすい。1つは訓練生労働市場であり，もう1つは熟練労働市場である。多くの若者は訓練生市場で「職業」を獲得する。2つ目が日本のパターンで，当初から多くを正社員として採用してしまうことである。これは企業が最初の数年を教育と選抜の期間として考え，教育するシステムである。企業に合わない人々は自発的に辞職するだろうと考える。第3のパターンは，最初は有期雇用の実習生や有期雇用を経験して，その職業経験をもとによりよい雇用を求めて移動するものである。多くの国では十分な職業経験を持たない若者が失業者として滞留するという問題が起こる。日本でも，最初に新卒採用されないときは，多くの国々の若者のような状況に置かれることになる。

　さて，大企業の職員については「正規入社」「中途入社」という区分の一般化は，1930年代までさかのぼるように思われる。戦前の大卒については，新卒定期採用が1920年代から一般的であったといわれている。王子製紙十條工場の1936年3月における役付職員と工務一般職員の年齢と勤続を示したのが，図表補3-5である。ここでは簡略化のために平均のみを示した。個別にみると大卒に限れば，新卒入社組は少なくないが圧倒的とはとてもいえない。田中の説明によれば，王子製紙の職員採用は指定校推薦制と縁故募集制の併用であり，学卒（新卒）採用が本格化したのは1933年ごろからで，ピークが1939年であった。このように職員層では1930年代から新卒採用が普及しはじめていたかもしれない。

　他方，戦前における職工の採用は縁故採用であり，「必要な時に必要な人員を補充していくというやり方で，縁故募集の対象は主として兵役の現役を済ませた除隊者であった」（田中，1984，33頁）。

　新卒採用中心主義がわが国で一般化するのはいつごろからであろうか。かつてエリートであった大卒男子が大衆化したのは，大学進学率からみて安定成長期である。「就業構造基本

補論3　正社員の歴史

図表補3-5　十條工場職員の1936年3月時点の属性

役　職	人　数(人)	年　齢(歳)	勤続年数(年)	平均入社時年齢(歳)
工場長	1	53	26	27
工場長代理	1	52	21	31
工場長付	1	54	20	34
係長	5	46	18	28
正社員	16	45	16	29
准社員	13	38	10	28
雇員	4	34	9	25
准雇員	17	45	7	38
計	58	41	13	28

出所：田中（1984）66頁。

調査」による男性有業者の学歴別構成でみると，4年制大学卒以上が2割を超えるのは1987年のことである。

　なお，一定のボリュームとしての「新卒採用中心主義」に大きな影響を与えたと考えられるのは，学校による職業紹介制度である。有力企業の求人に対して，学校が学業優秀者をそうした企業に紹介していった。これは企業，とくに大企業にとっては全国から安定的に優秀者が供給されることを意味していた。優秀者の選別が困難な中途採用者よりもはるかにそのメリットは多かったと思われる。とくに，激しい労働争議の経験から，会社都合の解雇が困難となる1960年代においては，企業にとって，そのメリットは非常に大きかったといってよいだろう。新卒者にとっても，少なくとも最初の雇用が確保されることの意味は大きかった。学校による職業紹介制度は，1947年の職業安定法と1949年の同法の改正により中卒者についての無料職業紹介が認められたことが決定的であった。高卒については，1960年代後半には，学校経由の職業紹介が決定的となり，当初は中小企業に就職（就社）するものも多かったが，1970年代に入るときびしい労働力不足のなかで，高校新卒は大企業中心に就職するようになっていく[23]。

　経済企画庁が1960年におこなった調査によれば，5,000人以上の製造業男子の採用についてみると，職員（ホワイトカラー）の定期採用145.6万人のうち，大卒・短大卒が69.9万人，高卒が75.7万人，他方中途採用は34.3万人であった。また工具（ブルーカラー）の場合，定期採用135.7万人は全員が中卒であり，うち養成工が98.1万人であった。それに対して，中途採用は実に1,512.7万人で，うち本工は203.9万人にとどまり，1,303.6万人は臨時工であった[24]。つまり，1960年ごろの大企業ではホワイトカラーは定期採用中心であったが，その10倍に達する数のブルーカラーの多くは臨時工であり，定期採用の中心は養成工であったことがわかる。そして，製造業の「本工採用ルートとしては，臨時工の本工昇格が最も太いパイプ」[25]をなしていた。

大企業でブルーカラーの新卒採用が一般化するのは，高卒者をブルーカラーとして採用しはじめた1960年代後半のことである。高学歴化のなかで，中卒が激減し高卒が労働力の中心となった。中卒に比べて年齢・学歴が高いことや当時の激しい人手不足のなかで優秀な人材をとるには，最初から本工（「正社員」）として採用することが得策だったからである。このころには優秀な臨時工が払拭していたから，臨時工から本工に昇格する（現代で言えば，正社員登用）パイプはすっかり細ってしまったのである[26]。

　『雇用動向調査』とその前身である『労働異動調査』から製造業の男子労働者（学歴計）をとって，毎年の入職者に占める新規学卒者の割合である「新卒者採用比率」をみると，1952年では規模別に差があまりなく，500人以上で30.5％に対して30～99人規模で24.2％であったし，1960年でも37.3％，29.5％であったが，労働力不足のひどくなった高度経済成長末期の1972年には従業員数500人以上の36.7％に対して30～99人では12.3％と大差がついている[27]。これは，中小企業が新卒者を採用できない状況になったことを示している。

　また，高度経済成長が終わるとともに，労働移動は少なくなり，入職率・離職率とも大幅に低下し，企業への定着性が強まった（図表補3-6）。安定成長期においても若年失業率は低いままだったことが示すように，新卒採用に大きな変化はなかった[28]。これは中途採用が減少することを意味している。つまり，安定成長期に新卒採用中心主義は強化されたのである。

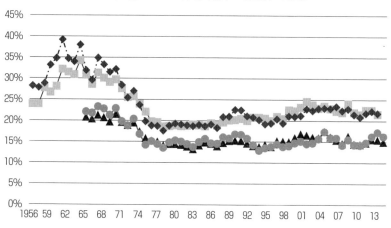

図表補3-6　年間入職率・離職率の推移

注：「毎月勤労統計」が毎月の調査であるのに対して，「雇用動向調査」は年2回の調査である。前者は同一企業内の事業所間の異動（転勤など）を含むのに対して，後者は含んでいない。2つの調査の数値が異なるもう1つの大きな原因は調査が毎月か年2回かという点にあるように思われる。年2回だとその間の入職・離職した者が十分には把握されないからである。ともに事業所規模30人以上。
出所：厚生労働省「毎月勤労統計」「雇用動向調査」「労働（経済）白書」より筆者作成。

3 「片稼ぎ正社員モデル」賃金(「年功」賃金)の形成と確立[29]

若い時から高い賃金を得ることができるのであれば,何も年齢とともに賃金が上がる必要はない。しかし,多くの労働者たちにとって,それは夢物語である。せめて,家族形成できる賃金を確保するには,生活に応じた賃金が必要である。わが国の賃金制度について,よく生活給思想が持ち出される。それは現代の観点からすれば,「片稼ぎ正社員モデル」の生活給思想であったといってよい。

よく年功賃金の制度的表現として「定期昇給制度」が指摘されることが多いが,その萌芽は「年功賃金」の成立よりも早い。定期昇給制度は,日本では明治時代から存在していた。エリートたちの世界では当然のものであったように思われる。昭和同人会(1960,339頁)の事例研究によれば,明治に開業した某銀行では,設立当初から毎年職員の45～60％が昇給しており,「昇給は一方において一部優秀なものは2階級昇給すると云う大幅メリット差をつけたり,連年昇給を認める等抜擢主義をとると共に,他方において通常のものであれば誰でも2年目には昇給することが保証されていた」[30]。

(1) 明治期から第二次世界大戦期

もっともブルーカラーにまったく定期昇給がなかったわけではない。1898年(明治31年)に「鉄工場」を調査した横山源之助によれば,「鉄工の賃銀も紡績工場の賃銀制度と同じく,日給と請負との二者あり」としたうえで,「日給賃銭にせよ,請負賃銀にせよ,これを10時間労働の上に得る賃銀は,最初工場に入る際は20銭ないし25銭にして,通例30銭ないし35銭なるは最も多く,その技術を要する鍛工等の如きも50銭なるは普通にして,しかして規定の労働時間を超え,9時ごろまで夜業して平均40銭ないし50銭,熟練を要する労働は即ち70銭を得るのみ。……<u>昇給はたいていいずれの工場においても年に2回あるが如し。7月の盆と12月の歳末においてす。その程度は工場により労働により相違し,7銭なるもあり,5銭なるもあり,2,3銭にとどまるものありて,一定あることなしといえども,とにかくも年月を重ぬると共にその賃銭も多少増加するが如し</u>(下線は引用者)。けだし昇給は一種の奨励法として見るも,工場組織の上に欠くべからざるものなれば,余輩は心から昇給方法の設備を可とする者なれども,深く各工場に入りてその実業を探れば,おおよそ昇給の事ほど偏頗・不公平の悪徳行わるるはなきなり」と記している[31]。何歳ごろまで昇給していたのか明確ではないが,現在でいう機械工業においては定期昇給に似た制度がすでに明治においてあったことがわかる。もちろん,本質的には習熟昇給とみるほうが正確かもしれないが。

工藤(1958,159～160頁)は次のようにいう。「昇給制度はすぐれて日本的な制度といわれるが,それはとくに戦前型の昇給制度において最も典型的である。すなわちその特徴は一般に初任給を著しく低く設定し,勤続年数の経過にともない昇給増額を行うことにより永年勤続を奨励し,勤続年数の長い者すなわち企業と血のつながりの濃い者を優遇しようとする

ものであった。しかも職員と工員では週休の金額や速度が相当異なり，職員のうちで学歴によって初任給に著しい格差が設けられ，出発点が大幅に違っていた」[32]

職工の場合には半年に1回が多かった。上級工員は年に1回，職員は年に1回か2年に1回であった。これは熟練向上や欠勤抑制・定着促進のためのものであったと思われる。ただ，長期安定雇用を前提としない限り，その意味はさほど大きなものではない。

ただ，定期昇給制度を毎年全員に対するものと理解すれば，太平洋戦争期とし，その制度的基礎として1940年1月の賃金統制令と翌年2月の重要事業場労務管理令の影響が大きいとする有力な見解がある。昭和同人会（1960，289～290頁）は，つぎのようにいう。「年功序列昇給をここで規定するのは，……全員が一斉に一定時期に，毎年必ず査定を受けて昇給してゆき，年功と共に，昇給が累積されてゆくという方式が，はじめてこの期（1940～45年の時期のこと……引用者）に確立されたという意味においてである。（某銀行が職員の昇給に関して戦前，明治以来つづいた隔年昇給を改め，連年昇給としたのも昭和19年である）……このような昇給制度の確立には，云うまでもなく賃金統制令や，重要事業所労務管理令による影響が決定的であると思われる（傍点は原文）」

戦争末期に出版された大西／瀧本（1944）によれば，重要事業場の労務管理令10条で事業主は賃金規則，給料規則および昇給内規を作成して厚生大臣の認可を受けることが必要であった[33]。まず，初任格付けについてみると，「工員賃金規則記載例」によれば，定額制の場合[34]，未経験者労務者は14歳から30歳までは年齢別・性別初任日給額が規定されており，作業の種類や能力により1割までの増額が認められていた。経験者については，経験年数別・年齢別・性別の日給額が提示されており，14歳の経験年数1年未満の男子が70銭に対して，30歳以上で経験年数10年以上の男子は2円20銭と3倍強の差があった。また，男女間の賃金格差は上位になるほど開き，雇い入れ時30歳以上では2倍の格差が定められている。これは当時の現実を反映したものと思われる。また，30歳で定期昇給は頭打ちとなっていることも注目される[35]。

また，作業の種類や技倆等により2割増の範囲内で増額できるとしている[36]。また「工員昇給内規記載例」によれば，昇給期日は毎年2回あり，昇給資格者は，日給2円50銭未満の者は昇給後6か月後，日給2円50銭以上の者は昇給後1年後とされている。この定期昇給額は査定昇給であり，最高額，標準額，最低額が提示されている[37]。これは，少なくとも制度的には，現在の定期昇給制と大差ない。戦時体制下のこうした賃金制度は，上からつくられたというよりも，既存の大企業の制度を当時の状況に応じて整理したという色彩が強いように思われる。その意味で，定期昇給制は時間給制を用いた大企業ではある程度一般的であったのではないだろうか。もちろん，これは戦時体制下のものであり，この時期には長期安定雇用という実態も労働者の期待感も大きくなかった。工員たちの移動は激しかったし，他方で，当時重要産業は多くの徴用工を抱えていたのである。

つまり，この時期に定期昇給制度が確立したというよりも，戦後の賃金制度を作り上げるときの出発点となったと理解すべきであろう。職務に対する報酬としての賃金という発想の

弱いわが国では，明治以来，属人給が職員だけでなく職工についても主流であったように思える[38]。それを制度的に整理したのが戦時期であった。

(2) 第二次世界大戦後の普及

　ブルーカラーとホワイトカラーが企業内で同一の処遇制度の下にあるということが日本的雇用システムの特徴の1つである。それが実現したことは，第二次世界大戦直後の激しい労働運動なしには理解できない。すでに述べたように，総力戦体制の戦時下において，職員と工員の処遇格差は縮んでいたが，敗戦直後の労使関係のなかで，職員と工員の処遇格差を形式的にも実態的にもなくすことは大きな事件であった[39]。工員の賃金のほうが職員の賃金よりも高くなるといった状況さえあった。処遇という観点からすると，職員も工員も基本的には同じ賃金制度になり，「完全月給制」[40]は管理職に限られ，一般の職員は工員と同じ，あるいは大差ない月給日給制[41]となった。ただ，「働き方」という観点からすると，大きな変化があったようには思えない。つまり，処遇が大幅に近づいただけだったように思われる。しかし，処遇は「働き方」に影響を与えることになる。

　掛谷（1953，40〜43頁）によれば，戦後直後の賃金制度はつぎのように3つに分けることができる。第1の流れは，いま述べたものである。「戦時中賃金統制令，会社経理統制令等，統制賃金下において，特に重要企業については，重要事業場労務管理令の規整によって画一的就業規則および賃金規則記載例が政府によって示され，これに基づいてなされた，いわば統制方式形態である[42]」多くの大企業は終戦直後しばらく，この形態をそのまま踏襲していた。この形態は，初任給を基礎とする基本給と能率給を中心とし，これに時間外割増給と家族手当，特殊勤務手当等若干の手当を付加したものであった。戦時中には能率給の比率が高まり，月収中に占める基本給の比率は比較的低くなり，生活給的な諸給与も僅少であった。終戦後は，急激なインフレにより，生活給的な諸手当（家族手当，物価手当，地域手当等々）の増額あるいは新設等に急速に振り向けられたが，経済が安定化するにつれて旧来の制度に戻っていく[43]。

　この形態では基本給が重視される。なぜならば基本給は学歴，年齢，社外経験，技能，試験等を基礎とした初任給を出発点とし，これに毎年定期昇給時に年間の職務成績，技能，勤怠査定の上基本給増額をおこなうという方式であり，各個人の能力資格を充分反映するものだったからである。

　第2の流れは有名な「電産型賃金体系」である。最も理論的な生活給主体の賃金[44]として終戦直後に広がった。これは，工職身分格差撤廃とともに格差が縮小するとともに[45]，年齢・勤続等によって自動昇給する点がほかの形態との違いであった。

　第3の流れは，1948年末ごろから採り上げられた職務給＝職階ならびに能率の強化方式に基づく賃金形態である。職階職務給および能率給主体の賃金形態である。

　その後の賃金制度の動きは，これら3つの流れが融合するものであったといってよいだろう。第二次大戦直後，事実上生活給が中心となっていた賃金制度において，定期昇給制度が強

く意識されたのは1954年における中央労働委員会の調停案である。当時の賃上げをめぐる労使関係のなかで,これについて日経連が諸手を挙げてつぎのように評価したのは印象的である。

「今日の段階では最早ベース・アップの如き方式は何等の理論的基礎もなく単なる組合の闘争手段に堕していたことはわれわれが年来指摘して来たことであり,労使関係安定のためにも定期昇給制度の確立こそ緊要な課題であることを主張して来たのである。今回中労委がその権威において定期昇給制度の確立を提唱したことは一歩前進と言うべく画期的な調停案といえよう」(「電産調停案の意義」,『日経連タイムス』1954年3月25日号,『資料労働運動史』昭和29年版,780～781頁より)

こうして定期昇給制度は,当時の労働側による大幅賃上げ論に対抗するシステムとして,理論的正当性を獲得し,日本企業全体に広く普及することになる[46]。それはとりあえず第2の流れを否定する論理だったからである。ただ,実際の定期昇給の運用は,全体としてみれば年齢・勤続による自動昇給部分を残しつつも,査定昇給であるという色彩を強めたのであり,また職位ごとに昇給基準線などをつくった大企業も少なくなかったという意味で,3つの流れを統合するものとなった。

1956年11月の日経連(関東経営者協会)の「昇給制度実態調査」によれば,昇給基準線の設定について回答のあった64社のうち,「設定している」のが19社,「一応想定している」のが23社であった。この基準線の区分は図表補3-7のとおりであった。職員・工員別,職員の学歴別,男女別に昇給基準線を別にしているところが多かった。ただ,逆にみれば,職員と工員で昇給基準線が異ならない企業も11社に及び,全体の3分の1を占めていることは注目してよい。現在では考えられないほど賃金における工職格差は小さかったのである。

図表補3-7　昇給基準線のグループ分け（その型について）

区　分	職員・工員別に	職員について学歴別に	職員について男女別に	工員について男女別に
違う	23社	28社	26社	19社
違わない	11社	9社	12社	7社
計	34社	37社	38社	26社

出所：工藤(1958)資料編,22頁

日本では,賃金の対価としての意味での「職種」(trade)が一般化しなかったのと同様に,賃金の対価としての「職務」という概念も一般化しなかった。属人給が一般的であった。もちろん,広い意味での職種と職階による賃金制度はホワイトカラーの世界では洋の東西を問わず,一般的である。とくに,少し前にアメリカで流行した「ブロードバンディング」(職務給の大括り化)による同一職階(Job grade)での「範囲職務給」幅の拡大は,一見すると日本の大企業の賃金制度と大きな違いはない。もちろん,雇用契約の前提は「担当職務」であり,配置転換や転勤などは雇用契約の再締結ということになり,わが国のような一方的な企業の指揮命令権の容認ということにはなっていない。こうした企業の広範な指揮命令権

の容認は，直接的には高度成長期から安定成長期にかけての判例の積み重ねがもたらしたものであるが，その背景には，当時の公正観として，「片稼ぎ正社員モデル」が日本の模範的な雇用モデルとして理解されていたという事情がある。労働組合は，生活給の基本にこのモデルを置いていたからである。労働組合は，若者の賃金の低さを「単身者賃金」として批判し，家族賃金としての，つまり配偶者や子供を含めた一家を養うに足りる賃金を要求していたし，先にみた定期昇給制度の広がりはそれをかなりの部分で，少なくとも大企業労働者にとって実現するものであったからである。この生活給という性格について，たとえば，津田真澄（1970，105〜106頁）はつぎのようにまとめている。

> 「図4（図表補3-8……引用者）はそれをあらわしたものである。基幹従業員のライフ・サイクルが図の下部に示したものであるとして，この従業員が入職し，結婚し，子供が生まれ，子供が義務教育をすぎて上級教育に入り，学校教育を終わって社会に出ていき，やがてすべての子供が社会に出終わった時点で，新・旧労働力の交代が終わって定年となる。この間の世帯家計支出額はB，C，F，Dの曲線をえがく。この曲線のポイントは世帯家計支出額がピークをえがくFの時期（37.8歳から47.8歳）にある。Fの期間ではすべての子供が義務教育を離れて上級教育にあり，成長期に入っているから，子供については物質的にも経費がかかるのみでなく，子供は読書，運動などへの欲求も強く，精神的に不安定な青年期に入っている。教育の面からみても，義務教育期間のように学校では全人格的教育が行なわれず，家庭内教育が重要になる。したがって，母親は外勤・内職をやめて家庭の仕事に専念する必要がある。それゆえに一家の支出をまかなう収入源はすべて父親の賃金収入に依存することになる」

図表補3-8　年功賃金の意義

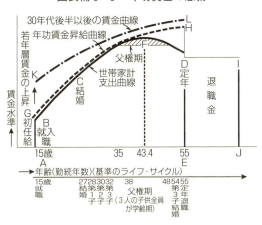

出所：津田（1970），106頁

4　包括的な働き方・働かせ方

　いままでは,「正社員」の処遇についてみてきた。しかし,それと密接に関連するのが,その「働き方」あるいは「働かせ方」である。「片稼ぎ正社員モデル」の賃金としての「年功賃金」や「終身雇用」という雇用保障の考え方の実現は,従業員の働き方,あるいは企業側の働かせ方に影響を与えることになる。

(1) ホワイトカラー内の働き方の画一化

　企業からミッションを与えられ,長時間労働や転勤なども厭わず,主体的な判断で行動し,その結果に責任をとるという「エリート」社員は,どこの国でも必要だし,また必ず存在している。だから,これが,日本の「正社員」の特徴であるとはいえないだろう。エリートであれば,エリートとしての処遇や働き方があり,必然的に少数者である。みんながエリート（選ばれた少数者）というのは,意味不明である。ところが,日本の「正社員像」はこの少数エリートの大卒者の働き方に,その原型がある。ここで大切なことは,もはや少数のエリートでなくなった現在でも大卒に引き継がれているという点と,さらには非大卒にも広がっているという点である。

　1960年代までは,幹部社員ではなくそれぞれの専門部署で働くスペシャリストである高卒ホワイトカラーがたくさん存在していた。ところが,高学歴化の波のなかで大企業では,ホワイトカラーは大卒だけを採用するようになった[47]。高卒ホワイトカラーが大卒ホワイトカラーにとって代わられたということも重要だろう。1960年代の高学歴化は「高卒ブルーカラー」を一般化させたということは有名であるが,それは逆にみれば,高卒ホワイトカラーが徐々に撤退し,大卒ホワイトカラーに一本化するプロセスでもあったといえるのである。このとき,スペシャリストとしてのホワイトカラー人材育成システムに変化があったように思われる[48]。それは「幹部候補の人材育成」と「専門職としての人材育成」の融合である。

　先に取り上げた氏原の指摘でいえば,戦前の「社員」と「準社員」の区別がこれに近い。つまり,入社当初から,幹部候補生と一般ホワイトカラーが区別されていた。前者は本社採用であり,後者は事業所採用であった。戦後,こうしたホワイトカラーは大卒との処遇格差の縮小とともに働き方の差も縮小したように思われる。戦後は大企業の幹部候補生も,当初から「完全月給制」ではなく,残業手当が支給されるという意味で,「日給月給制」であった。「完全月給制」は「管理職」で非組合員であった。戦後は,建前としては,同じ学歴であれば,同じ賃金処遇制度のもとにあるのであり,「一般社員」が昇進競争によって「管理職」に進むということになったのである。採用の一体化,賃金処遇制度の一体化は人材育成・能力開発の一体化と結び付き,それは「働き方・働かせ方」の一体化をもたらしたのである。もちろん制度的一本化と現実の運用は別であるのはいうまでもないが,それが運用に一定の影響を与えていることは間違いない。

つまり，初任における処遇という観点からすれば，賃金からみると「準社員」扱いであるが，人材形成は「幹部社員」扱いという形がつくられた。異動と昇進の道がホワイトカラーとくに大卒ホワイトカラーに広がるのである。もちろん，実際には専門的業務をこなすホワイトカラーは必要であるから，「畑＝専門」が事後的につくられるのがふつうであったし，「幹部社員」としての人材育成に時間がかかるというデメリットも伴っていた。

この融合によって起こったことは，①異動による人材育成というパターンの広がり，②①による職業能力形成の変化，③幹部候補社員の昇進の遅れであったように思われる。

ホワイトカラーの学歴別管理が事実上崩壊するなかにあって，「幹部候補生」の人材育成パターンに「専門職」の人材育成パターンが融合し，「管理職・幹部候補生」の人材育成システムが「ゼネラリスト」的人材育成と呼ばれることになったのかもしれない。現実には，「専門職」は「幅広いが専門の畑」ができる人材として養成された。この点については，小池を中心としたJILPT調査が明らかにしたところである（小池／猪木，2002）。これは人材育成において，優れたパフォーマンスを示したが，問題も生み出した。1つが過度の異動であり，もう1つが「幹部社員」選抜の長期化と「専門経営職」キャリアの弱さである。

さて，こうした大企業男性ホワイトカラーの働き方は，仕事の包括性の大きさから，労働時間にかかわりなく働くことを求められる。ゆとりある企業では，ゆったりと仕事をすることも可能であったが，ゆとりのあまりない新興企業では，1人にかかる労働の負荷が過大になる傾向があった。現在のそれなりの賃金，中長期的な昇給・昇進を保障するかわりに，企業は「正社員」に極端にいえば，24時間企業の要請に応える態度を求めたのである。

正社員のほうは，すでに述べた処遇を考慮して，基本的にこうした企業の要請に応じたといってよいだろう。「片稼ぎ正社員モデル」を前提とすれば，ある意味当然の，多くの人々にとっては望ましい労働力取引の形であった。

(2)異動とキャリア形成

職業別労働市場が企業横断的に形成されるためには，職業能力が容易には変化しないことが必要である。たとえば，医師の場合，医療技術や医療知識が急速に陳腐化することはない。弁護士や大工についても同じことがいえる。しかし，技術革新の時代には，企業が必要とする職業能力は大きく変化し，従来の職業能力の秩序は崩壊する。「職務」を確定し，職務分析をおこない，それにもとづいて「職務給」を決定しようとする試みは，技術革新の時代でもあった高度経済成長期において失敗に帰した。それは，「職務」の内容が急激に変化し，かつ多様化したために，職務分析そのものが無意味化していったからである。職務中心社会を作り上げていた先進諸国とは異なり，日本では仕事と賃金の関係が緩やかであったことが，時代適合的に機能したといってよいだろう。小池和男が正しく述べるように「変化への対応」が決定的であった。この対応力こそは，新しい「固定的ではない熟練」であり，新しい仕事につくことによる「キャリア形成」であった。

たとえば，配置転換に関して，岡本秀昭（1975，45頁）はつぎのようにいう。「配置転換

が，最終的には経営権であるという認識が広範にもたれている。……終身雇用制を前提とすれば，雇用保障とひきかえに，配置転換については，使用者が裁量権をもつことはやむを得ない，ないしは当然であるという考え方が，条件づきながら労使間に相当程度もたれている……」

たとえば，S電工の人事担当者はつぎのようにいう。「昭和30年ごろまでは，配転といえば適正配置のための異動という範囲に限られていたと思います。したがってその対象はおもに管理職であって，例外的に少数の熟達者が含まれていたにすぎません。……昭和30年以降になりますと，関連会社がふえて出向制度が常態化してきたように思えます」この企業ではすでに企業内異動にとどまらない出向制度が一般化している。「配転に当たっては……本人の事情は尊重するが本人の意思は尊重しないという立場をとっています。つまり，本人の恣意的な意思は尊重しないけれども，本人の家庭の事情とか健康など客観的に妥当な事情は尊重するという趣旨です」（日本労働協会，1975，150頁）一般にホワイトカラーは業務命令で配転や転勤するのは，労働組合も当然視していた。裁判例もこうした広範な経営の裁量権を認めてきた。ホワイトカラーはもちろん，ブルーカラーも転勤することがそれほど特殊なことではなくなりつつあったのである。「正社員は業務命令で異動する」という認識が，この時期に確立したように思われる。

さらにいえば，当初雇用調整目的に一般化した「出向（在籍出向）」や「転籍（移籍出向）」は，その後雇用調整とはかかわりなく多用されるようになり，現在では日常化しているといっても過言ではない。

小　括

労働組合運動は，「生活給」に代表されるように「片稼ぎ正社員モデル」を推進していった。それは，1人での家族賃金の獲得であり，それだけに，労働時間への低い関心をもたらした。

そうした働き方，「片稼ぎ正社員モデル」は，望ましい安定雇用と家族形成に配慮した賃金水準をもたらした一方で，男女共同参画社会の実現という「共稼ぎ正社員モデル」との齟齬をきたすようになった。現代では，もはや性別雇用管理はできなくなっている。さらにいえば，本書でみたように，「片稼ぎ正社員モデル」の基本である長期安定雇用と「家族形成に配慮した賃金水準」も近年ではその維持が困難になっている。にもかかわらず，「片稼ぎ正社員モデル」の働き方・働かせ方に変化は現在でもない。現実に起こっていることは，性別役割分業を前提とした「1.2共稼ぎモデル」の隆盛である。

補論3　正社員の歴史

■注
1　本補論は，久本（2010）と久本（2015b）を再構成し，新たな論点を加えたものである。
2　定年退職金制度も正社員処遇の1つとしてかつては重要であったが，公的老齢年金制度が充実した現在では切実さは小さくなっているように思われるので，ここでは取り上げない。
3　王子製紙では戦争末期の1943年に「職工」を「工員」と名称変更した。
4　田中（1984）。本書は，現代の日本企業でも公開できないような詳細な内部資料にもとづくだけでなく，当事者（代表取締役副社長を務めた）による分析であり，きわめて貴重である。なお，戦前の職員の昇給制度については，『会社員給与調べ』（1925年，東京経済社）がある。これによれば昇給率は毎年1割程度である（工藤，1958，資料編44～49頁）。
5　当時の王子製紙における「正社員」は単なる1つの職位である。「正社員」の上には，「係長代理」「係長」「課長代理」「課長」など職位があった。
6　高度経済成長前期の大卒の就業構造については，小池（1967）を参照。
7　この点を詳しく分析したものとして，神林編著（2008）がある。
8　本節の記述の多くは，労働省『資料労働運動史』各年版にもとづく。これは労働運動史における膨大な資料を掲載しており，戦後労働運動史研究においては，基本資料の1つである。
9　労働省『資料労働運動史　昭和25年』138～187頁。
10　占領軍の総司令官であるマッカーサー元帥による日本共産党員およびそのシンパに対する公職追放措置，およびそれに関連して，公務員や民間企業の労働者を退職させた一連の措置。これにより，労働運動から共産主義者の影響力排除がおこなわれた。
11　それだけに1949年のおける大量人員削減にともない争議を経験した日本製鋼所のほかの事業所の労働組合が日鋼室蘭労組をみる目は厳しかった。
12　久本（1998，121頁以下）からの引用である。
13　この点については，仁田（2008），特に38～40頁を参照。
14　ただ，この労働組合の成功体験が，企業収益が改善した時にも賃上げに及び腰になるという現代の「官製春闘」批判を引き起こす原点ともなる。
15　労働省『資料労働運動史　昭和54年』，548～556頁。
16　周知のように，その後も激しい円高が起こる。造船業は当時世界シェア約50%を誇っていたが，韓国，つづいて中国の追い上げをうけて，世界シェアを大きく減少させいく。
17　岡崎／奥野（1993），7～8頁
18　「毎月勤労統計」や「雇用動向調査」を参照。
19　「賃金構造基本統計調査」を参照。もちろん，平均勤続年数については複数の要因が関連しているので評価は慎重でなければならない。たとえば成長企業の減少，労働者の高年齢化，定年年齢の引き上げなどは長期化要因であり，高学歴化は短期化要因である。
20　定期採用の歴史については，菅山（2011），野村（2007）を参照。とくに前者は必須の文献である。
21　国内問題として若年失業問題がここ十数年来問題となっているのは周知のとおりであるが，国際比較的観点からすれば，日本はこの問題が比較的小さい国の1つであるのも事実である。
22　ドイツの職業教育に関する研究は数多い。たとえば，寺田（2000）を参照のこと。ドイツにおける2つの労働市場については，久本（1986），久本（1991）で具体的に論じた。
23　この間の詳しい状況についても，菅山（2011）を参照。
24　菅山（2011）429頁，元の調査は経済企画庁（1961）「新規雇用に関する調査報告」である。
25　山本（1967）50頁
26　もちろん社外工（下請，業務委託）は存在していたし，自動車産業などでは本工登用制度はなくならなかった。バブル崩壊後，この問題が再び注目を浴びているのは周知のとおりである。この点については，本書補論1を参照。

27 菅山（2011）424～425頁。なお，この点について，菅山は「1950年代の定期採用率をみると，これが52年の時点ですでに2割4分から3割という比較的高い水準」とするが，これを高いとみるか低いとみるかはかなり微妙である。逆にいえば，中途採用率が7割から7割6分であることを意味するからである。

28 安定成長期には労働需要が伸びなくなり，新卒への激しい獲得競争がなくなったために，新卒者では大企業に就職する者は減少しただろうが，中小企業で職を見つけることはそれほど困難ではなかった。

29 この点については，金子（2013）が包括的で優れた歴史研究である。また，賃金についても，野村（2007）は多くの資料について紹介をしており有用である。

30 公務員的雇用管理制度が民間大企業に広がった日本では，定期昇給制度も外国から導入されたと考えるのが自然だろう。職階給あるいは職務等級制度といってよい。つまり，正社員性の観点から賃金制度をみれば，職務給か職能給かという区分ではなく，単一職務給か範囲職務給・職能給かという区分のほうが適切であろう。（成果給部分については，累積の有無によって決定的な違いがある。累積しない場合には，短期的な成果給であり正社員性と関係ないが，累積する場合には正社員性は高いと考えられる）

31 横山（1949），251～255頁。初版は1899年。

32 男性における職員・工員間の格差は有名であるが，工員のなかでも男性と女性で大幅な賃金格差は大きく，平均して2倍あるいはそれ以上あった。大川（1967），第9章賃金，を参照。

33 大西／瀧本（1944）247頁。これに対して，増地（1943）では，昭和15年の厚生省と社会局による賃金実態調査において，定額給と出来高給について詳細に調べているが，昇給制度に関する言及はまったくない。

34 定額給とは，月給，日給，時給など時間給制のことであり，対概念は出来高給（あるいは請負給）制度である。

35 大西／瀧本（1944）256～257頁。

36 戦争末期の労働力不足のためか，この例では上限も定めており30歳代の経験10年以上の男子の上限は350銭としている。大西・瀧本（1944）256頁。

37 大西／瀧本（1944），258～259頁。

38 もちろん，製糸・紡績業など製造業では能率給（賃業給，請負給，出来高給などともいう）が広がっていたが，周知のように，わが国では能率給はその後賃金制度上の意味が小さくなる。青木（2008）参照。

39 この点について，二村（2000）を参照のこと。

40 労働時間に関わりなく，定額の月給，あるいは月俸が支払われるもの。月俸制ともいうが，年俸制と異なり近年使われることはほとんどなくなっている。

41 実務上は「日給月給制」と呼ばれることが多い。賃金支払形態は，時間をベースとする「時間給」と業績・成果をベースとする「出来高給」（歩合・成果給）に大別できる。前者はさらに，計算単位から年俸（年給）制，月給（月俸）制，日給制，時給制に分かれる。ややこしいのは，月給制がさらに細分されることである。①完全月給制。基本的に支給対象期間に欠勤などがあっても，賃金は全額支給される。管理職など労働時間に関わりなく賃金を受け取る者に適用される場合が多い。②月給日給制。月を単位として賃金を決めるが，欠勤すればその分の賃金が差し引かれる形態である。1日欠勤すれば1日分（たとえば，月給の22分の1）差し引かれる場合を完全月給日給制，1日分よりも低率で差し引かれれば不完全月給日給制といえる。最も一般的な形態である。ただし，月給日給制は，現在では次の「日給月給制」あるいは単に「月給制」と呼ばれることのほうが多い。③日給月給制。正確には1日を計算単位とし，支払いを月単位でするものである。月によって出勤日数が異なるので，月給も変動する。現在では少なく，単に日給制とされることが多い。

42 1940年賃金統制令の趣旨によって政府が示した賃金規則記載例は，ほとんどすべての企業に導入

された（掛谷, 1953, 45頁）。記載例は, 同書45〜55頁にある。
43 政経研究所（1951）は数多くの企業の賃金制度を掲載しており貴重である。たとえば, 昭和26年時点で麒麟麦酒株式会社は, 職員・準員の場合,「本給」は賃金の32.9％にとどまり「補給金」が50％,「地域手当」が11.4％,「家族手当」が5.7％となっていたが, 本給は, 年令給, 勤続給, 学歴給, 経験給, 能力給から構成されていた。それでも, 定期昇給は毎年1回4月におこなうものとされていた。なお, ここで「補給金」とは「基準賃金と基準外賃金の合計額の100％」と定義されている。つまり, 当時, この企業では通常賃金の倍額が支給されていたのである。私たちは, こうした時代状況を理解したうえで, 後述する日経連が主張した「定期昇給制度の確立」を理解すべきである。
44 カロリー計算による理論的飲食費算出, およびこれを基礎としてエンゲル係数による理論生計費をベースとする。これについては多くの研究があるが, 河西（1999）, 河西（2007）が最も重要な研究である。
45 戦時体制のもとで賃金格差は縮小しており, また戦後直後の混乱期には生活給部分の拡大によって小さくなっていたから, 労働組合による身分格差撤廃運動の歴史的な意義は, 経済的に安定する時代になっても身分格差を再生させなかったという点を重視すべきだろう。
46 掛谷（1953）, 工藤（1958）, 佐久間（1959）が定期昇給制度に関する代表的な研究である。
47 このとき, 事務補助職として, 高卒および短大卒女子を大量採用していた。彼女たちは結婚退職するものと考えられていた。
48 ここでは事務補助職としてのホワイトカラーについては扱わない。男性高卒ホワイトカラーが姿を消した企業でも, 高卒や短大卒の女性が事務補助職として存在していた。この職層は, のちのコース別人事管理において「一般職」と位置づけられ, 派遣法制定ののちは間接雇用の派遣労働者によってかなりの部分は代替された。

おわりにかえて……企業のすべきこと

　現代の多くの日本企業は，欧米企業がとても享受できない従業員に対するフリーハンドをもっている。しかし，こうしたフリーハンド（にみえる）各種の人事慣行が今や機能不全を起こしていることに気づいている企業は少ない。より正確にいえば，気づいてはいるが気づかないふりをしている企業が多い。

　本書では，「共稼ぎ正社員モデル」の主流化を図るという観点から，日本の雇用の現状を検討してきた。そして，そのための公正な労働市場ルール作りの必要性について語ってきた。他方，個別企業の取り組みについてはほとんど論じなかった。社会的には望ましいことであっても激しい市場競争を繰り広げている企業にできることは限られているからである。

　とはいえ，問題は多い。企業利益は全体として増加しているにもかかわらず，近年の日本企業は言葉とは裏腹に，人への投資をどんどん削減し，今までの人的資産を食いつぶしてきたような気がする。従業員に追加の仕事を課し，個々人の負担感を高めてきたのである。人件費負担が目に見えないために起こる，経営者の近視眼的な機会主義的行動のなせるわざである。従業員はよりよい転社の場がなかなかみつからないため，企業には留まるものの企業に対する信頼感は著しく低下している。「企業忠誠心」という言葉も今や風前の灯火である。従業員に働きやすい職場を提供するという反対給付なしに業務だけを押し付ける経営者や職場上司に人々は嫌気がさしている。用語が異なるため国際比較は慎重でなければならないが，多くの国際比較調査でも，企業に対する従業員の関与度（エンゲージメント）の低さが示されているようだ[1]。

　もちろん，企業としても従業員が生き生きと生活できることは望ましいことである。「共稼ぎ正社員モデル」が無理なく機能するためには，企業での働き方の変革も必要である。そのためにできることはなにか。最後に，この点について考えておくことにしたい。

　第1にすべきことは，1人の従業員がする業務量のコスト意識化である。企業は，従業員に対する追加業務がタダだと勘違いしているようだ。部下に仕事を押し付けて，それで仕事をした気になっている上司はいないか。あらゆる業

務にはコストがかかる。追加業務を冷静にコスト計算し（どれだけの時間単価の人材がどの程度時間がかかるのか。追加業務によって従業員の作業能率がどれだけ下がるか（疲労のため）などを計算することをお勧めする。そうすれば，無駄な業務は合理化でき，ひいては時間当たりの労働生産性向上につながる。上司が押し付ける無駄な仕事がホワイトカラー生産性をいかに低下させ続けているかを企業は反省すべきだろう。多くの日本企業にはそうした意識が実に低い。

　よく，残業代を稼ぎたい社員がいるといった話を聞くが，こうした社員を放置しているのは人事管理がしっかりしていないことを意味している。無駄な人件費を企業が払っているということにすぎないからである。無駄な人件費を払わないようにするために，個々人の業務分担をはっきりとさせ，業務量の平準化を図る努力をする必要がある。そのためには，いったんみんな定時に帰るようにしてみる。そうすれば，定時で退社できる有能な社員と仕事ができない無能な社員を明瞭に分別できることになる。残業代稼ぎ目的の社員にはそれなりの業績評価をすれば，一所懸命に定時内に仕事を終えようとするだろう。全社一斉でするリスクが高すぎるとすれば，実験的には特定部署を選択しておこない，それを徐々に拡大すればよいだろう。定時で帰る社員こそが有能であり，残業するような社員の評価を下げればよいのである。

　これは不払い残業（サービス残業）を増加させるのではないかという真逆の批判が出るかもしれない。しかし，少なくとも社内で仕事をさせないという断固とした意志さえ会社側にあれば良いだろう。もちろん，ふつうの社員が残業しなければならないような業務量を会社側が押し付けているとすれば，それは大きな問題だ。残業代目当ての社員の問題ではない。いわゆる「ブラック企業」ということになる。そんな企業になってほしくない。

　もしどうしても企業ができないとすると，労働基準監督行政の大幅な強化や内部告発者への徹底した実効性のある保護策が必要となる。企業が対応しないときには，行政の出番とならざるをえない。ただ，この点について論じたものは多いだろうからここでは論じないが，企業経営者としては情けないとしか，いいようがない。

　第2にすべきことは，労働時間と賃金，個人のいろいろな制約の関係をオー

プンに語れる雰囲気をつくることである。本人が納得しないと職場の雰囲気が荒れる。各種の家庭上の何らかの制約を抱えている社員は多い。今は抱えてなくても近い将来に抱える社員は多いことを認識しておくことが必要である。むしろまったく制約のない社員は現状でも少数派なのではないだろうか。20歳代は制約が一番少ないだろうが，30歳代40歳代と制約は増してくる。子育てもあり，親の介護ものしかかる。さらに，本人もいつ病気や障害者になるかわからない。日本の障害者の中心は今や40歳代50歳代に障害者となった人たちである。多くは内部疾患などの障害を抱えつつ企業で働いている[2]。

現在は，その制約を振り切ろうとすれば，女性管理職に特徴的に表れているように，家族形成しない働き方となるか，会社を辞めざるを得なくなるのが現実である。伝統的な「片稼ぎ正社員モデル」である。しかし，絶対的に安定した雇用と高い賃金とを従業員に自信をもって40年間保証できる企業がどれだけあるだろうか。できもしないのに，それを求めているのが多くの日本企業ではないのか。だから，男性も今や家族形成しにくくなっている。

第3にすべきことは，1，2とも密接に関係するが，「片稼ぎ正社員モデル」を男性社員に押し付けないことである。自分が「片稼ぎモデル」の成功者と考える職場の上司は，しばしばそうした思考に陥りがちである。もちろん，そうした仕事をしてほしい社員もいるだろうが，それは一部だと考え直す。経営トップがそういう考えにならないと，根本的には変わらないとしても，そうした機運の醸成が必要である。

第4にすべきことは，転勤をできるだけ減らすことである。今でも無駄な転勤・従業員の暮らしに配慮しない企業が少なくない。まるで忠誠心を問うような，無駄で時代遅れの企業がないわけでない。転勤は従業員のスキルアップと企業のどうしても必要なときに限定すべきであり，「業務命令」の濫発は望ましくない。従業員の負担も重いし，企業にとってもそれは望ましいものではない。スキルアップと無関係な転勤が多すぎる。これは企業経営者の近視眼的な機会主義的行動といえなくもない。転勤の潜在的なコストを企業は認識すべきである。スキルアップや昇進と関係ない転勤は多いが，無茶な転勤は労働意欲を低下させるし，企業忠誠心も低下させるに違いない。第4章で論じたように転勤に関する意識調査をみるかぎり，転勤を好んでいる人は少ないのである。

家族形成している人はとくにそうである。

　また，次の点も認識しておくべきだろう。今や，女性にとって働きやすい職場は，男性にとっても働きやすい職場であるという単純な事実である。今まで，よく有能な女性を活用することが重要だといわれてきたが，それは今や有能な男性を活用することでもあるということを認識する必要がある。結婚しても，配偶者の女性も正社員として働いていることを認識しておいたほうがよい。転勤をきっかけとして離婚したり，結婚をあきらめたりするカップルも少なくない。

　そういう職場は，外国人にとっても働きやすい職場である。グローバル化のなかで，日本の男性正社員的な働き方は，外国人にとってはしばしば受け入れ難い。もちろん，日本人と同様に「片稼ぎモデル」でバリバリ仕事をしたいと考える外国人もいるが，それは日本人と同じである。そうした少数派（エリート？）に対する人事処遇制度は別に考えてもよいだろう。

　原則として残業のない企業は，労働者を集めるだろう。悲しいことだが，残業のない企業の稀少性が，とくに大卒労働市場では大きい可能性が高い。第3章でみたように，ほとんどの労働者は労働時間を短くしたいと思っているし，今後その傾向はいっそう強くなるだろう。

　私にとって正社員に関する著作は，『正社員ルネサンス―多様な雇用から多様な正社員へ―』（中公新書）から実に15年経っている。私の主張は当時から基本的には変わっていない。当時，雇用形態の多様化が盛んに語られていたが，現実は非正規雇用の多様化にすぎず，正社員の働き方はむしろ画一化しており，これからは正社員の多様化を図るべきであるとした。そのうち，「多様な正社員」「正社員の多様化」という言葉が流行した。ただ，その内容は私が主として論じた共稼ぎ正社員論ではなく，非正規雇用の増加を受けて，正社員と非正社員の中間に「多様な正社員」を意図的に作ろうというものであった。もちろんそれも重要な論点である。

　しかし，この主張は「ふつうの正社員」の働き方を一層画一化する危険性を孕んでいるように，私には思える。「ふつうの正社員」は，残業も転勤も基本的にしない人々ではないのか。残業は例外的であり，転勤するのは特別の事情

があるか，ごく一部のエリートではないのか。もちろん，その間にいろいろなタイプの正社員がいるだろう。本書ではその点を前著に増して強調したつもりである。

　本書の主張を，夢物語であると冷めた目でみる読者もいるだろう。しかし，まともな生活を送るためには，賃金も必要だが，言葉の真の意味での「生活」を送ることが不可欠である。日本社会がそちらに向かって進むことを願って，本書を閉じることにしたい。

■注
1　若林直樹「会社忠誠心の国際比較」(日本経済新聞2016.11.24夕刊)，岡本純子「日本人は世界一，自分の会社を嫌っている」(2016.2.9)　http://toyokeizai.net/articles/-/103608?page=2
2　身体障害者のうち出生前から17歳までに障害を発症したのは全体のわずか15％程度なのに，40～64歳で発症した者は40％弱に達する（厚生労働省（2006）「身体障害児・者実態調査」）。

引用文献

［あ］

青木宏之（2008）「能率管理」，仁田／久本（2008）所収，163〜199頁

石田光男／寺井基博編著（2012）『労働時間の決定―時間管理の実態分析―』，ミネルヴァ書房

氏原正治郎（1968）「戦後労働市場の変貌」，氏原正治郎『日本の労使関係』，東京大学出版会，所収，61〜99頁（初出は1959年）

氏原正治郎編（1967）『日本の労働市場（講座労働経済１）』，日本評論社

NTT データ（2015）「「働き方変革2015」に関するアンケート」

大井方子「数字で見る管理職増の変化―人数，昇進速度，一般職との相対賃金」，『日本労働研究雑誌』No.545, 4〜17頁

大川一司／篠原三代平／梅村又次編（1967）『長期経済統計８　物価』東洋経済新報社

大西清治／瀧本忠男（1944）『賃金制度』（労務管理全書第十巻），東洋書館

岡崎哲二／奥野正寛（1993）「現在日本の経済システムとその歴史的源流」，岡崎哲二／奥野正寛編（1993）『現代日本経済システムの源流』，日本経済新聞社

岡本英昭（1975）「配置転換と労働者―事前協議制の論理―」，日本労働協会編（1975）所収，43〜93頁

小倉一哉（2013）『「正社員」の研究』，日本経済新聞出版社

［か］

掛谷力太郎（1953）『改訂増補　賃金制度の理論と実態』（初版は1951年），労働法学研究所

加藤修（2015）「ジョブ型・メンバーシップ型に関する意識調査結果　シリーズコラム(4)「ジョブ型労働者」の仕事満足」（https://www.mizuho-ir.co.jp/publication/column/2015/hrm0918.html, 2017年３月４日アクセス）

金子良事（2013）『日本の賃金を歴史から考える』，旬報社

河西宏祐（1999）『電産型賃金の世界―その形成と歴史的意義』，早稲田大学出版部

――（2007）『電産の興亡（1946年〜1956年）』，早稲田大学出版部

神林龍（2010）「1980年代以降の日本の労働時間」，樋口美雄編『労働市場と所得分配』所収，159〜197頁

神林龍編著（2008）『解雇規制の法と経済』，日本評論社

工藤信男（1958）『賃金管理と昇給制度』，東洋経済新報社
経済企画庁（1961）「新規雇用に関する調査報告——労働力流動性と給源の実態」
小池和男（1967）「大学卒業者の就業構造」，氏原編（1967）所収，67～101頁
小池和男／猪木武徳編（2002）『ホワイトカラーの人材形成』，東洋経済新報社
厚生労働省（2012）『「多様な形態による正社員」に関する研究会報告書』
――「雇用均等基本調査」
――「雇用動向調査」
――「就労条件総合調査」
――『資料労働運動史』
――「賃金構造基本統計調査」
――「賃金引上げ等の実態に関する調査」
――「21世紀出生児縦断調査」
――「能力開発基本調査」
――「派遣労働者実態調査」
――「毎月勤労統計調査」
――「労働基準監督年報」
――「労働組合基礎調査」
――「我が国の人口動態」
国土交通省「安心居住政策研究会中間とりまとめ 参考資料集（案）http://www.mlit.go.jp/common/001082994.pdf，2017年2月15日アクセス）
国立社会保障・人口問題研究所（2011）『第7回人口移動調査』
――（2016）「人口統計資料集」

[さ]

佐久間睦雄（1959）『初任給と昇給制度』，日刊労働通信社
佐藤博樹／武石恵美子編（2017）『ダイバーシティ経営と人材活用—多様な働き方を支援する企業の取り組み—』，東京大学出版会
清水耕一（2010）『『労働時間の政治経済学—フランスにおけるワークシェアリングの試み』，名古屋大学出版会
人事院（2011）「平成22年度年次報告」
昭和同人会編（1960）『わが国賃金構造の史的考察』，至誠堂
菅山真次（2011）『「就社」社会の誕生』，名古屋大学出版会
菅野和夫（2016）『労働法 第十一版』，弘文堂
政経研究所調査部編（1951）『主要会社 賃金実態調査（昭和26年上期版）』，政経研

究所
総務省「国勢調査」
──「就業構造基本調査」
──「全国消費実態調査」
──「労働力調査」

[た]

高橋康二（2010）『契約社員の職域と正社員化の実態』，JILPT Discussion Paper 10-03

田中慎一郎（1984）『戦前労務管理の実態』，日本労働協会

田中洋子（2012）「ドイツにおける時間政策の展開」，『日本労働研究雑誌』No.619, 102～112頁

千年よしみ（2016）「女性の就業と母親との近居─第2回・第5回全国家庭動向調査を用いた分析─」，『人口問題研究』第72巻第2号（2016.6）120～139頁

津田真澄（1970）『日本の労務管理』，東京大学出版会

鶴光太郎／樋口美雄／水町勇一郎編著（2010）『労働時間改革─日本の働き方をいかに変えるか─』，日本評論社

東京大学社会科学研究所（2011）『労働審判制度についての意識調査基本報告書』

寺田盛紀（2000）『ドイツの職業教育・労働教育』，大学教育出版

富永晃一（2016）「配転──東亜ペイント事件」，村中／荒木編（2016）所収，126～7頁

[な]

仁田道夫（2003）「典型的雇用と非典型的雇用：雇用就業形態は多様化したか」，仁田道夫『変化のなかの雇用システム』，東京大学出版会，51～65頁。

──（2008）「雇用の量的管理」，仁田／久本（2008）所収，27～71頁

仁田道夫／久本憲夫編（2008）『日本的雇用システム』，ナカニシヤ出版

日本労働協会編（1975）『配置転換をめぐる労使関係』，日本労働協会

二村一夫（2000）「工員・職員の身分格差撤廃」，『事典・労働の世界』日本労働研究機構，350～354頁

野村正實（2007）『日本的雇用慣行』，ミネルヴァ書房

[は]

濱口桂一郎（2009）『新しい労働社会─雇用システムの再構築へ─』，岩波新書

―― (2013)『若者と労働―「入社の仕組みから解きほぐす」―』，中公新書ラクレ
久本憲夫（1986）「西ドイツの職業訓練」，小池和男編著『現代の人材形成』，ミネルヴァ書房，所収，189～212頁
―― (1991)「ドイツ連邦共和国の職業訓練」，現代職業訓練研究会編『現代職業能力開発セミナー』，雇用問題研究会，所収，345～367頁
―― (1998)『企業内労使関係と人材形成』，有斐閣
―― (2003a)『正社員ルネサンス』，中公新書
―― (2003b)「正規雇用と非正規雇用の概念整理」，雇用・能力開発機構／関西経済研究センター『雇用と失業に関する調査研究報告書』所収
―― (2003c)「今こそ，割引労働としての残業をなくすべき」，『労働調査』2003年8月号，4～8頁
―― (2007)「労使関係論からみた従業員代表制―『過半数代表者』の実質化を中心に―」，『季刊 労働法』216号，40～47頁
―― (2008)「ドイツにおける職業別労働市場への参入」，『日本労働研究雑誌』No.577，40～52頁
―― (2010)「正社員の意味と起源」，『季刊 政策・経営研究』Vol.2，19～40頁，三菱ＵＦＪリサーチ
―― (2013a)「現実における正社員の多様性―画一的な認識と実際の多様性―」，『生活福祉研究』通巻84号，4～21頁，明治安田生活福祉研究所
―― (2013b)「従業員代表をめぐる論点―過半数代表制の実質化を求めて」，『Int'lecowork 国際経済労働研究』2013年10月号（通巻1029号）7～12頁
―― (2015a)『日本の社会政策［改訂版］』，ナカニシヤ出版
―― (2015b)「日本の労使交渉・労使協議の仕組みの形成・変遷，そして課題」，『日本労働研究雑誌』No.661，4～14頁
福田順／久本憲夫（2012）「女性の就労に与える母親の近居・同居の影響」，社会政策学会誌『社会政策』第4巻第1号（通巻第11号）111～122頁，ミネルヴァ書房
ブラック企業対策プロジェクトin京都「『いわゆる〈固定残業代〉に関するハローワーク求人実態調査』報告」(2014)，『労働法律旬報』No.1824，33～37頁

［ま］
増地庸治郎（1943）『賃金論』，千倉書房
みずほ情報総研（2012）『『多様な形態による正社員』推進事業報告書』
―― (2015)「大卒正社員の就業意識に関する調査」（「ジョブ型・メンバーシップ型に関する意識調査」，https://www.mizuho-ir.co.jp/publication/report/2015/pdf/

hrm0610.pdf，2017年3月5日アクセス）

村中孝史／荒木尚志編（2016）『労働判例百選［第9版］』，有斐閣

村田毅之（2016）「過半数代表者——トーコロ事件」，村中／荒木編（2016），78～79頁

[や]

山内昌和／千年よしみ（2015）「親の居住地からみた育児期の夫婦の関係性：『全国家庭動向調査』を用いた特別集計」，国立社会保障・人口問題研究所，Working Paper Series（J）No.13

山本勲・黒田祥子（2014）『労働時間の経済分析―超高齢社会の働き方を展望する―』，日本経済新聞出版社

山本潔（1967）「大企業労働者」，氏原編（1967）所収，33～65頁

横山源之助（1949）『日本の下層社会』，岩波書店，最初の発行は1899年。

[ら]

連合総合生活開発研究所（2012）「第24回勤労者の仕事と暮らしについてのアンケート」

——（2013）「第26回勤労者の仕事と暮らしについてのアンケート」

『労働法律旬報』No.1824（2014）　9月下旬号特集（固定残業代の実態とその問題），旬報社

労働省（1949）『戦後労働経済の分析』

労働政策研究・研修機構（2016）『データブック国際労働比較2016』

——『ユースフル労働統計2014』

——労働政策研究報告書 No.22（2005）『日本の長時間労働・不払い労働時間の実態と実証分析』

——労働政策研究報告書 No.70（2006）『多様な働き方をめぐる論点分析報告書―「日本人の働き方総合調査」データの総合的分析―』

——労働政策研究報告書 No.128（2011）『仕事特性・個人特性と労働時間』

——労働政策研究報告書 No.143（2012）『「JILPT 多様就業実態調査」データ二次分析結果報告書』

——労働政策研究報告書 No.152（2013）『働き方と職業能力・キャリア形成―「第2回働くことと学ぶことについての調査」結果より―』

——労働政策研究報告書 No.158（2013）『「多様な正社員」の人事管理に関する研究』

——調査シリーズ No.5（2005）『労働条件の設定・変更と人事処遇に関する実態調査

――労働契約をめぐる実態調査に関する調査（Ⅱ）』
――調査シリーズNo.14（2006）『日本人の働き方総合実態調査―多様な働き方に関するデータ―』
――調査シリーズNo.15（2006）『就業形態の多様化の中での日本人の働き方―日本人の働き方調査（第1回）―』
――調査シリーズNo.78（2010）『人材派遣会社におけるキャリア管理に関する調査（派遣元調査）』
――調査シリーズNo.79（2010）『派遣社員のキャリアと働き方に関する調査（派遣先調査）』
――調査シリーズNo.80（2011）『派遣社員のキャリアと働き方に関する調査（派遣労働者調査）』
――調査シリーズNo.85（2011）『年次有給休暇の取得に関する調査』
――調査シリーズNo.86（2011）『多様な就業形態に関する実態調査―事業調査／従業員調査―』
――調査シリーズNo.89-2（2011）『平成21年度 日本人の就業実態に関する総合調査―第2分冊 就業者データ編』
――調査シリーズNo.106-2（2013）『男女正社員のキャリアと両立支援に関する調査結果』
――調査シリーズNo.119（2014）『男女正社員のキャリアと両立支援に関する調査結果(2)－分析編－』
――調査シリーズNo.124（2014）『裁量労働制等の労働時間制度に関する調査結果―事業場調査結果』
――調査シリーズNo.125（2014）『裁量労働制等の労働時間制度に関する調査結果―労働者調査結果』
――調査シリーズNo.134（2014）『多様な就業形態と人材ポートフォリオに関する実態調査（事業所調査・従業員調査）』
――資料シリーズNo.41（2008）『欧州における働き方の多様化と労働時間に関する調査』
――資料シリーズNo.107（2012）『「多様な正社員」の人事管理―企業ヒヤリング調査から―』
――資料シリーズNo.108（2012）『日本人の労働時間・休暇』
――資料シリーズNo.137（2014）『非正規雇用者の企業・職場における活用と正社員登用の可能性―事業所ヒヤリング調査からの分析―』

[わ]

脇坂明（2012）「有期の正社員の実態 ― JILPT2010従業員データの再分析」，JILPT報告 No.143，39～54頁

渡辺木綿子（2009）「正社員登用事例にみる雇用の多元化と転換の現状」『日本労働研究雑誌』No.586，49～58頁

Ellguth,P. u.a., Vielfalt und Dynamik bei den Arbeitszeitkonten, *IAB-Kurzbericht* 3/2013．（http://doku.iab.de/kurzber/2013/kb0313.pdf，2017年5月4日アクセス）

分析に利用した個票データ

労働政策研究・研修機構（2005）労働政策研究報告書 No.22「労働時間の実態と意識に関するアンケート調査」

――（2011）労働政策研究報告書 No.128「労働時間に関する調査（本人調査）（夫調査）」

連合総合生活開発研究所（2012）「第24回勤労者の仕事と暮らしについてのアンケート」

――（2013）「第26回勤労者の仕事と暮らしについてのアンケート」

NTTデータ経営研究所／NTTコム リサーチ（2015）「『働き方変革2015』に関するアンケート」

みずほ情報総研（2015）「大卒正社員の就業意識に関する調査」

索　引

あ行

- 安定賃金……………………………… 29
- 1.2共稼ぎモデル ……………… 16, 157
- 一般職…………………………… 123, 126
- いわゆる正社員……………………… 5

か行

- 解雇権濫用の法理……………… 222, 233
- 解雇撤廃闘争……………………… 224
- 外部転換…………………………… 193, 201
- 家族賃金…………………………… 170, 241
- 片稼ぎ………………………………… 170
- 片稼ぎ正社員モデル…… 5, 6, 104, 107, 112, 157, 237, 241
- 片稼ぎモデル………………………… 8
- 過半数代表者……………………… 207
- 関係会社への応援………………… 229
- 完全月給制………………………… 239
- 幹部候補の人材育成……………… 242
- 管理監督者………… 78, 139, 140, 169
- 管理職クラス………………… 78, 137
- 管理職手当………………………… 79
- 管理的職業従事者………………… 135
- 企画業務型裁量労働時間………… 209
- 期間の定めのある正社員………… 64
- 期限の定めのない雇用………… 34, 64
- 疑似パート………………………… 4
- 希望退職……………… 223, 225, 227, 231
- 均衡割増賃金率…………………… 100
- 勤務地限定社員制度……………… 126
- 勤務地限定正社員………………… 125
- 組夫………………………………… 218
- 契約社員……………………… 5, 204
- 月給制……………………………… 41
- 限定正社員………………………… 6
- 工員………………………………… 218
- 工職身分格差撤廃………………… 220
- 国外転勤…………………………… 115
- 国内転勤…………………………… 115
- 呼称による正社員………………… 32
- 呼称パート………………………… 4
- 固定残業制…………… 79, 143, 169, 175
- 子ども・子育て支援法…………… 2
- 個別労使紛争……………………… 207
- 雇用調整…………………………… 228
- 雇用調整助成金…………………… 208
- 雇用調整速度……………………… 233
- 雇用の安定性………………… 29, 34
- 雇用の良好性……………………… 36

さ行

- サービス残業……………………… 79
- 裁量性……………………………… 50
- 裁量労働…………………………… 72
- 裁量労働制………………………… 74
- 残業促進インセンティブ………… 169
- 残業手当…………………………… 84
- 残業ドライブ……………………… 18
- 残業割増…………………………… 88
- 36協定……………………………… 169
- 事業場外みなし…………………… 71
- 事業所採用………………………… 125
- 仕事と生活の調和………………… 10
- 次世代育成対策推進法…………… 1
- 指名解雇……………… 223, 225, 226
- 社員………………………………… 217
- 若年者失業………………………… 234

263

従業員の過半数代表⋯⋯⋯⋯⋯⋯⋯179
終身雇用⋯⋯⋯⋯⋯⋯⋯220, 227, 230
出向⋯⋯⋯⋯⋯⋯⋯⋯⋯37, 228, 229
出産年齢分布⋯⋯⋯⋯⋯⋯⋯⋯⋯8
準社員⋯⋯⋯⋯⋯⋯⋯⋯⋯⋯⋯218
試用⋯⋯⋯⋯⋯⋯⋯⋯⋯⋯⋯⋯197
昇格基準⋯⋯⋯⋯⋯⋯⋯⋯⋯⋯219
昇給基準線⋯⋯⋯⋯⋯⋯⋯⋯⋯240
少子化対策⋯⋯⋯⋯⋯⋯⋯⋯⋯⋯19
昇進機会⋯⋯⋯⋯⋯⋯⋯⋯⋯30, 53
常用パートタイマー⋯⋯⋯⋯⋯⋯⋯4
職業別労働市場⋯⋯⋯⋯⋯⋯⋯243
職種⋯⋯⋯⋯⋯⋯⋯⋯⋯⋯⋯⋯240
職務⋯⋯⋯⋯⋯⋯⋯⋯⋯⋯⋯⋯240
職務給⋯⋯⋯⋯⋯⋯⋯⋯⋯⋯⋯243
初職正社員⋯⋯⋯⋯⋯⋯⋯185, 187
初職非正社員⋯⋯⋯⋯⋯⋯⋯⋯190
女性稼ぎ手モデル⋯⋯⋯⋯⋯⋯154
女性管理職⋯⋯⋯⋯⋯⋯⋯⋯⋯154
職工⋯⋯⋯⋯⋯⋯⋯⋯⋯⋯⋯⋯219
所定労働時間⋯⋯⋯⋯⋯⋯⋯⋯⋯69
ジョブ型正社員⋯⋯⋯⋯⋯⋯⋯⋯31
人事考課⋯⋯⋯⋯⋯⋯⋯⋯⋯⋯⋯95
新卒採用中心主義⋯⋯⋯⋯234, 236
スタッフ管理職⋯⋯⋯⋯⋯⋯⋯145
スタッフ職⋯⋯⋯⋯⋯⋯⋯⋯⋯141
生活給⋯⋯⋯⋯⋯⋯⋯⋯⋯⋯⋯239
生活給思想⋯⋯⋯⋯⋯⋯⋯⋯⋯237
正規・非正規格差⋯⋯⋯⋯⋯⋯⋯57
生産性整合性論⋯⋯⋯⋯⋯⋯⋯230
正社員⋯⋯⋯⋯⋯⋯⋯⋯⋯27, 217
正社員性⋯⋯⋯⋯28, 32, 42, 217, 220
正社員像⋯⋯⋯⋯⋯⋯⋯⋯⋯⋯112
正社員像の画一化⋯⋯⋯⋯⋯⋯⋯4
正社員像の多様化⋯⋯⋯⋯⋯⋯⋯24
正社員登用⋯⋯⋯⋯⋯⋯⋯194, 236
正社員の多様化⋯⋯⋯⋯⋯⋯⋯⋯6
専業主婦⋯⋯⋯⋯⋯⋯⋯⋯⋯⋯188

専門職型契約社員⋯⋯⋯⋯⋯⋯196
専門職としての人材育成⋯⋯⋯242
総合職⋯⋯⋯⋯⋯⋯⋯⋯⋯⋯⋯126

た行

WLB論の種類⋯⋯⋯⋯⋯⋯⋯⋯13
WWB論⋯⋯⋯⋯⋯⋯⋯⋯⋯⋯13
単身者賃金⋯⋯⋯⋯⋯⋯⋯⋯⋯241
単身赴任⋯⋯⋯⋯⋯⋯⋯⋯115, 119
単身赴任者⋯⋯⋯⋯⋯⋯⋯⋯⋯108
男性稼ぎ手モデル⋯⋯⋯⋯⋯⋯154
男性片稼ぎ正社員モデル⋯⋯⋯119
地域限定正社員⋯⋯⋯⋯⋯⋯⋯103
中途入社⋯⋯⋯⋯⋯⋯⋯⋯⋯⋯234
長期安定雇用⋯⋯⋯⋯⋯⋯⋯⋯221
賃金格差⋯⋯⋯⋯⋯⋯⋯⋯⋯⋯⋯57
賃金水準⋯⋯⋯⋯⋯⋯⋯⋯⋯⋯⋯48
定期昇給制度⋯⋯⋯⋯41, 60, 237, 240
出稼ぎ労働⋯⋯⋯⋯⋯⋯⋯⋯⋯115
転勤⋯⋯⋯⋯⋯⋯⋯⋯⋯⋯⋯⋯227
転勤可能性⋯⋯⋯⋯⋯⋯⋯⋯⋯113
電産型賃金体系⋯⋯⋯⋯⋯⋯⋯239
転社⋯⋯⋯⋯⋯⋯⋯⋯⋯185, 187, 204
転職⋯⋯⋯⋯⋯⋯⋯⋯⋯⋯⋯⋯204
転籍⋯⋯⋯⋯⋯⋯⋯⋯⋯⋯⋯⋯228
同一（価値）労働同一賃金⋯⋯⋯57
登用⋯⋯⋯⋯⋯⋯⋯⋯⋯⋯⋯⋯193
共稼ぎ⋯⋯⋯⋯⋯⋯⋯⋯⋯⋯⋯⋯25
共稼ぎ正社員モデル⋯⋯1, 14, 112, 157
共働き⋯⋯⋯⋯⋯⋯⋯⋯⋯⋯⋯⋯25
ドライブ・システム⋯⋯⋯⋯⋯176

な行

内部転換⋯⋯⋯⋯⋯⋯⋯⋯⋯⋯193
内部登用⋯⋯⋯⋯⋯⋯⋯⋯190, 201
名ばかり管理職⋯⋯⋯⋯⋯⋯⋯152
日本の雇用システム⋯⋯⋯⋯⋯56
年功賃金⋯⋯⋯⋯⋯⋯⋯⋯44, 220

年次有給休暇……………………172
能力開発機会……………………50
能力開発主義……………………50

は行

パートタイマー……………………27
配置転換……………………227, 243
範囲職務給……………………240
引き抜き……………………200
非正社員……………………5
標準労働者……………………42
部下管理……………………145
不払い（サービス）残業…………70
不払い労働……………………25
プレーイング・マネジャー………148
フレックスタイム制………………71
ブロードバンディング……………240
変形労働時間……………………71
ホワイトカラー・イグゼンプション
　……………………142, 150
ホワイトカラー・イグゼンプト　78, 142
本工……………………235
本社採用……………………125

ま行

マネジャー度……………………148

メンバーシップ……………………31
メンバーシップ型正社員…………31

や行

有給休暇取得率…………………167
有給休暇未消化インセンティブ……167
養成工……………………235

ら行

ライフ（生活）の定義……………12
離職率……………………35
臨時工……………………228, 235
労使協議……………………230
労働基準監督署…………………181
労働組合……………………170
労働組合運動……………………223
労働契約法……………………2
労働時間口座……………………171
労働時間の柔軟化………………208
労働生産性向上運動……………180

わ行

ワーク・ライフ・バランス…………10
ワーク（仕事）の定義……………11
割引残業法制……………………88

〈著者紹介〉

久本憲夫（ひさもと・のりお）

京都大学大学院経済学研究科教授（社会政策・労働経済論）。1955年生まれ。京都大学経済学部卒業，同大学院経済学研究科博士後期課程学修。博士（経済学）。
主著：『日本のリーン生産方式』（共著，中央経済社，1997年），『企業内労使関係と人材形成』（有斐閣，1998年），『正社員ルネサンス』（中公新書，2003年），『日本的雇用システム』（共編著，ナカニシヤ出版，2008年），『労使コミュニケーション』（編著，ミネルヴァ書房，2009年）。

新・正社員論
共稼ぎ正社員モデルの提言

2018年3月20日　第1版第1刷発行

著　者	久　本　憲　夫	
発行者	山　本　　　継	
発行所	㈱中央経済社	
発売元	㈱中央経済グループパブリッシング	

〒101-0051　東京都千代田区神田神保町1-31-2
電話　03（3293）3371（編集代表）
　　　03（3293）3381（営業代表）
http://www.chuokeizai.co.jp/
印刷／東光整版印刷㈱
製本／㈲井上製本所

©2018
Printed in Japan

＊頁の「欠落」や「順序違い」などがありましたらお取り替えいたしますので発売元までご送付ください。（送料小社負担）
ISBN 978-4-502-24961-7　C3033

JCOPY〈出版者著作権管理機構委託出版物〉本書を無断で複写複製（コピー）することは，著作権法上の例外を除き，禁じられています。本書をコピーされる場合は事前に出版者著作権管理機構（JCOPY）の許諾を受けてください。
JCOPY〈http://www.jcopy.or.jp　eメール：info@jcopy.or.jp　電話：03-3513-6969〉

ベーシック＋プラス
Basic Plus

ミクロ経済学の基礎　マクロ経済学の基礎　経営学入門　経営管理論

財政学　公共経済学　企業統治　技術経営

金融論　金融政策　人的資源管理　国際人的資源管理

日本経済論　地域政策　消費者行動論　物流論

いま新しい時代を切り開く基礎力と応用力を兼ね備えた人材が求められています。このシリーズは，各学問分野の基本的な知識や標準的な考え方を学ぶことにプラスして，一人ひとりが主体的に思考し，行動できるような「学び」をサポートしています。

中央経済社

Let's START!
学びにプラス！
成長にプラス！
ベーシック＋で
はじめよう！